Z

BIBLIOTHÈQUE

LATINE-FRANÇAISE

PUBLIÉE

PAR

C. L. F. PANCKOUCKE.

IMPRIMERIE DE C. L. F. PANCKOUCKE,
RUE DES POITEVINS, N° 14.

INSTITUTION

ORATOIRE

DE QUINTILIEN

TRADUCTION NOUVELLE

PAR C. V. OUIZILLE

CHEF DE BUREAU AU MINISTÈRE DE L'INTÉRIEUR

TOME QUATRIÈME.

PARIS

C. L. F. PANCKOUCKE

MEMBRE DE L'ORDRE ROYAL DE LA LÉGION D'HONNEUR
ÉDITEUR, RUE DES POITEVINS, N° 14

M DCCC XXXII.

QUINTILIEN.

LIVRE HUITIÈME.

M. FABII QUINTILIANI

ORATORIÆ INSTITUTIONIS

LIBER VIII.

PROOEMIUM.

His fere, quæ in proximos quinque libros collata sunt, ratio *inveniendi*, atque inventa *disponendi*, continetur: quam ut per omnes numeros penitus cognoscere, ad summam scientiæ necessarium est, ita incipientibus brevius ac simplicius tradi magis convenit: aut enim difficultate institutionis tam numerosæ atque perplexæ deterreri solent: aut eo tempore, quo præcipue alenda ingenia, atque indulgentia quadam enutrienda sunt, asperiorum tractatu rerum atteruntur: aut, si hæc sola didicerint, satis se ad eloquentiam instructos arbitrantur: aut, quasi ad certas quasdam dicendi leges alligati, conatum omnem reformidant: unde existimant accidisse ut, qui diligentissimi artium scriptores exstiterunt, ab eloquentia longissime fuerint.

QUINTILIEN

DE L'INSTITUTION ORATOIRE

LIVRE VIII.

EXORDE.

Les préceptes que j'ai développés dans les cinq livres qui précèdent, contiennent à peu près tout ce qui peut guider dans *l'invention* et *la disposition*, deux parties de l'art qu'il est indispensable de connaître à fond, si l'on veut arriver au plus haut point de la science, mais qui demandent à être enseignées avec ménagement et simplicité aux commençans; car, autrement, ou ils sont rebutés par un travail long et compliqué qui les embarrasse, ou ils se dessèchent sur des matières épineuses dans le temps même que leur esprit a surtout besoin de nourriture et d'une nourriture choisie et délicate. Que s'ils parviennent enfin à se mettre tout cela, et rien que cela, dans la tête, ils se croyent dès-lors suffisamment formés pour l'éloquence, ou bien, esclaves superstitieux de certaines règles, de certaines formules, ils n'osent plus tenter aucun effort pour s'en dégager : d'où vient, comme on le croit, que ceux qui ont le mieux disserté sur l'éloquence, ont été les plus maigres des orateurs.

Via tamen opus est incipientibus, sed ea plana, et quum ad ingrediendum, tum ad demonstrandum expedita : eligat itaque peritus ille præceptor ex omnibus optima, et tradat ea demum in præsentia quæ placent, remota refutandi cetera mora : sequuntur enim discipuli, quo duxeris : mox cum robore discendi crescet etiam eruditio. Iidem primo solum iter credant esse, in quod inducentur, mox illud cognituri etiam optimum : sunt autem neque obscura, neque ad percipiendum difficilia, quæ scriptores diversis opinionibus pertinaciter tuendis involverunt : itaque in toto artis hujusce tractatu difficilius est judicare, quid doceas, quam quum judicaris, docere; præcipueque in duabus his partibus perquam sunt pauca, circa quæ si is, qui instituetur, non repugnaverit, pronum ad cetera habiturus est cursum.

Nempe enim plurimum in hoc laboris exhausimus, ut ostenderemus rhetoricen *bene dicendi scientiam*, *et utilem*, *et artem*, *et virtutem esse;* materiam ejus *res omnes*, de quibus dicendum esset; tum et eas in tribus fere generibus, *demonstrativo*, *deliberativo*, *judicialique* reperiri : orationem porro omnem constare *rebus*, *et verbis;* in rebus intuendam *inventionem;* in verbis *elocutionem*, in utraque *collocationem* : quæ *memoria* complecteretur, *actio* commendaret. Oratoris officium,

Il faut pourtant bien, dira-t-on, mettre sur la voie ceux qui commencent : oui, sans doute ; mais je veux que le chemin soit uni, et qu'il ne coûte pas plus à suivre qu'à indiquer. Un maître habile s'attachera donc à choisir ce qu'il y a de plus sain dans les préceptes, et s'en tiendra à ceux qui lui paraîtront tels, sans s'arrêter à réfuter les autres. Les disciples se laissent volontiers conduire. Bientôt d'ailleurs les connaissances croîtront chez eux avec les forces, et s'ils croyent d'abord qu'il n'y a pas d'autre chemin que celui qu'on leur fait prendre, ils seront promptement en état de juger si c'est le meilleur. Les principes ne sont ni obscurs ni rebelles à l'intelligence ; ce sont les écrivains qui les ont embrouillés par leur entêtement à soutenir des opinions diverses. Aussi, dans tout ce qui traite de l'art oratoire, est-il plus difficile de juger ce qui est bon à enseigner, que d'enseigner ce qui est jugé bon. Et, par exemple, pour les deux parties que nous avons déjà embrassées, les règles étant en fort petit nombre, l'élève qui les abordera courageusement, enlèvera, pour ainsi dire, le reste en courant.

Je crois, en effet, n'avoir rien négligé pour démontrer : que la rhétorique est *la science de bien dire*, *qu'elle est utile*, *qu'elle est un art et même une vertu*; que sa matière est immense, puisqu'elle s'étend à *tous les objets* dont on peut parler, lesquels se renferment à peu-près dans les trois genres *démonstratif, délibératif et judiciaire*; que tout discours se compose *de choses* et *de mots*; que *l'invention* s'applique aux choses, et *l'élocution* aux mots ; que la *disposition* est nécessaire à ceux-ci comme à celles-là ; que la *mémoire* est gardienne du tout, et que le débit ou *l'action* le fait valoir ; que

docendi, movendi, delectandi partibus contineri; ex quibus ad docendum, *expositio* et *argumentatio;* ad movendum, *affectus* pertinerent: quos per omnem quidem causam, sed maxime tamen in ingressu ac fine dominari: nam *delectationem*, quamvis in utroque sit eorum, magis tamen proprias *in elocutione* partes habere. *Quæstiones* alias *infinitas*, alias *finitas*, quæ personis, locis, temporibus continerentur; in omni porro materia tria esse quærenda, *an sit? quid sit? quale sit?*

His adjiciebamus, *demonstrativam* laude ac vituperatione constare; in ea, quæ ab ipso, de quo diceremus, quæ post eum acta essent, intuendum; hoc opus tractatu *honestorum utiliumque* constare: *suasoriis* accedere tertiam partem ex conjectura, *possetne fieri?* et, *an esset futurum?* de quo deliberaretur: hic præcipue diximus spectandum, *quis, apud quem, quid?* diceret.

Judicialium causarum alias in singulis, alias in pluribus controversiis consistere; et in quibusdam sufficere modo *intentionem*, modo *depulsionem;* porro *depulsionem* omnem infitiatione duplici, *factumne, et an hoc factum esset?* præterea *defensione* ac *translatione* constare: *quæstionem* aut ex facto, aut ex scripto esse; *ex facto*, de rerum fide, proprietate, qualitate; *ex scripto*, de verborum vi, aut voluntate; in quibus vis tum cau-

le devoir de l'orateur est tout entier dans ces trois conditions, *instruire, toucher, plaire;* qu'on se sert de *l'exposition, des preuves* et *des argumens,* pour instruire; que c'est par les *mouvemens de l'ame* qu'on parvient à toucher, et que ces mouvemens doivent animer toute la cause, mais dominer particulièrement dans l'exorde et dans la péroraison; que la condition de plaire, quoique liée aux choses et aux mots, réside plus spécialement dans l'élocution; qu'il y a des questions *indéfinies* et des questions *définies,* ces dernières se rapportant à des personnes, à des lieux, à des temps déterminés; que dans toute controverse, il y a ce triple examen à faire : *si une chose est? ce qu'elle est? quelle elle est?*

J'ai ajouté que le genre *démonstratif* consiste à louer ou à blâmer, qu'il faut envisager dans son sujet ce qu'a fait celui dont on parle, et ce qui a été fait après lui; que ce genre s'exerce sur *l'honnête* et *l'utile;* qu'à cela se joint, dans le genre *délibératif,* une troisième considération tirée de la conjecture, savoir si ce dont on délibère *peut* ou *pourra se faire.* J'ai fait remarquer, à propos de ce genre, qu'il importait surtout de savoir *qui parlait, auprès de qui* et *de quoi on délibérait.*

Venant au genre *judiciaire,* j'ai fait voir qu'il y avait des causes qui ne comportaient qu'un point litigieux, d'autres qui en comportaient plusieurs, et que dans quelques-unes on n'avait à examiner que le droit même *d'intenter une action* ou celui de *la repousser.* Tout accusé, ai-je dit, repousse une accusation, soit en niant le crime qu'on lui impute, soit en niant la qualification qu'on lui donne, ou bien il cherche à le justifier, ou bien il le rejette sur autrui. Toute question tombe sur le *fait* ou sur le *droit;* si c'est sur le fait, on s'attache à ses probabilités, à son

sarum, tum actionum inspici soleat, quæque aut scripti et voluntatis, aut ratiocinativæ, aut ambiguitatis, aut legum contrariarum specie continetur.

In omni porro causa judiciali quinque esse partes, quarum *exordio* conciliari audientem, *narratione* causam proponi, *confirmatione* roborari, *refutatione* dissolvi, *peroratione* aut memoriam refici, aut animos moveri. His argumentandi et afficiendi locos, et quibus generibus concitari, placari, resolvi judices oporteret, adjecimus: accessit ratio divisionis : credere modo qui discet, velit, certam quamdam viam esse, in qua multa etiam sine doctrina præstare debeat per se ipsa natura, ut hæc, de quibus dixi, non tam inventa a præceptoribus, quam, quum fierent, observata esse videantur.

Plus exigunt laboris et curæ, quæ sequuntur : hinc enim jam *elocutionis* rationem tractabimus, partem operis, ut inter omnes oratores convenit, difficillimam: nam et M. Antonius, cujus supra habuimus mentionem, quum ait *a se disertos visos esse multos, eloquentem autem neminem*, *diserto* satis putat dicere quæ opor-

caractère, à sa qualité; si c'est sur le droit, on s'en tient aux termes de la loi, ou l'on en scrute l'intention : et c'est là que réside la constitution réelle tant des causes oratoires que des actions judiciaires, c'est là que se développent les quatre états de questions légales, qui se tirent, *de la lettre et de l'esprit d'une loi, de l'induction ou syllogisme, des termes ambigus ou amphibologie, de la contradiction des lois, ou antinomie.*

J'ai divisé le plaidoyer en cinq parties : *l'exorde* pour se concilier l'auditoire, la *narration* pour exposer les faits de la cause, *la confirmation* pour corroborer ses preuves, *la réfutation* pour détruire celles de son adversaire, et enfin la *péroraison* pour soulager la mémoire du juge, ou pour l'émouvoir. J'ai indiqué les lieux d'où nous devons tirer nos argumens et nos mouvemens oratoires ; j'ai montré par quels moyens on peut passionner ses juges, les calmer, exciter même leur hilarité. Enfin, j'ai tracé des règles pour distribuer toutes les parties d'un plaidoyer. Puissent les étudians se persuader qu'on peut arriver à un certain point où la nature doit faire beaucoup d'elle-même et sans le secours de la science, ensorte que les préceptes que j'ai donnés ne paraissent pas tant avoir été imaginés par les maîtres, que constatés par eux, à mesure que l'application s'en offrait.

Ce qui va suivre exige plus de travail et plus de soin, car nous allons traiter de ce qui a rapport à l'élocution, la partie de l'art la plus difficile, au jugement de tous les orateurs. En effet, lorsque M. Antonius, dont nous avons déjà fait mention, dit *qu'il a vu beaucoup d'hommes diserts, mais qu'il n'en a jamais connu un seul véritablement éloquent,* c'est qu'il pense qu'il suffit, pour être disert, de s'exprimer comme il faut, mais qu'il n'est

teat; ornate autem dicere, proprium esse *eloquentissimi.* Quæ virtus si usque ad eum in nullo reperta est, ac ne in ipso quidem, aut L. Crasso; certum est et his et prioribus eam desideratam, quia difficillima fuit : et Marcus Tullius *inventionem* quidem ac *dispositionem* prudentis hominis putat, *eloquentiam* oratoris. Ideoque præcipue circa præcepta partis hujus laboravit : quod eum merito fecisse, etiam ipso rei, de qua loquimur nomine, palam declaratur : *eloqui* enim hoc est, omnia quæ mente conceperis, promere, atque ad audientes perferre; sine quo supervacua sunt priora, et similia gladio condito, atque intra vaginam suam hærenti.

Hoc itaque maxime docetur; hoc nullus nisi arte assequi potest; huc studium adhibendum; hoc exercitatio petit, hoc imitatio; hic omnis ætas consumitur; hoc maxime orator oratore præstantior : hoc genera ipsa dicendi aliis alia potiora. Neque enim Asiani, aut quocunque alio genere corrupti, res non viderunt, aut eas non collocaverunt; neque, quos *aridos* vocamus, stulti, aut in causis cæci fuerunt; sed his judicium in eloquendo ac modus, illis vires defuerunt; ut appareat in hoc et vitium et virtutem esse dicendi.

Non ideo tamen sola est agenda cura verborum; oc-

réservé qu'à l'homme doué de la véritable éloquence d'embellir et d'orner tout ce qu'il dit. Que si cette qualité ne s'est rencontrée jusqu'à lui chez personne, si lui-même ne l'avait pas, ni Crassus non plus, on en doit conclure qu'on ne la regrette en eux et en ceux qui les ont précédés, que parce qu'elle est d'une extrême difficulté à acquérir. Cicéron estime aussi que l'invention et la disposition décèlent l'homme habile, mais que l'éloquence seule constitue l'orateur. Aussi s'est-il particulièrement appliqué aux préceptes qui concernent l'élocution, et ce nom nous dit assez qu'il a eu raison de le faire, car qu'est-ce que parler? c'est produire au dehors ce qu'on a conçu dans sa pensée, pour le communiquer à des auditeurs, et sans cette faculté, toute opération antérieure de l'esprit serait superflue et ressemblerait à un glaive soigneusement renfermé dans son fourreau.

Or c'est là surtout ce qui s'apprend et ce que l'art seul peut donner; c'est là que doivent se diriger toutes nos études, que doivent tendre l'exercice et l'imitation ; voilà où se consume toute notre vie, voilà par où un orateur l'emporte sur ses rivaux et par où tel genre d'éloquence se fait préférer à tel autre. Il ne faut pas croire que les Asiatiques ou ceux qui appartenaient à une mauvaise école, quelle qu'elle fût, n'aient pas su se rendre maîtres de leur sujet et en bien disposer toutes les parties; il ne faut pas croire que ceux que nous traitons d'orateurs froids et secs, aient été ineptes ou aveugles dans les affaires; non : mais les premiers ont été dépourvus de jugement et de mesure, les autres ont manqué de vigueur : ce qui prouve que c'est dans l'élocution que réside le défaut ou le mérite d'un orateur.

Qu'on se garde bien d'en inférer qu'on doive s'occu-

curram enim necesse est, et, velut in vestibulo protinus apprehensuris hanc confessionem meam, resistam iis, qui, omissa rerum (qui nervi sunt in causis) diligentia, quodam inani circa voces studio senescunt : idque faciunt gratia decoris; quod est in dicendo, mea quidem opinione, pulcherrimum, sed quum sequitur, non quum affectatur. Corpora sana, et integri sanguinis, et exercitatione firmata, ex iisdem his speciem accipiunt, ex quibus vires : namque et colorata, et astricta, et lacertis expressa sunt; sed eadem si quis vulsa atque fucata muliebriter comat, fœdissima sunt ipso formæ labore; et *cultus concessus atque magnificus addit hominibus*, ut græco versu testatum est, *auctoritatem* : at muliebris et luxuriosus, non corpus exornat, sed detegit mentem : similiter illa translucida et versicolor quorumdam elocutio res ipsas effeminat, quæ illo verborum habitu vestiuntur : curam ergo verborum, rerum volo esse sollicitudinem.

Nam plerumque optima rebus cohærent, et cernuntur suo lumine; at nos quærimus illa, tamquam lateant semper, seque subducant : ita nunquam putamus circa id esse, de quo dicendum est; sed ex aliis locis petimus, et inventis vim afferimus. Majore animo aggredienda eloquentia est; quæ, si toto corpore valet, ungues po-

per exlusivement des mots. Je me hâte d'arrêter tout court ceux qui voudraient prendre acte de ce que je viens de dire, et je m'élèverai toujours et de toutes mes forces contre ces hommes qui, négligeant le fond des choses, véritable nerf de toute composition, se consument dans une vaine recherche de mots. Ils visent par là sans doute à donner de l'agrément à leur style, qualité bien précieuse à mon avis, mais quand elle vient naturellement et non quand on l'affecte. Des corps sains où circule un sang pur et que l'exercice a fortifiés, puisent aux mêmes sources et les forces et la beauté : aussi sont-ils colorés et vermeils en même temps que leurs membres sont bien attachés et leurs muscles bien prononcés ; mais qu'on s'avise d'efféminer ces mêmes corps en les fardant, en les épilant, ils deviendront hideux par les efforts mêmes qu'on aura faits pour les embellir. *Des vêtemens magnifiques, mais décens, donnent un certain air de dignité à ceux qui les portent*, ainsi que l'atteste un vers grec; mais une parure où règnent l'afféterie et la mollesse, au lieu d'orner le corps, met à nu les vices de l'ame. Il en est de même de cette éloquence transparente et bigarrée de quelques orateurs : elle affaiblit, elle énerve les pensées que l'expression n'est destinée qu'à vêtir. Prenons donc soin des mots, je le veux; mais donnons une attention particulière aux choses.

Chaque pensée porte avec soi les mots qui la peignent le mieux, et ces mots brillent de leur propre clarté; mais nous nous obstinons à les poursuivre, comme s'ils se cachaient pour se dérober à nos regards. Ne pouvant les croire si près de nous quand nous en avons besoin, nous allons en chercher ailleurs, et nous leur faisons violence après les avoir trouvés. C'est par des procédés

lire, et capillum reponere, non existimabit ad curam suam pertinere.

Sed evenit plerumque, ut in hac diligentia deterior etiam fiat oratio. Primum, quia sunt optima minime arcessita, et simplicibus atque ab ipsa veritate profectis similia : nam illa, quæ curam fatentur, et ficta atque composita videri etiam volunt, nec gratiam consequuntur, et fidem amittunt, propter id quod sensus obumbrant, et velut læto gramine sata strangulant. Nam et, quod recte dici potest, circumimus amore verborum; et, quod satis dictum est, repetimus; et quod uno verbo patet, pluribus oneramus; et pleraque significare melius putamus, quam dicere.

Quid? quod nihil jam proprium placet, dum parum creditur disertum, quod et alius dixisset? A corruptissimo quoque poetarum figuras seu translationes mutuamur; tum demum ingeniosi scilicet, si ad intelligendos nos opus sit ingenio : atqui satis aperte Cicero præceperat, *in dicendo vitium vel maximum esse, a vulgari genere orationis, atque a consuetudine communis sensus abhorrere.* Sed ille durus, atque ineruditus : nos melius, quibus sordent omnia, quæ natura dictavit, qui non ornamenta quærimus, sed lenocinia; quasi vero sit ulla verborum, nisi rei cohærentium, virtus.

plus mâles qu'il faut aborder l'éloquence : si elle est forte et bien constituée, elle dédaignera ces petites séductions de toilette et de frisure.

Souvent même il arrive que tant de sollicitude pour les mots agrave encore les défauts d'un discours; et en effet, les termes les moins étudiés, les plus simples, ceux qui approchent le plus de la vérité, sont les meilleurs; tandis que ceux qui accusent de la recherche et de la prétention, n'ont le don ni de plaire ni de convaincre, par la raison qu'ils obscurcissent la pensée : ce sont des herbes parasites dont l'abondance étouffe le bon grain. Que produit d'ailleurs ce vain amour de mots? on embrouille dans des circonlocutions ce qu'on pouvait dire nettement et avec simplicité; on répète sans fin ce qu'il eût suffi d'exprimer une fois ; ce qu'un seul mot rendait avec clarté, on le charge d'une foule d'autres inutiles; il semble qu'on aime mieux laisser à entendre les choses que de les dire ouvertement.

Parlerai-je de cette manie qui nous fait rejeter le mot propre, parce que nous croirions déroger à la dignité d'orateur si nous disions ce qu'un autre aurait pu dire comme nous? Nous empruntons nos figures et nos métaphores aux poètes les plus décriés, et nous nous applaudissons de notre esprit, si les autres ont besoin de tout le leur pour nous comprendre. Cependant Cicéron avait assez clairement posé ce précepte : *que le défaut le plus choquant dans un orateur, est d'affecter de l'éloignement pour le langage ordinaire et pour les idées généralement reçues.* Mais Cicéron n'était qu'un barbare et un ignorant : nous avons le goût bien plus délicat, nous qui ne pouvons rien supporter de ce qui est naturel, nous à qui il faut non des ornemens, mais des colifichets!

Quæ ut propria sint, et dilucida, et ornata, et apte collocentur, si tota vita laborandum est, omnis studiorum fructus amissus est. Atque plerosque videas hærentes circa singula, et dum inveniunt, et dum inventa ponderant, ac dimetiuntur; quod si idcirco fieret, ut semper optimis uterentur, abominanda tamen hæc infelicitas erat, quæ et cursum dicendi refrenat, et calorem cogitationis exstinguit mora et diffidentia. Miser enim et, ut sic dicam, pauper orator est, qui nullum verbum æquo animo perdere potest.

Sed ne perdet quidem qui rationem eloquendi primum cognoverit, tum lectione multa et idonea copiosam sibi verborum suppellectilem compararit, et huic adhibuerit artem collocandi : deinde hæc omnia exercitatione plurima roborarit, ut semper in promptu sint, et ante oculos. Namque hoc qui fecerit, ei res cum nominibus suis occurrent; sed opus est studio præcedente, et acquisita facultate, et quasi reposita; namque ista quærendi, judicandi, comparandi anxietas, dum discimus adhibenda est, non dum dicimus : alioqui, sicut qui patrimonium non pararunt, subinde quærunt : ita in oratione, qui non satis laborarunt. Si præparata vis dicendi fuerit, erunt in officio, sic ut non ad requisita

Qu'on me dise donc quel mérite on trouve à des mots, s'ils ne s'identifient pas avec des choses.

Certes, s'il faut travailler toute sa vie à en chercher qui réunissent la propriété, la clarté, l'élégance, et à les disposer convenablement, tout le fruit des études est perdu. Voyez cependant la plupart de nos orateurs; ils s'arrêtent à chaque pas pour déterrer un mot, et quand ils l'ont trouvé, ils le pèsent, ils le mesurent minutieusement. Méthode détestable, dût-elle avoir pour résultat de nous donner toujours les meilleures expressions, puisque ces tâtonnemens perpétuels et cette défiance de soi-même ralentissent la marche de l'orateur et éteignent tout le feu de son imagination! N'est-ce pas d'ailleurs montrer toute sa misère, et, pour ainsi dire, toute sa nudité, que de ne pouvoir se résoudre à perdre un seul mot?

Mais je maintiens qu'il ne le perdra même pas, celui qui se sera d'abord pénétré des principes de l'art oratoire, qui ensuite, par une lecture assidue et choisie, se sera fait une ample provision de termes et aura appris à les mettre à leur place; celui en qui l'exercice aura enfin tellement accru ces richesses, qu'elles seront toujours sous sa main et sous ses yeux. Pour qui aura préludé de la sorte, les choses se présenteront sans efforts, avec les noms qui leur conviennent. Mais il faut des études préliminaires, des facultés acquises, un fonds en réserve; car cette anxiété à chercher, à juger, à comparer, est bonne tant qu'on apprend, mais n'est plus de saison quand on parle, sous peine de ressembler à ces gens qui, n'ayant pas su amasser de bien, en sont aux expédiens pour vivre. C'est ce qui arrive, dans la carrière de l'éloquence, à ceux qui n'ont pas assez travaillé. Quand, au contraire,

respondere, sed ut semper sensibus inhaerere videantur, atque ut umbra corpus sequi.

Tamen in hac ipsa cura est aliquid satis; nam quum latina, significantia, ornata, quum apte sunt collocata, quid amplius laboremus? Quibusdam tamen nullus finis calumniandi se, et cum singulis paene syllabis commorandi; qui, etiam quum optima sunt reperta, quaerunt aliquid, quod sit magis antiquum, remotum, inopinatum; nec intelligunt jacere sensus in oratione, in qua verba laudantur.

Sit igitur cura elocutionis quam maxima, dum sciamus tamen, nihil verborum causa esse faciendum, quum verba ipsa rerum gratia sint reperta; quorum ea sunt maxime probabilia, quae sensum animi nostri optime promunt, atque in animis judicum, quod volumus, efficiunt. Ea debent praestare sine dubio et admirabilem et jucundam orationem: verum *admirabilem* non sic, quomodo prodigia miramur; et *jucundam*, non deformi voluptate, sed cum laude ad dignitatem conjuncta.

on n'y entrera que bien préparé, les mots seront tellement aux ordres de l'orateur, qu'ils paraîtront moins répondre à ses réquisitions, que s'attacher à toutes ses pensées, comme l'ombre suit le corps.

Au demeurant, cette prévoyance même a des bornes. En effet, quand un mot est latin, quand il est expressif, orné, à sa place, que sert de se donner plus de peine? Mais c'est, pour certaines gens, un besoin continuel de se censurer, et de se morfondre sur chaque syllabe. Ont-ils trouvé ce qui vaut le mieux, ils cherchent s'il n'y aurait pas quelque chose qui eût une couleur plus antique, qui fût plus étrange, plus imprévue. Ils ne sentent pas qu'un discours est bien vide de sens quand on n'en loue que les expressions.

Soignons donc l'élocution, je le répète, pourvu que nous sachions qu'on ne doit rien faire pour les mots, attendu qu'ils n'ont été inventés qu'au profit des choses, et que les meilleurs sont ceux qui peignent le mieux nos pensées et qui font sur l'esprit de ceux qui nous écoutent l'effet que nous voulons produire. Sans doute, ils doivent faire naître dans un discours le double sentiment de la surprise et du plaisir, mais non pas de cette surprise qui saisit à la vue de monstres extraordinaires, non pas de ce plaisir que réprouve la décence, mais de ce plaisir pur et honnête qui s'allie avec la dignité.

CAPUT I.

Quæ in elocutione spectanda.

IGITUR, quam Græci φράσιν vocant, latine dicimus *elocutionem;* eam spectamus verbis aut *singulis* aut *conjunctis:* in *singulis* intuendum est, ut sint *latina, perspicua, ornata,* ad id, quod efficere volumus, *accommodata;* in *conjunctis,* ut *emendata,* ut *collocata,* ut *figurata.* Sed ea, quæ de ratione latine atque emendate loquendi fuerunt dicenda, *in libro primo,* quum *de grammatice* loqueremur, exsecuti sumus : verum illic tantum, ne vitiosa essent, præcepimus; hic non alienum est admonere, ut sint quam minime *peregrina,* et *externa;* multos enim, quibus loquendi ratio non desit, invenias, quos curiose potius loqui dixeris, quam latine; quomodo et illa attica anus Theophrastum, hominem alioqui disertissimum, annotata unius affectatione verbi, hospitem dixit; nec alio se id deprehendisse interrogata respondit, quam quod *nimium attice* loqueretur. Et in Tito Livio, miræ facundiæ viro, putat inesse Pollio Asinius quamdam *patavinitatem.*

Quare, si fieri potest, et verba omnia, et vox, hujus alumnum urbis oleant, ut oratio romana plane videatur, non civitate donata.

CHAPITRE I.

De ce qui est à considérer dans l'élocution.

Ce que les Grecs appellent φράσις, nous l'appelons élocution. On considère l'élocution dans les mots pris isolément ou dans les mots liés ensemble. Pour les premiers, il faut observer qu'ils soient d'une bonne latinité, clairs, élégans, et qu'ils rendent exactement notre idée; pour les seconds, qu'ils soient corrects, bien placés et figurés. Mais j'ai épuisé, dans le premier livre, en parlant de la grammaire, tout ce qu'il y avait à dire sur la manière de parler purement : cependant comme je m'étais borné à recommander qu'on évitât les locutions vicieuses, je crois à propos d'avertir ici qu'on se tienne en garde contre les façons de parler qui décèlent l'homme de province ou l'étranger. En effet, vous voyez beaucoup de gens qui ne pêchent pas contre la langue et dont on peut dire pourtant qu'ils s'énoncent avec plus de recherche que de latinité. C'est ainsi que la vieille femme d'Athènes reconnut Théophraste pour étranger, quoiqu'il parlât d'ailleurs très-correctement, à un seul mot qu'il prononça avec affectation, et quand on lui demanda à quoi elle s'en apercevait, *c'est*, dit-elle, *qu'il parle trop attique*. Pollion Asinius trouve dans Tite-Live, malgré son admirable talent, quelque chose qui sent le terroir de Padoue, une certaine *patavinité*.

Tâchons donc que toutes nos expressions et notre prononciation même nous fassent reconnaître pour de véritables Romains, nourris et élevés dans Rome, et non pour de nouveaux venus ayant acquis le droit de cité.

CAPUT II.

De perspicuitate.

Perspicuitas in verbis præcipuam habet proprietatem; sed *proprietas* ipsa non simpliciter accipitur : primus enim intellectus est sua cujusque rei appellatio, qua non semper utemur. Nam et obscœna vitabimus, et sordida, et humilia; sunt autem humilia infra dignitatem rerum aut ordinis : in quo vitio cavendo non mediocriter errare quidam solent, qui omnia, quæ sunt in usu, etiamsi causæ necessitas postulet, reformident : ut ille, qui in actione *ibericas herbas*, se solo nequidquam intelligente, dicebat, nisi irridens hanc vanitatem Cassius Severus, *spartum* eum dicere velle indicasset. Nec video, quare clarus orator *duratos muria pisces* nitidius esse crediderit, quam ipsum id, quod vitabat.

In hac autem proprietatis specie, quæ nominibus ipsis cujusque rei utitur, nulla virtus est; atque ei contrarium est vitium : id apud nos *improprium*, ἄκυρον apud Græcos vocatur : quale est,... *tantum sperare dolorem* : aut, quod in oratione Dolabellæ emendatum a Cicerone annotavi, *mortem ferre* : aut, qualia nunc laudantur a quibusdam, quorum est, *decernere*, *verba ceciderunt*.

CHAPITRE II.

De la clarté.

La clarté dans les mots tient surtout à leur propriété; mais cette propriété se prend de plus d'une manière. En effet, on entend en premier lieu par là le nom attributif de chaque chose, et ce nom n'est pas toujours à employer par la raison qu'on doit rejeter les termes qui sont obscènes, sales ou bas : j'appelle bas ceux qui répugnent à la dignité des objets qu'on traite ou des personnes qui écoutent. Mais c'est une autre erreur que celle de certaines gens qui, pour éviter ce défaut, se font scrupule d'appeler par leur nom des objets usuels, quoique leur sujet l'exige impérieusement; témoin cet avocat qui se serait probablement entendu tout seul, en parlant dans son plaidoyer *des herbes d'Ibérie*, si Cassius Severus, pour se moquer de sa pruderie, n'eût averti que c'était le *jonc* que notre homme voulait indiquer. Je ne vois pas non plus pourquoi un célèbre orateur a cru que cette périphrase *de poissons conservés dans la saumure*, avait plus d'élégance que le mot même qu'il évitait de dire*.

Au surplus il n'y a pas de mérite dans ce genre de propriété qui désigne chaque chose par son nom même; mais il y a un défaut qui lui est opposé, c'est l'impropriété que les Grecs appellent ἄκυρον : telle est cette expression *tantum sperare dolorem***..... *espérer un si grand malheur*, et celle-ci, que j'ai trouvée annotée par Cicéron dans un discours de Dolabella, *mortem ferre*

---

* C'était le mot *salsamenta*, poissons salés.

** Virg., *Énéide*, liv. iv, vers 419.

Non tamen, quidquid non erit proprium, protinus et improprii vitio laborabit; quia primum omnium multa sunt et graece et latine non denominata. Nam et, qui jaculum emittit, *jaculari* dicitur; qui pilum aut sudem, appellatione privatim sibi assignata caret : et ut, *lapidare* quid sit, manifestum est, ita glebarum testarumque jactus non habet nomen : unde abusio, quae κατάχρησις dicitur, necessaria. *Translatio* quoque, in qua vel maximus est orationis ornatus, verba non suis rebus accommodat; quare proprietas non ad nomen, sed ad vim significandi refertur; nec auditu, sed intellectu perpendenda est.

Secundo modo dicitur proprium inter plura, quae sunt ejusdem nominis, id, unde cetera ducta sunt; ut *vertex* est contorta in se aqua, vel quidquid aliud similiter vertitur : inde propter flexum capillorum, pars summa capitis; ex hoc, id quod in montibus eminentissimum : recte dixeris haec omnia *vertices;* proprie tamen, unde initium est : sic *soleae* et *turdi* pisces.

pour *mourir;* et quelques autres qui conservent encore des partisans, comme *decernere, verba ceciderunt.*

Cependant tout terme qui n'est pas rigoureusement le terme propre n'est pas toujours pour cela entaché d'impropriété, parce qu'il y a en latin comme en grec, beaucoup de choses qui n'ont pas de dénominations. Ainsi, nous disons *jaculari,* lancer un javelot, mais nous n'avons pas d'appellation particulière pour la même action appliquée à une balle ou à un pieu. On sait fort bien ce que c'est que *lapider,* mais il n'y a pas de mot qui rende l'action de jeter des mottes de terre ou des tuiles : d'où suit la nécessité de recourir au trope appelé catachrèse, en latin *abusio*. La métaphore qui est d'un si grand ornement dans le discours, applique aussi à certaines choses des noms qui ne leur conviennent point : dans ces cas donc la propriété n'est pas inhérente aux mots, mais à la force de la signification, et c'est à l'esprit plus qu'à l'oreille à en apprécier la justesse.

En second lieu, on appelle mot propre, entre plusieurs du même nom, celui d'où les autres sont tirés. Ainsi *vertex* est proprement un gouffre où l'eau tournoye, ou toute autre espèce de tourbillon, d'où l'on a nommé *vertex* la partie la plus élevée de la tête, parce qu'en cet endroit les cheveux forment des contours sinueux, d'où enfin, par extension, on a appelé *vertex* le sommet des montagnes. Vous pourrez donc désigner ces différentes choses sous le nom de *vertex,* quoiqu'il ne soit *propre* que dans la première acception. Il en est de même des poissons appelés *solea* et *turdus.* *

---

* Le premier qui désigne toute espèce de poisson plat, comme la sole, la limande, le carrelet, etc., par analogie avec la semelle d'une chaussure, *solea* ; le second, à cause de sa ressemblance avec l'oiseau appelé *turdus,* grive.

Et tertius est huic diversus modus, quum res communis pluribus in uno aliquo habet nomen eximium; ut carmen funebre proprie *Nænia*, et tabernaculum ducis *augurale*: item, quod commune est et aliis nomen, intellectu alicui rei peculiariter tribuitur ; ut *urbem*, Romam accipimus, et *venales*, novitios, et *Corinthia*, æra; quum sint urbes aliæ quoque, et venalia multa, et tam aurum et argentum, quam æs *corinthium;* sed ne in his quidem virtus oratoris inspicitur.

At illud jam non mediocriter probandum, quod hoc etiam laudari modo solet, ut proprie dictum, id est, quo nihil inveniri possit significantius, ut Cato dixit, *C. Cæsarem ad evertendam rempublicam sobrium accessisse;* ut Virgilius *deductum carmen*, et Horatius *acrem tibiam*, *Hannibalemque dirum*. In quo modo illud quoque est a quibusdam traditum proprii genus ex appositis, epitheta dicuntur, ut, *dulce mustum*, et *cum dentibus albis;* de quo genere alio loco dicendum est: etiam, quæ bene translata sunt, *propria* dici solent. Interim autem, quæ sunt in quoque præcipua, *proprii* locum accipiunt, ut Fabius inter plures imperatorias virtutes *Cunctator* est appellatus.

Un troisième genre de propriété, c'est lorsqu'un objet, commun à plusieurs personnes, tire spécialement son nom d'une seule, comme *Nænia*, qui est le nom d'une déesse, et qu'on donne à ces chants funèbres où l'on célèbre plusieurs dieux; et *augurale*, marque distinctive de l'*augure* qui sert à désigner la tente du général; ou bien, lorsqu'un nom commun à d'autres choses de même nature, en désigne cependant une par excellence, comme le mot *urbs* pour dire Rome, *venales*, à vendre, pour dire *novitios*, esclaves récemment achetés, et *Corinthia*, pour dire *œra*, airain; quoiqu'il y ait d'autre villes que Rome, beaucoup de choses à vendre autres que des esclaves, et de l'argent et de l'or comme de l'airain, à Corinthe; mais ce n'est pas même en cela qu'un orateur pourra se faire remarquer.

Ce qui n'est pas d'un mérite médiocre, ce qu'on loue comme ayant tous les caractères de la *propriété*, ce sont ces mots au delà desquels on ne peut rien trouver de plus expressif; tel est ce que disait Caton de César*, *qu'il avait médité,* EN HOMME SOBRE, *la destruction de la république;* tels sont dans Virgile, DEDUCTUM *carmen*, des vers légers, et dans Horace, ACREM *tibiam*, la flûte aux sons perçans, *Hannibalemque* DIRUM, le farouche Annibal. De ce genre sont encore, suivant quelques-uns, les appositions ou épithètes, comme *dulce mustum*, du vin doux (moût), *cum dentibus albis*, avec ses blanches dents. Mais nous aurons occasion de revenir sur ce genre. Les mots qui sont heureusement transportés d'une chose à une autre, passent aussi pour des mots propres.

---

* *Unum ex omnibus Cæsarem ad evertendam rempublicam sobrium accessisse.* C'est ainsi que le rapporte Suétone, *Julius,* cap. 53.

Possunt videri verba, quæ plus significant, quam eloquuntur, in parte ponenda perspicuitatis; intellectum enim adjuvant: ego tamen libentius emphasim retulerim ad ornatum orationis, quia non, ut intelligatur, efficit, sed, ut plus intelligatur.

Obscuritas fit etiam verbis ab usu remotis; ut, si commentarios quis pontificum, et vetustissima fœdera, et exoletos scrutatus auctores, id ipsum petat ex his, quæ inde contraxerit, quod non intelliguntur: hinc enim aliqui famam eruditionis affectant, ut quædam soli scire videantur. Fallunt etiam verba vel regionibus quibusdam magis familiaria, vel artium propria; ut *atabulus* ventus, et *navis saccaria,* et *in malaco sanum*: quæ vel vitanda apud judicem ignarum significationum earum, vel interpretanda sunt; sicut in his, quæ *homonyma* vocantur: ut *taurus* animal sit, an mons, an signum in cœlo, an nomen hominis, an radix arboris, nisi distinctum non intelligitur.

Plus tamen est obscuritatis in contextu et continuatione sermonis, et plures modi: quare nec sit tam lon-

Enfin tout ce qui, dans chaque individu, forme un trait distinctif de caractère est censé lui être propre; ainsi, entr'autres qualités qui distinguent un général, Fabius mérita le surnom de *Temporiseur*.

Comme il s'agit ici de clarté, il semble que ce serait le lieu de parler de ces termes qui signifient plus qu'ils ne disent, puisqu'ils aident à l'intelligence. Cependant je crois plus convenable de ranger cette figure appelée *emphase* parmi les ornemens du discours, attendu qu'elle a pour objet, non pas tant de se faire comprendre que de faire entendre plus qu'on n'exprime.

Venons maintenant au défaut contraire, *à l'obscurité*. Elle a lieu d'abord par l'emploi des mots qui ne sont plus en usage; comme si, par exemple, on allait fouiller dans les annales des pontifes ou dans les anciens traités, ou dans nos plus vieux écrivains, pour en tirer des expressions que personne ne pourrait comprendre. C'est ce que font quelques orateurs qui affichent par là une érudition d'autant plus rare qu'ils paraissent la posséder seuls. L'obscurité s'attache aussi à ces mots qui ne sont familiers qu'à certaines localités, ou propres qu'à certaines professions, comme ce vent de la Pouille appelé *atabulus*, et cette espèce de navire chargé de sacs, appelé *saccaria*, etc. Il ne faut point se servir de ces mots devant le juge qui en ignore la signification, ou prendre soin de les lui expliquer. J'en dis autant des homonymes: si l'on emploie le mot *taurus*, saura-t-on, à moins qu'on ne le distingue, s'il s'agit de l'animal de ce nom, ou du mont Taurus, ou du signe du Zodiaque, ou d'un nom d'homme, ou d'une racine d'arbre?

Cependant l'obscurité la plus grande à éviter est celle qui se prolonge et qui tient au tissu même du discours:

gus, ut eum prosequi non possit intentio; nec trajectione tam tardus, ut in hyperbaton finis ejus differatur : quibus adhuc pejor est mixtura verborum, qualis in illo versu,

Saxa vocant Itali, mediis quæ in fluctibus, aras.

Etiam interjectione, quâ et oratores et historici frequenter utuntur, ut medio sermone aliquem inserant sensum, impediri solet intellectus, nisi, quod interponitur, breve est; nam Virgilius illo loco quo pullum equinum describit, quum dixisset,

Nec vanos horret strepitus....

compluribus insertis alia figura quinto demum versu redit,

...Tum, si qua sonum procul arma dedere,
Stare loco nescit.....

Vitanda inprimis ambiguitas, non hæc solum, de cujus genere supra dictum est, quæ incertum intellectum facit; ut, *Chremetem audivi percussisse Demeam* : sed illa quoque, quæ, etiamsi turbare non potest sensum, in idem tamen verborum vitium incidit : ut, si quis dicat, *visum a se hominem librum scribentem* : nam,

on y tombe de plusieurs manières. Prenons donc garde que nos périodes ne soient tellement longues que l'esprit le plus attentif ait peine à les suivre; ou que la marche en soit ralentie par tant d'incises, qu'il faille aller jusqu'à la fin pour découvrir le sens. C'est pis encore quand il y a mélange et confusion de mots, comme dans ce vers de Virgile:

Saxa vocant Itali, mediis quæ in fluctibus, aras.

Souvent aussi la figure appelée parenthèse, dont les orateurs et les historiens font un fréquent usage pour insérer au milieu d'un discours quelque pensée incidente, ne laisse pas que d'embarrasser le sens, à moins que cette pensée ne soit courte. Virgile a encouru ce reproche dans la description qu'il fait du poulain, car après avoir dit,

Aucun bruit ne l'émeut...... (Del.)

il se livre à plusieurs digressions, et ce n'est que cinq vers après qu'il revient à sa première idée par cet autre tour :

Si du clairon bruyant le son guerrier l'éveille,
Je le vois s'agiter, etc. (Del.)

Évitons surtout l'ambiguité, non-seulement celle qui tient l'intelligence en suspens et dont j'ai déjà parlé, comme dans cette phrase : *Chremetem audivi percussisse Demeam*, mais encore celle qui, sans troubler le sens, pèche néanmoins par l'arrangement des mots, comme si quelqu'un disait *visum a se hominem librum scribentem ;* car bien qu'il soit évident que c'est l'homme qui écrivait le livre; cependant la composition est vicieuse, et

etiamsi librum ab homine scribi patet, male tamen composuerit, feceritque ambiguum, quantum in ipso fuit.

Est etiam in quibusdam turba inanium verborum, qui, dum communem loquendi morem reformidant, ducti specie nitoris, circumeunt omnia copiosa loquacitate, quæ dicere nolunt: ipsam deinde illam seriem cum alia simili jungentes, miscentesque, ultra quam ullus spiritus durare possit, extendunt. In hoc malum a quibusdam etiam laboratur : neque id novum vitium est, quum jam apud Titum Livium inveniam fuisse præceptorem aliquem, qui discipulos *obscurare*, quæ dicerent, juberet græco verbo utens, σκότισον: unde illa scilicet egregia laudatio, *Tanto melior: ne ego quidem intellexi.*

Alii brevitatem æmulati, necessaria quoque orationi subtrahunt verba, et, velut satis sit scire ipsos, quæ dicere velint, quantum ad alios pertineat, nihil putant: at ego otiosum sermonem dixerim, quem auditor suo ingenio intelligit : quidam, emutatis in perversum dictis, de figuris idem vitium consequuntur.

Pessima vero sunt ἀδιανόητα, hoc est, quæ verbis aperta occultos sensus habent: ut, *Conductus est cæcus secus viam stare*: et, qui suos artus morsu lacerasset, fingitur in scholis *supra se cubasse*. Ingeniosa hæc et fortia, et ex ancipiti diserta creduntur, pervasitque jam

ce n'est pas la faute de celui qui parlait, si sa phrase n'est pas ambiguë.

Une autre cause d'obscurité chez quelques orateurs, c'est l'abondance des mots inutiles. Ils redoutent tant de parler comme tout le monde, que, pour courir après l'élégance, ils tournent sans cesse autour de ce qu'ils n'osent dire, et se perdent dans leur verbiage. Cousant ensuite leurs phrases vides au bout les unes des autres, et confondant tout, ils font des périodes sans fin qui défieraient la plus longue respiration. Il en est même qui s'étudient à être obscurs; et ce vice n'est pas nouveau, car je trouve dans Tite-Live qu'un maître de son temps recommandait à ses élèves de jeter de l'obscurité sur tout ce qu'ils disaient, les encourageant par le mot grec σκότισον, *obscurcissez*. De là cet éloge vraiment magnifique : *A merveille! je n'y ai rien compris moi-même.*

D'autres, partisans outrés de la brièveté, retranchent jusqu'aux mots nécessaires, et, satisfaits de s'entendre, comptent pour rien d'être entendus. Pour moi, tout discours qui exige un effort d'esprit de la part de l'auditeur, me paraît un discours en pure perte. D'autres, en pervertissant les mots, trouvent moyen de faire de l'obscurité avec des figures.

Mais le défaut le plus détestable, c'est de cacher sous des mots qui ne sont nullement équivoques un sens entortillé et obscur, comme dans cette phrase : *conductus est cœcus secus viam stare;* comme encore, lorsqu'à propos d'un homme qui s'était déchiré les membres en se mordant, certains déclamateurs de l'école disent : *qu'il s'était*

multos ista persuasio, ut id jam demum eleganter atque exquisite dictum putent, quod interpretandum sit; sed auditoribus etiam nonnullis grata sunt hæc, quæ quum intellexerunt, acumine suo delectantur, et gaudent, non quasi audiverint, sed quasi invenerint.

Nobis prima sit virtus *perspicuitas*, propria verba, rectus ordo, non in longum dilata conclusio; nihil neque desit, neque superfluat: ita sermo et doctis probabilis, et planus imperitis erit. Hæc eloquendi observatio: nam rerum perspicuitas quo modo præstanda sit, diximus in præceptis narrationis. Similis autem ratio est in omnibus; nam, si neque pauciora, quam oportet, neque plura, neque inordinata aut indistincta dixerimus, erunt dilucida, et negligenter quoque audientibus aperta; quia id ipsum in consilio est habendum, non semper tam esse acrem judicis intentionem, ut obscuritatem apud se ipse discutiat, et tenebris orationis inferat quoddam intelligentiæ suæ lumen; sed multis eum frequenter cogitationibus avocari; nisi tam clara fuerint, quæ dicemus, ut in animum ejus oratio, ut sol in oculos, etiamsi in eam non intendatur, occurrat. Quare non ut intelligere possit, sed, ne omnino possit non intelligere, curandum : propter quod etiam repetimus sæpe, quæ non satis percepisse eos, qui cognoscunt, putamus: *Quæ causa utique nostra culpa dicta obscurius est;*

jeté en furieux sur lui-même,....supra se cubasse. Voilà ce qu'on prend pour des traits de génie et d'éloquence; car beaucoup de gens se persuadent qu'il n'y a d'élégant et de bien dit que tout ce qui a besoin d'explication. Ces énigmes ont aussi des attraits pour quelques auditeurs qui se félicitent de leur pénétration, quand ils les ont devinées, et s'en applaudissent comme d'une découverte.

Pour nous, que notre première qualité soit d'être clairs; attachons-nous aux mots propres, soyons sobres d'inversions, ne laissons pas le sens trop long-temps suspendu; ne pêchons enfin ni par défaut ni par excès; c'est le moyen d'avoir l'approbation des gens de goût et d'être à la portée des plus ignorans. Voilà pour ce qui regarde le langage. Quant à la clarté dans les choses, nous avons dit comment on l'obtenait lorsque nous avons traité de la narration. Il en est de même de toutes les autres parties du plaidoyer. Si les choses que nous disons sont dans une juste mesure, si elles ne sont ni désordonnées ni confuses, elles seront intelligibles et claires pour l'auditeur le moins attentif; car il est prudent de ne pas compter sur une attention assez soutenue de la part du juge, pour qu'il prenne la peine de débrouiller ce qui est obscur et de dissiper les ténèbres d'un discours à l'aide de son intelligence. Au contraire, il faut l'arracher à mille pensées qui le distrayent; et pour cela nous avons besoin d'être tellement lucides, que toutes nos paroles arrivent à son esprit malgré lui, comme la lumière du soleil arrive à nos yeux. Faisons donc tous nos efforts, je ne dis pas pour qu'on nous comprenne, mais pour qu'il soit impossible de ne pas nous comprendre. C'est dans cette vue que souvent nous répétons ce que nous croyons n'avoir pas été suffisamment compris. *Ce que j'ai dit, Messieurs, vous*

qua causa ad planiora et communia magis verba descendimus : quum id ipsum optime fiat, quod nos aliquando non optime fecisse simulamus.

CAPUT III.

De ornatu.

VENIO nunc ad *ornatum*, in quo sine dubio plus, quam in ceteris dicendi partibus, sibi indulget orator: nam emendate quidem ac lucide dicentium tenue præmium est, magisque vitiis carere, quam ut aliquam magnam virtutem adeptus esse videaris. *Inventio* cum imperitis sæpe communis : *dispositio* modicæ doctrinæ credi potest, et si quæ sunt artes altiores, plerumque occultantur, ut artes sint: denique omnia hæc ad utilitatem causarum solam referenda sunt.

Cultu vero atque ornatu se quoque commendat ipse, qui dicit, et in ceteris judicium doctorum, in hoc vero etiam popularem laudem petit. Nec fortibus modo, sed etiam fulgentibus armis prœliatus in causa est Cicero Cornelii : qui non assecutus esset, docendo judicem tantum, et utiliter demum, ac latine, perspicueque dicendo, ut populus romanus admirationem suam non acclamatione tantum, sed etiam plausu confiteretur:

aura peut-être paru un peu obscur : je vais m'expliquer en termes plus significatifs, car on est toujours admis à faire mieux ce qu'on feint n'avoir pas bien fait d'abord.

CHAPITRE III.

Des ornemens du discours.

Je passe maintenant à ce qui orne et embellit un discours. C'est en cela, sans contredit, plus qu'en toute autre partie de l'art, que le génie de l'orateur se déploie. C'est une assez mince gloire, en effet, que de s'exprimer purement et avec clarté : il semble que ce soit plutôt l'absence de défaut, que la preuve d'un grand talent. L'*invention* est un mérite qu'on partage souvent avec les moins habiles, et la *disposition* peut être le fruit d'une instruction assez médiocre; quant à ces finesses qui décèlent plus de profondeur, elles cesseraient d'être telles, si l'on ne prenait soin de les cacher : enfin tout cela se rapporte uniquement à l'intérêt même des causes que nous plaidons.

Mais l'élégance et la beauté du discours, voilà par où un orateur se recommande de lui-même : dans le reste, il peut chercher l'approbation des doctes, ce n'est que par ces qualités qu'il ravit encore les suffrages de la multitude. C'est ainsi que Cicéron, dans la cause de Cornelius, combattit avec des armes qui n'étaient pas moins remarquables par leur éclat que par leur trempe. S'il se fût borné à instruire le juge dans un plaidoyer correct et clair, et s'il ne se fût attaché qu'à l'utile, pense-t-on que le peuple romain eût manifesté son enthou-

sublimitas profecto, et magnificentia, et nitor, et auctoritas expressit illum fragorem; nec tam insolita laus esset prosecuta dicentem, si usitata, et ceteris similis fuisset oratio; atque ego illos credo, qui aderant, nec sensisse, quid facerent, nec sponte judicioque plausisse; sed velut mente captos, et, quo essent in loco, ignaros erupisse in hunc voluptatis affectum.

Sed ne causæ quidem parum conferat idem hic orationis ornatus: nam, qui libenter audiunt, et magis attendunt, et facilius credunt, plerumque ipsa delectatione capiuntur, nonnunquam admiratione auferuntur; nam et ferrum affert oculis terroris aliquid, et fulmina ipsa non tam nos confunderent, si vis eorum tantum, non etiam ipse fulgor timeretur; recteque Cicero his ipsis ad Brutum verbis quadam in epistola scribit, *Nam eloquentiam, quæ admirationem non habet, nullam judico.* Aristoteles quoque eamdem petendam maxime putat.

Sed hic ornatus, repetam enim, virilis, et fortis, et sanctus sit; nec effeminatam levitatem, et fuco ementitum colorem amet, sanguine et viribus niteat. Hoc autem adeo verum est, ut, quum in hac maxime parte sint vicina virtutibus vitia, etiam, qui vitiis utuntur, virtutis tamen his nomen imponant; quare nemo ex cor-

siasme par des acclamations et même par des battemens de mains? Non; ce furent la sublimité, la magnificence et l'autorité de ses paroles qui déterminèrent cette explosion. Un triomphe aussi rare n'aurait pas accueilli l'orateur si son langage eût été simple et vulgaire. Je crois pour moi que les assistans ne s'aperçurent même pas de ce qu'ils faisaient, et qu'ils applaudirent malgré eux et sans réflexion; je crois que, transportés, hors d'eux-mêmes et oubliant la majesté du lieu où ils étaient, rien ne put contenir l'élan du plaisir qu'ils éprouvèrent.

Ce charme de l'éloquence ne contribue pas peu non plus au succès d'une cause. On recueille plus avidement, on est plus disposé à croire ce qu'on entend si volontiers; le plaisir est une amorce à laquelle on se laisse ordinairement prendre, et la surprise est un sentiment qui entraîne. C'est ainsi que le fer qui brille soudainement à nos yeux nous cause une sorte d'effroi, et que l'éclair qui précède la foudre ajoute encore à la terreur que sa violence nous inspire. Cicéron a donc raison de dire à Brutus dans une de ses lettres *qu'il ne fait aucun cas de l'éloquence, quand elle ne fait pas naître l'admiration.* Aristote pense aussi que c'est le sentiment qu'on doit chercher à exciter.

Mais, je le répète, le discours ne doit admettre qu'une parure mâle, chaste et sévère : loin cette recherche efféminée, qui n'est que fard et enluminure! l'éloquence doit être toute brillante de forces et de santé. Cela est si vrai que, comme en ceci, le bien est tout près du mal, ceux qui n'en ont que les défauts veulent à toute force en faire des qualités. Qu'ils ne disent donc pas ces parti-

ruptis dicat, me inimicum esse culte dicentibus: non nego hanc esse virtutem, sed illis eam non tribuo. An ego fundum cultiorem putem, in quo mihi quis ostenderit lilia et violas, et anemonas, fontes surgentes, quam ubi plena messis, aut graves fructu vites erunt? sterilem platanum, tonsasque myrtos, quam maritam ulmum, et uberes oleas praeoptaverim? Habeant illa divites : licet : quid essent, si aliud nihil haberent?

Nullusne ergo etiam fructiferis adhibendus est decor? Quis negat? Nam et in ordinem certaque intervalla redigam meas arbores : quid illo quincunce speciosius, qui, in quamcunque partem spectaveris, rectus est? Sed protinus in id quoque prodest, ut terrae succum aequaliter trahant. Surgentia in altum cacumina oleae ferro coercebo; in orbem se formosius fundet, et protinus fructum ramis pluribus feret. Decentior equus, cujus astricta ilia; sed idem velocior : pulcher aspectu sit athleta, cujus lacertos exercitatio expressit; idem certamini paratior. Nunquam vera species ab utilitate dividitur, sed hoc quidem discernere modici judicii est.

Illud observatione dignius, quod hic ipse honestus ornatus pro materiae genere decet variatus: atque, ut a prima divisione ordiar, non idem *demonstrativis*, et *de-*

sans d'une éloquence corrompue, que je suis ennemi de tout ornement; encore une fois, je ne nie pas que ce soit un mérite, mais je prétends qu'ils ne l'ont pas. Faudra-t-il que je trouve mieux cultivé le champ où l'on ne me montrera que des lys, des violettes et des sources d'eaux vives, que celui où je verrai une abondante moisson et des ceps chargés de raisins? préférerai-je de stériles platanes, des myrthes bien tondus, à l'ormeau marié à la vigne, à l'olivier pliant sous ses fruits? Que les riches se donnent ces superfluités, à la bonne heure; mais seraient-ils riches, s'ils ne possédaient pas autre chose?

Ne sera-t-il donc pas permis d'orner tout ce qui porte du fruit? Qui dit le contraire? Certes, je planterai mes arbres dans un ordre symétrique et à des distances régulières : quoi de plus flatteur à l'œil que le quinconce qui, de quelque côté qu'on le regarde, est toujours droit et aligné? mais cet arrangement même est utile, en ce que les arbres profitent également des sucs nourriciers de la terre. Mes oliviers s'élèvent trop haut, je les émonderai; ils seront plus beaux quand ils s'élargiront en boule, et dès-lors aussi ils porteront des fruits dans plus de branches. Un cheval dont les flancs sont serrés se dessine avec plus de grâce; il est, en même temps, plus prompt à la course. On aime à voir un athlète dont l'exercice a fortement prononcé les muscles; n'est-il pas par cela même plus propre au combat? L'utilité est donc inséparable de la vraie beauté : il ne faut qu'un jugement médiocre pour comprendre cette vérité.

Ce qui est plus digne de remarque, c'est que l'ornement même honnête et de bon goût, doit varier suivant la nature du sujet; et, pour reprendre ma première division, il ne doit pas être le même dans les genres démons-

liberativis, et *judicialibus* causis conveniet : namque illud genus, ostentationi compositum, solam petit audientium voluptatem; ideoque omnes dicendi artes aperit, ornatumque orationis exponit; ut quod non insidietur, nec ad victoriam, sed ad solum finem laudis et gloriæ tendat. Quare, quidquid erit sententiis populare, verbis nitidum, figuris jucundum, translationibus magnificum, compositione elaboratum, velut institor quidam eloquentiæ, intuendum, et pæne pertractandum dabit; nam eventus ad ipsum, non ad causam refertur.

At, ubi res agitur, et vera dimicatio est, ultimus sit famæ locus : preterea non debet quisquam, ubi maxima rerum momenta versantur, de verbis esse sollicitus; neque hoc eo pertinet, ut in his nullus sit ornatus, sed uti pressior et severior, eo minus confessus, præcipue ad materiam accommodatus : nam et suadendo sublimius aliquid senatus, concitatius populus, et in judiciis publicæ capitalesque causæ poscunt accuratius dicendi genus : at privatum consilium, causasque paucorum, ut frequenter accidit, calculorum, purus sermo, et dissimilis curæ magis decuerit : an non pudeat certam creditam periodis postulare? aut circa stillicidia affici? aut in mancipii redhibitione sudare? sed ad propositum. Et, quoniam orationis tam ornatus, quam perspicuitas aut

tratif, délibératif et judiciaire. Le premier, tout d'ostentation, ne s'attache qu'à plaire à l'auditoire; voilà pourquoi on y prodigue toutes les ressources de l'art, tous les prestiges de l'éloquence. L'orateur n'a pas besoin d'une marche insidieuse pour s'assurer la victoire; s'il se fait louer et applaudir, il a atteint son but. Aussi tout ce qu'il y a de pensées à effet, de termes brillans, de figures agréables, de métaphores pompeuses, en un mot tous les artifices de la composition, il les expose aux yeux, comme un marchand étale sa marchandise, et vous donne, pour ainsi dire, tout à voir et à manier; car dans ces sortes de discours, le succès est pour l'orateur et non pour la cause.

Mais quand il s'agit d'affaire, et qu'il y a lutte sérieuse, le soin de notre réputation est ce qui doit nous occuper en dernier. On aurait d'ailleurs mauvaise grâce, lorsqu'on a de grands intérêts à défendre, à se montrer si curieux de mots, non que je prétende qu'on doive en bannir l'ornement, mais il doit y être plus concis, plus sévère, et par cela même moins apparent; il faut surtout qu'il soit proportionné au sujet qu'on traite. Ainsi les délibérations devant le sénat réclament quelque chose de plus élevé; devant le peuple, de plus impétueux; et dans les tribunaux, les causes publiques et capitales exigent une éloquence plus exacte. Mais dans les jugemens d'arbitres, dans ces affaires de peu d'importance, comme on en voit tant, un langage correct et simple est celui qui sied le mieux. N'aurait-on pas quelque honte à employer des périodes bien arrondies pour redemander de l'argent prêté? à se passionner à propos de gouttières? à suer sang et eau pour la redhibition d'un esclave? Mais reve-

in singulis verbis est, aut in pluribus positus, quid separata, quid conjuncta exigant, consideremus.

Quamquam rectissime traditum est, perspicuitatem propriis, ornatum translatis verbis magis egere, sciamus inornatum esse, quod sit improprium. Sed, quum idem frequentissime plura significent, quod συνωνυμία vocatur, jam sunt aliis alia honestiora, sublimiora, nitidiora, jucundiora, vocaliora: nam, ut syllabæ e litteris melius sonantibus clariores sunt, ita verba e syllabis magis vocalia; et, quo plus quodque spiritus habet, auditu pulchrius; et, quod facit syllabarum, idem verborum quoque inter se copulatio, ut aliud alii junctum melius sonet.

Diversus tamen usus: nam rebus atrocibus verba etiam ipso auditu aspera magis convenient: in universum quidem optima simplicium creduntur, quæ aut maxime exclamant, aut sono sunt jucundissima: et honesta quidem turpibus potiora semper, nec sordidis unquam in oratione erudita locus. Clara illa atque sublimia plerumque materiæ modo cernenda sunt: quod alibi magnificum, tumidum alibi; et, quæ humilia circa res magnas, apta circa minores videntur; et sicut in oratione nitida

nons à mon sujet, et puisque l'ornement et la clarté dans le discours dépendent du choix des mots pris isolément ou unis ensemble, voyons ce qu'exigent les uns et les autres.

D'abord, quoiqu'on ait eu raison d'enseigner que la propriété dans les termes est ce qui constitue principalement la clarté, et que les métaphores sont ce qui contribue le plus à l'ornement, sachons qu'un mot impropre ne saurait être orné; mais comme plusieurs mots ont souvent la même signification, ce qu'on appelle *synonymie*, il en est que nous devons préférer, les uns parce qu'ils sont plus décens, plus relevés, les autres parce qu'ils sont plus purs, plus agréables, plus sonores : car, de même que les syllabes participent du son clair des lettres qui les composent, ainsi les mots participent du son des syllabes, et plus un mot est plein, plus il frappe agréablement l'oreille; or, ce que fait l'accord des syllabes entre elles, l'enchaînement des mots le produit aussi, en sorte que tel mot ne sonne vraiment bien qu'avec tel autre.

Il faut pourtant savoir en varier l'emploi; car pour peindre des circonstances atroces, des termes durs et qui déchirent l'oreille conviendront mieux à la situation : mais, en général, parmi les mots simples, on estime les meilleurs ceux qui ont le plus d'éclat ou le plus de douceur; il faut toujours aussi préférer le mot honnête à celui qui ne l'est pas, et se garder, dans un discours poli, de donner entrée à un terme bas et grossier. Quant à ceux qui sont brillans et hardis, c'est à nous à juger si notre matière les comporte. Ce qui est magnifique dans un endroit, pourrait être boursoufflé dans un autre; ce qui serait mesquin appliqué à un grand sujet, pourrait

notabile humilius verbum, et velut macula; ita a sermone tenui sublime nitidumque discordat, fitque corruptum, quia in plano tumet.

Quædam non tam ratione, quam sensu judicantur, ut illud,

....Cæsa jungebant fœdera porca,

fecit elegans, fictio nominis : quod si fuisset *porco*, vile erat : in quibusdam ratio manifesta est. Risimus, et merito, nuper poetam, qui dixerat,

Prætextam in cista mures rosere Camilli.

At Virgilii miramur illud,

......Sæpe exiguus mus.

Nam epitheton *exiguus* aptum proprium effecit, ne plus exspectaremus, et casus singularis magis decuit, et clausula ipsa unius syllabæ, non usitata, addidit gratiam : imitatus est itaque utrumque Horatius,

.......Nascetur ridiculus mus.

Nec augenda semper oratio, sed summittenda nonnunquam est : vim rebus aliquando verborum ipsa humilitas affert : an, quum dicit in Pisonem Cicero, *Quum tibi tota cognatio sarraco advehatur*, incidisse videtur in sordidum nomen, non eo contemptum hominis, quem

être convenable dans un moindre. Et de même que dans un discours d'apparat, on relève comme une tache une expression trop familière, ainsi dans le langage simple un mot trop ambitieux est une dissonnance et devient une véritable faute, parce qu'on se gourme quand il faudrait être uni.

Il y a de ces expressions qu'on sent mieux qu'on n'en pourrait rendre raison. Ainsi la seule substitution du genre féminin au masculin dans ce vers de Virgile,

........Cæsa jungebant fœdera porca.

en fait un vers élégant qui n'eût pas été supportable si le poëte eût mis *porco*. Il en est d'autres que la raison explique. Nous nous moquâmes naguère et à juste titre d'un poète qui avait dit :

Les *souris* ont rongé la robe de Camille.

et nous admirons le *sæpe exiguus mus* de Virgile : pourquoi? c'est que cette épithète *exiguus* est si vraie, si naïve, que nous ne pouvons plus attendre autre chose que ce qui la suit; c'est que l'emploi du singulier sied ici à merveille, et qu'enfin cette syllabe qui termine le vers d'une manière si extraordinaire, lui donne une grâce piquante. Aussi Horace a-t-il imité l'un et l'autre :

........Nascetur ridiculus mus.

Loin d'ennoblir toujours son langage, il faut donc quelquefois savoir le rabaisser. La trivialité même de certains termes donne plus de force à la pensée. Reprocha-t-on à Cicéron de s'être servi d'une expression trop basse, quand, en parlant contre Pison, *vous*, lui dit-il, *dont toute la famille se fait traîner dans une charrette?* combien par là ne déversait-il pas de mépris sur l'homme

destructum volebat, auxisse? et alibi, *Caput opponis, cum eo coniscans.*

Unde interim grati idiotis joci : qualis est ille apud M. Tullium, *Pusio, qui cum majore sorore cubitabat;* et, *Cn. Flavius, qui cornicum oculos confixit;* et pro Milone illud, *Heus tu Ruscio?* et pro Vareno, *Erutius Antoniaster.*

Id tamen in declamationibus est notabilius, laudarique me puero solebat, *Da patri panem;* et in eodem, *Etiam canem pascis.* Res quidem præcipue in scholis anceps, sed frequenter causa risus, nunc utique, quum hæc exercitatio, procul a veritate sejuncta, laboret incredibili verborum fastidio, ac sibi magnam partem sermonis absciderit.

Quum sint autem verba *propria, ficta, translata,* propriis dignitatem dat antiquitas : namque et sanctiorem et magis admirabilem faciunt orationem, quibus non quilibet fuerit usurus : eoque ornamento acerrimi judicii P. Virgilius unice est usus. *Olli* enim, et *quianam,* et *mis,* et *pone,* pellucent et aspergunt illam, quæ etiam in picturis est gratissima, vetustatis inimitabilem arti auctoritatem : sed utendum modo, nec ex

qu'il voulait perdre! et dans un autre endroit : *vous vous heurtez avec lui, tête contre tête, à la manière des béliers.*

De là naît aussi la grâce qu'on trouve à certaines locutions familières, comme ce trait de malice, dans Cicéron, *du petit garçon qui dormait auprès de sa sœur aînée*, et cette expression proverbiale : *Cn. Flavius a crevé les yeux aux corneilles**; telle est encore, dans l'oraison pour Milon, cette interpellation : *holà! toi, Ruscion?* et dans celle pour Varenus, l'épithète d'*Antoniaster* qu'il donne à *Erutius*.

Cependant cela se remarque encore davantage dans les déclamations, et, quand j'étais enfant, on citait avec éloge le trait suivant : *donnez du pain à votre père, malheureux! vous en donnez bien à un chien!* Mais en général cette familiarité a ses dangers, particulièrement aux écoles, où elle exciterait souvent la risée, aujourd'hui surtout que les déclamations s'éloignent plus que jamais du naturel, et qu'on y pousse la fausse délicatesse jusqu'à proscrire une grande partie du langage ordinaire. Mais reprenons notre sujet.

Tous les mots de la langue, comme je l'ai dit, sont ou propres, ou composés, ou métaphoriques. Les premiers ont une certaine dignité quand ils sont anciens; ils donnent plus de gravité au discours, et étonnent par cela même que tout le monde ne s'en sert pas. Virgile, dont le goût était si exquis, est le seul qui ait trouvé le secret d'en orner son style. Ces mots *olli, quianam, mis, pone,* etc., brillent dans ses vers, et y répandent ce

---

* Pour dire qu'il était plus fin que ceux qui voulaient le tromper. *A trompeur, trompeur et demi.*

ultimis tenebris repetenda; satis est vetus, quid necesse est *quæso* dicere? *Oppido* quo sunt usi paululum tempore nostro superiores, vereor ut jam non ferat quisquam : certe *Antigerio*, cujus eadem significatio est, nemo, nisi ambitiosus, utetur; *Ærumna* quid opus est? tanquam parum sit, si dicatur *labor;* horridum, *reor;* tolerabile, *autumo;* tragicum, *prolem ducendam; universam ejus prosapiam*, insulsum. Quid multa? totus prope mutatus est sermo. Quædam tamen adhuc vetera vetustate ipsa gratius nitent, quædam etiam necessario interim sumuntur, *nuncupare*, et *fari;* multa alia etiam audentius inseri possunt; sed ita demum, si non appareat affectatio; in quam mirifice Virgilius,

> Corinthiorum amator iste verborum,
> Thucydides Britannus, atticæ febres,
> Tau Gallicum, min, al, spinæ male illisit.
> Ita omnia ista verba miscuit fratri.

Cimber hic fuit, a quo fratrem necatum hoc Ciceronis dicto notatum est, *Germanum Cimber occidit*.

vernis d'antiquité qui a tant de charme aussi dans la peinture et que l'art ne saurait imiter. Mais il en faut user avec mesure et ne pas les prendre dans des temps trop reculés. *Quæso* est déjà vieux, pourquoi l'employer*? *oppido***, qu'ont affectionné des écrivains un peu antérieurs à notre époque, le supporterait-on aujourd'hui? pour *antigerio*, dont la signification est la même, il aurait quelque chose de prétentieux : à quoi bon *ærumna*, comme si *labor* ne disait pas autant? *reor* est affreux, *autumo* est passable. Laissons aux tragiques *prolem ducendam*, et aux gens de mauvais goût *universam ejus prosapiam*. Que dirai-je? le langage est presque entièrement changé. Il est pourtant encore quelques vieux mots qui, sous leur rouille, ont une grâce particulière; quelques autres que la nécessité nous impose, tels que *nuncupare* et *fari*; beaucoup enfin qu'on peut faire entrer avec succès dans un discours, pourvu qu'on n'y remarque pas cette affectation contre laquelle Virgile s'est élevé si ingénieusement dans l'épigramme suivante :

> Ce partisan maudit d'argot corinthien,
> Thucydide breton, rhéteur à fièvre attique,
> Qui mêle tout, gaulois, latin, grec et celtique,
> Dans son art infernal aura trouvé moyen
> De broyer tous ces mots ensemble et d'en extraire
> Le poison dont mourut son frère.

Il voulait désigner le rhéteur Cimber qui avait fait périr son frère, ainsi que le fait entendre Cicéron par ce jeu de mots : *germanum Cimber occidit****.

---

* N'a-t-on pas *rogo, precor, obsecro* ? (Capperronier.)

** Synonyme de *valde*.

*** Ce qui voulait dire : *le Cimbre a tué le Germain*, ou *Cimber a tué son frère*.

Nec minus noto Sallustius epigrammate incessitur,

> Et verba antiqui multum furate Catonis,
> Crispe, Jugurthinæ conditor historiæ.

Odiosa cura, nam et cuilibet facilis, et hoc pessima, quod rei studiosus non verba rebus aptabit, sed res extrinsecus arcesset, quibus hæc verba conveniant.

Fingere, ut primo libro dixi, Græcis magis concessum est, qui sonis etiam quibusdam et affectibus non dubitaverunt nomina aptare, non alia libertate, quam qua illi primi homines rebus appellationes dederunt. Nostri autem, in jungendo, aut in derivando paulum aliquid ausi, vix in hoc satis recipiuntur : nam memini juvenis admodum inter Pomponium ac Senecam etiam præfationibus esse tractatum, an *gradus eliminat*, in tragœdia, dici oportuisset; at veteres ne *expectorat* quidem timuerunt; et sane ejusdem notæ est *exanimat*.

At in tractu et declinatione talia sunt, qualia apud Ciceronem *beatitas* et *beatitudo;* quæ dura quidem sentit esse, verumtamen usu putat posse molliri; nec a verbis modo, sed a nominibus quoque, derivata sunt quæ-

On connaît aussi la fameuse épigramme contre Salluste :

L'historien de Jugurtha
Au vieux Caton plus d'un mot emprunta.

Rien de plus insupportable, en effet, que cette affectation, qui d'ailleurs ne coûte aucun effort d'esprit ; elle est d'autant plus à fuir qu'elle a l'inconvénient de ne pas adapter les mots aux choses, mais de faire venir celles-ci de bien loin pour les soumettre aux mots.

Quant à la faculté de composer des mots, les Grecs, comme je l'ai dit dans le premier livre, peuvent se la permettre plus que nous ; aussi n'ont-ils pas fait difficulté de peindre par des noms certains sons et même certaines affections, usant à cet égard de la liberté qu'ont eue les premiers hommes de désigner les objets par des appellations. Mais lorsque nos écrivains ont tenté quelque hardiesse de ce genre, en forgeant des mots, soit par adjonction, soit par dérivation, c'est tout au plus s'ils y ont réussi. Je me souviens que, dans ma jeunesse, il s'éleva de graves discussions entre Pomponius et Sénèque, pour savoir si Accius avait pu convenablement employer dans une tragédie l'expression *gradus eliminat, il met les pieds dehors* : cependant les anciens n'ont pas craint de dire *expectorat* ; et notre *exanimat* est certainement de la même famille.

On a cependant, par dérivation, fait des substantifs déclinables, tels que *beatitas* et *beatitudo* qu'on trouve chez Cicéron. Cet orateur ne dissimule pas qu'ils sont un peu durs, mais il pense que l'usage pourra les adoucir. Non-seulement aussi on a fait des noms avec des verbes, mais encore des verbes avec des noms, comme *Sullaturit*

dam, ut a Cicerone *Sullaturit*, et ab Asinio *Fimbriatum* et *Figulatum*.

Multa ex græco formata nova ac plurima a Sergio Flavio, quorum dura quædam admodum videntur, ut *ens*, et *essentia*: quæ cur tantopere aspernemur, nihil video, nisi quod iniqui judices adversus nos sumus, ideoque paupertate sermonis laboramus. Quædam tamen perdurant: nam et, quæ vetera nunc sunt, fuerunt olim nova, et quædam in usu perquam recentia, ut Messala primus *reatum*, *munerarium* Augustus primus dixerunt; *piraticam* quoque, ut *musicam*, *fabricam*, dici adhuc dubitabant mei præceptores; *favorem* et *urbanum*, Cicero nova credit; nam et in epistola ad Brutum, *Eum*, inquit, *amorem*, *et eum*, *ut hoc verbo utar*, *favorem in consilium advocabo* : et ad Appium Pulchrum, *Te hominem non solum sapientem*, *verum etiam*, *ut nunc loquimur*, *urbanum* : idem putat a Terentio primum dictum esse *obsequium* : Cæcilius a Sisenna, *albenti cœlo: cervicem* videtur Hortensius primus dixisse; nam veteres pluraliter appellant.

Audendum itaque : neque enim accedo Celso, qui ab oratore verba fingi vetat: nam, quum sint eorum alia, ut dicit Cicero, *nativa*, id est, *quæ significata sunt*

fabriqué par Cicéron, *Fimbriatum* et *Figulatum* par Asinius.

On a emprunté beaucoup de mots nouveaux à la langue grecque, et Sergius Flavius en a surtout pris un grand nombre dont quelques-uns nous choquent extrêmement, tels sont *ens* et *essentia*. Je ne vois pas pourquoi nous dédaignons tant ces emprunts, si ce n'est que nous sommes injustes envers nous-mêmes, et que nous nous complaisons dans notre détresse. Quelques-uns cependant finissent par rester, car ceux qui sont vieux aujourd'hui, ont été nouveaux jadis, et il en est que l'usage a récemment admis. Ainsi Messala s'est le premier servi de *reatus*, et personne avant Auguste n'avait dit *munerarium*. Mes maîtres doutaient encore, dans mon enfance, si l'on pouvait dire *piratica* pour désigner le métier de pirate, comme on dit *musica*, *fabrica*. Cicéron croyait que les mots *favor* et *urbanus* ne faisaient que de naître de son temps, à en juger par ce passage d'une lettre à Brutus : *eum amorem et eum*, UT HOC VERBO UTAR, FAVOREM, *in consilium advocabo* ; et par celui-ci d'une lettre à Appius Pulcher : *te hominem non solum sapientem, verum etiam*, UT NUNC LOQUIMUR, URBANUM. Selon lui aussi, Térence aurait le premier employé *obsequium*, et selon Cécilius, on n'avait encore vu que dans Sisenna cette expression : *albenti cœlo, le ciel blanchissant;* Hortensius est, à ce qu'il paraît, le premier qui ait dit *cervicem* au singulier : les anciens disaient toujours *cervices*.

Concluons de tout cela qu'il faut savoir oser; car je ne suis pas de l'avis de Celsus qui défend à l'orateur de forger des mots. En effet, de tous ceux qui composent une langue, les uns, comme dit Cicéron, sont radicaux,

primo sensu; alia *reperta,* quæ ex his facta sunt, ut jam nobis ponere alia, quam quæ illi rudes homines primique fecerunt, fas non sit; at *derivare, flectere, conjungere,* quod natis postea concessum est, quando desiit licere? Et, si quid periculosius finxisse videbimur, quibusdam remediis præmuniendum est, *Ut ita dicam; Si licet dicere; Quodam modo; Permittite mihi sic uti:* quod idem etiam in iis, quæ licentius translata erunt, proderit, quæ non tuto dici possunt; in quo non falli judicium nostrum, sollicitudine ipsa manifestum erit: qua de re græcum illud elegantissimum est, quo præcipitur, προεπιπλήσσειν τῇ ὑπερβολῇ.

Translata probari, nisi in contextu sermonis, non possunt: itaque de singulis verbis satis dictum, quæ, ut alio loco ostendi, per se nullam virtutem habent; sed ne inornata sunt quidem, nisi quum sunt infra rei de qua loquendum est, dignitatem, excepto, si obscena nudis nominibus enuncientur. Quod viderint, qui non putant esse vitanda, quia nec sit vox ulla natura turpis, et, si qua est rei deformitas, alia quoque appellatione quacunque ad intellectum eumdem nihilominus perve-

c'est-à-dire ont été imposés originairement aux choses, et sont nés pour ainsi dire avec elles; les autres ont été imaginés depuis et formés à l'aide des premiers. Que s'il n'est pas permis de changer ces termes primordiaux qui ont été créés par nos ancêtres, tout grossiers qu'ils étaient, au moins le fut-il à ceux qui sont venus après, de composer des mots nouveaux, soit en les faisant dériver des anciens, soit en pliant ceux-ci à des combinaisons nouvelles, soit en les réunissant; et comment cette faculté pourrait-elle jamais se prescrire? Mais c'est le cas, lorsqu'un mot nous paraît hasardé, de l'entourer de quelques précautions oratoires, comme celles-ci : *pour ainsi parler..., si j'ose m'exprimer ainsi..., en quelque sorte..., passez-moi cette expression...,* etc. Il sera bon d'en user de même pour les métaphores un peu hardies et qu'on ne peut risquer sans danger. Cette sollicitude seule dépose en faveur de notre jugement : c'est ce que les Grecs appellent si élégamment *demander grâce pour l'hyperbole*, προεπιπλήσσειν τῇ ὑπερβολῇ.

A l'égard des termes métaphoriques, ils n'ont de valeur que relativement à l'ensemble du discours, puisque, comme je l'ai démontré ailleurs, les mots considérés isolément n'ont aucune qualité par eux-mêmes. On ne peut donc pas dire non plus qu'ils pèchent contre l'élégance, à moins qu'ils ne soient au dessous de ce qu'ils veulent exprimer. J'en excepte toutefois les mots crûment obscènes, sans m'embarrasser de l'opinion de ceux qui s'en arrangent, attendu, disent-ils, qu'une expression n'est jamais indécente de sa nature, et que, si la chose l'est, de quelque manière qu'on l'exprime, elle se fera toujours entendre à l'esprit. Pour moi qui m'en

niat: ego romani pudoris more contentus, ut jam respondi talibus, verecundiam silentio vindicabo.

Jam hinc igitur ad rationem sermonis conjuncti transeamus: cujus ornatus in hæc duo prima dividitur quam concipiamus elocutionem, quo modo efferamus: nam primum est, ut liqueat, augere quid velimus, an minuere; concitate dicere, an moderate; læte, an severe; abundanter, an presse; aspere, an leniter; magnifice, an subtiliter; graviter, an urbane. Tum, quo translationis genere, quibus figuris, qualibus sententiis, quomodo, qua postremo collocatione id, quod intendimus, efficere possimus.

Ceterum dicturus, quibus ornetur oratio, prius ea, quæ sunt huic contraria laudi, attingam; nam *prima virtus est, vitio carere.* Igitur ante omnia ne speremus ornatam orationem fore, quæ probabilis non erit: *probabile* autem Cicero id genus dicit, quod non plus minusve est, quam decet; non, quia comi expolirique non debeat (nam et hæc ornatus pars est); sed, quia vitium est ubique, quod nimium est. Itaque vult esse *auctoritatem in verbis, sententias vel graves, vel aptas opinionibus hominum ac moribus:* his enim salvis licet assumere ea, quibus illustrem fieri orationem putat, *delecta, translata, superlata, ad nomen adjuncta, duplicia, et*

tiens à mes vieux préjugés sur la pudeur romaine, je ferai ce que j'ai déjà fait pour de pareils sophismes, c'est par mon silence que je vengerai la morale publique.

Passons maintenant aux mots joints ensemble, c'est-à-dire à ce qui constitue l'ornement dans le discours suivi. Deux premiers points se présentent à considérer, le choix du genre d'élocution convenable au sujet, et la manière de la mettre en œuvre : car il faut d'abord que nous sachions ce qu'il nous importe d'amplifier ou d'amoindrir, si notre langage doit être véhément ou modéré, gai ou triste, abondant ou nerveux, âpre ou doux, pompeux ou simple, sérieux ou enjoué ; ensuite, quelle espèce de métaphores, de figures, de pensées il est à propos d'employer, comment s'en servir, où les placer enfin, pour arriver au but qu'on se propose.

Mais puisque je dois traiter de ce qui embellit le discours, disons un mot des vices qui y sont contraires, car la première des qualités, c'est de n'avoir point de défauts. Avant tout donc, n'espérons pas qu'un discours puisse être *orné*, s'il n'est ce que Cicéron appelle *probable*, c'est-à-dire dans une exacte proportion avec le sujet, non qu'il soit défendu de le parer et de le polir, puisque cela même fait partie de l'ornement, mais parce que l'excès en plus ou en moins est toujours un vice. Or Cicéron veut que *nos paroles aient de l'autorité, que nos pensées soient graves, et qu'elles ne choquent ni l'opinion ni les mœurs.* Sauf ces points, il permet tout ce qui peut donner de l'éclat au style, *les termes choisis, les métaphores, les hyperboles, les épithètes, les répétitions, les synonymes,*

idem significantia, ab ipsa actione atque ab imitatione rerum non abhorrentia.

Sed, quoniam vitia prius demonstrare aggressi sumus, vel hoc vitium sit, quod κακέμφατον vocatur : *sive* mala consuetudine in obscenum intellectum sermo detortus est, ut *ductare exercitus*, et *patrare bellum*, apud Sallustium dicta sancte et antique, ridentibus, si diis placet; quam culpam non scribentium quidem judico, sed legentium : tamen vitanda, quatenus verba honesta moribus perdidimus, et vincentibus etiam vitiis cedendum est.

Sive junctura deformiter sonat, ut, si *cum hominibus notis loqui* nos dicimus, nisi hoc ipsum *hominibus* medium sit, in præfanda videmur incidere; quia ultima prioris syllabæ littera, quæ exprimi, nisi labris coeuntibus, non potest, aut intersistere nos indecentissime cogit, aut continuata cum insequente, in naturam ejus corrumpitur. Aliæ conjunctiones aliquid simile faciunt, quas persequi longum est, in eo vitio, quod vitandum dicimus, commorantes.

Sed *divisio* quoque affert eamdem injuriam pudori, ut, si *intercapedinis* nominativo casu quis utatur. Nec scripto modo id accidit, sed etiam sensu plerique obscœne intelligere, nisi caveris, cupiunt (ut apud Ovi-

pourvu que tout cela ne répugne ni au sujet même, ni à la nature des choses.

Quant aux vices que j'ai dessein de faire connaître, signalons d'abord celui que les Grecs appellent κακέμφατον, qui a lieu par la mauvaise habitude de dénaturer les mots pour y trouver un sens obscène, comme ces expressions *ductare exercitus* et *patrare bellum* qu'on trouve dans Salluste, et qui prêtent si indignement à rire, bien que cet auteur s'en soit servi avec toute la candeur et la chasteté des temps antiques; aussi est-ce, à mon avis, la faute non de l'ecrivain, mais du lecteur. Quoi qu'il en soit, évitons ces locutions, puisque, grâce à nos mœurs, certains mots sont devenus déshonnêtes, et cédons au torrent qui nous entraîne.

Quelquefois c'est la liaison de deux mots qui sonne désagréablement à l'oreille. Ainsi, dans cette phrase *cum hominibus notis loqui*, si l'on ne mettait pas le mot *hominibus* entre *cum* et *notis*, on tomberait dans le défaut dont je viens de parler, parce que la dernière lettre de la première syllabe ne pouvant se prononcer qu'à l'aide des lèvres portées en avant, cela obligerait à faire une pause très-indécente; que si, au contraire, on confondait cette première syllabe avec la suivante, le mot serait dénaturé. Il est d'autres liaisons qui produisent encore un effet semblable; mais je me dispenserai d'aller plus avant, ne voulant pas m'arrêter davantage sur un vice que je conseille d'éviter.

Il est aussi des mots qu'on ne peut séparer sans faire outrage à la pudeur, comme si l'on s'avisait par exemple d'employer au nominatif le mot *intercapedinis*. Et ce n'est pas seulement dans les mots, mais dans le sens que

dium, *Quæque latent meliora putat;*) et ex verbis, quæ longissime ab obscenitate absunt, occasionem turpitudinis rapere : siquidem Celsus κακέμφατον apud Virgilium putat,

    Incipiunt agitata tumescere,

quod si recipias, nihil loqui tutum est.

Deformitati proximum est *humilitatis vitium*, ταπείνωσιν vocant, qua rei magnitudo vel dignitas minuitur, ut, *Saxea est verruca in summo montis vertice* : cui natura contrarium, sed errore par est, parvis dare excedentia modum nomina, nisi quum ex industria risus inde captatur : itaque nec parricidam, *nequam* dixeris hominem; nec deditum forte meretrici, *nefarium* : quod alterum parum, alterum nimium est. Proinde quædam *hebes, sordida, jejuna, tristis, ingrata, vilis* oratio est : quæ vitia facillime fiunt manifesta contrariis virtutibus; nam primum *acuto*, secundum *nitido*, tertium *copioso*, deinceps *hilari, jucundo, accurato* diversum est.

Vitanda et μείωσις, quum sermoni deest aliquid, quo minus plenus sit : quamquam id obscuræ potius, quam inornatæ orationis vitium est; sed hoc quoque quum a prudentibus fit, schema dici solet, sicut ταυτολογία, id est, ejusdem verbi aut sermonis iteratio. Hæc enim,

bien des gens, si vous n'y prenez garde, aimeront à trouver une équivoque indécente, semblables à celui qui, chez Ovide, *prise d'autant plus ce qui est caché, si qua latent meliora putat.* Les expressions les plus innocentes leur fournissent les allusions les plus grossières. Celsus ne trouvait-il pas une obscénité dans ce passage de Virgile :

Incipiunt agitata tumescere?

Je le demande : est-il possible après cela de rien écrire en toute sûreté?

Le vice qui se rapproche le plus de l'obscénité, c'est la bassesse des termes, ταπείνωσισ, qui ravale ou diminue l'objet qu'on veut peindre. Telle est cette phrase, à propos d'un tombeau : *la crête de la montagne est surmontée* D'UNE EXCROISSANCE DE PIERRE. Le défaut d'une nature contraire, et qui n'est pas moins répréhensible, c'est de donner aux petites choses des noms démesurés, à moins que ce ne soit dans le dessein de faire rire. Ainsi, vous ne direz pas d'un parricide que c'est un *méchant* homme, ni d'un libertin que c'est un *scélérat*, parce que l'un ne serait pas assez fort et l'autre le serait trop. Il y a donc une manière de parler qui est platte, grossière, vide, sans couleur, fade et négligée : tous vices que font mieux ressortir les qualités qui leur sont opposées, c'est-à-dire une diction spirituelle, élégante, riche, animée, piquante et châtiée.

Évitons aussi le défaut appelé μείωσισ, qui consiste à laisser quelque chose à désirer pour rendre la phrase complète, quoique ce vice tienne plutôt à l'obscurité qu'à l'inélégance, et que ce soit même chez d'habiles orateurs une véritable figure, ainsi que la tautologie, ταυτολογία,

quamquam non magnopere summis auctoribus vitata, interim vitium videri potest: in quod saepe incidit etiam Cicero, securus tam parvae observationis; sicut hoc loco, *non solum igitur illud judicium judicii simile, Judices; non fuit.* Interim mutato nomine ἐπανάληψις dicitur, atque est et ipsum inter schemata; quorum exempla illo loco reddam, quo virtutes erunt.

Pejor hac ὁμοιολογία est, quae nulla varietatis gratia levat taedium, atque est tota coloris unius, qua maxime deprehenditur carens arte oratoria; eaque et sententiis et figuris, et compositione longa, non animis solum, sed etiam auribus est ingratissima. Vitanda μακρολογία, id est, longior, quam oportet, sermo, ut apud Livium, *Legati, non impetrata pace, retro domum, unde venerant, abierunt;* sed huic vicina periphrasis virtus habetur. Est et πλεονασμός vitium, quum supervacuis verbis oratio oneratur, *Ego oculis meis vidi :* sat est enim, *vidi.* Emendavit hoc etiam urbane in Hirtio Cicero, qui, quum in Pansam declamans, *filium a matre decem mensibus in utero latum esse* dixisset, *Quid aliae,* inquit, *in penula solent ferre?* nonnunquam tamen illud genus, cujus exemplum priore loco posui, affirmationis gratia adhibetur,

c'est-à-dire la répétition du même mot ou de la même locution; car cette répétition peut être aussi un défaut, quoique de grands écrivains ne s'en soient pas toujours assez garantis, et que Cicéron lui-même, bien au dessus d'ailleurs d'une aussi mince remarque, y soit souvent tombé, comme dans ce passage : *Non-seulement donc, juges, ce jugement n'eut rien qui ressemblât à un jugement*, etc. Au surplus, quand cette répétition devient un ornement et est comptée parmi les figures, elle change de nom, et s'appelle ἐπανάληψις ; j'en donnerai des exemples quand je traiterai des beautés du discours.

Un défaut bien plus grave, c'est la monotonie, ὁμοιολογία, qui, ne sachant nous distraire par le charme d'aucune variété, offre partout la même teinte et accuse principalement l'absence de tout talent oratoire; qui, glaçant tout, pensées, figures, composition, est aussi fatigante pour l'esprit qu'insupportable à l'oreille. Soyons aussi en garde contre la prolixité, μακρολογία, qui dit plus qu'il ne faut, comme ce passage de Tite-Live : *Les ambassadeurs, n'ayant pu obtenir la paix, s'en retournèrent chez eux, d'où ils étaient venus.* Remarquons cependant qu'il y a une qualité voisine de ce défaut, c'est la *périphrase*. Quant au pléonasme, πλεονασμός, il est vice lorsqu'il surcharge le discours de mots inutiles : telle est cette phrase : *j'ai vu moi-même de mes yeux*, car il suffit de dire : *j'ai vu*. Cicéron releva assez plaisamment un pléonasme de ce genre. Hirtius, dans un exercice de déclamation où il plaidait contre Pansa, disait *qu'une mère avait porté son fils dix mois dans son sein. Apparemment*, dit Cicéron, *que les autres femmes portent leurs enfans dans leurs poches.* Cependant le pléonasme

.....Vocemque his auribus hausi.

At vitium erit, quoties otiosum fuerit, et supererit; non, quum adjicietur.

Est etiam quae περιεργία vocatur, *supervacua*, ut sic dixerim, *operositas*, ut a diligenti *curiosus*, et a religione *superstitio* distat: atque, ut semel finiam, vel verbum omne, quod neque intellectum adjuvat, neque ornatum, *vitiosum* dici potest.

Κακόζηλον, id est, *mala affectatio*, per omne dicendi genus peccat: nam et *tumida*, et *exilia*, et *praedulcia*, et *abundantia*, et *arcessita*, et *exsultantia*, sub idem nomen cadunt. Denique κακόζηλον vocatur, quidquid est ultra virtutem, quoties ingenium judicio caret, et specie boni fallitur: omnium in eloquentia vitiorum pessimum: nam cetera quum vitentur, hoc petitur: est autem totum in elocutione: nam *rerum vitia sunt, stultum, commune, contrarium, supervacuum: corrupta oratio* in verbis maxime *impropriis, redundantibus, comprehensione obscura, compositione fracta, vocum similium,* aut *ambiguarum puerili captatione* consistit. Est autem omne κακόζηλον utique falsum, etiamsi non omne falsum κακόζηλον· et dicitur aliter, quam se natura habet,

que j'ai cité plus haut, peut devenir une beauté, s'il ajoute à l'affirmation, comme dans Virgile :

> J'ai recueilli ces mots de mes propres oreilles.

En résumé, le pléonasme est vicieux quand il n'offre qu'une rédondance oiseuse, mais non quand il ajoute à l'effet*.

Un autre écueil à éviter, c'est ce raffinement, cette curiosité, περιεργία, qui fait qu'on se donne des peines infructueuses pour un mieux chimérique. Ce défaut est au travail, ce qu'une vaine recherche est à la propreté, ce que la superstition est à la religion. Et pour en finir, tout mot qui ne contribue ni à la clarté ni à l'ornement, peut être considéré comme vicieux.

Pour ce qui est de l'affectation, κακόζηλον, elle pénètre et gâte tous les genres de style. On généralise sous ce nom l'enflure, la mignardise, la fadeur, ce qui est diffus, prétentieux, bizarre ; en un mot, il y a affectation partout où l'on outre une qualité, partout où l'esprit se montre aux dépens du jugement, et se laisse séduire par l'apparence du beau. C'est le pire de tous les vices dans l'éloquence ; car tandis qu'on évite les autres, on court après celui-là : or, il est tout entier dans l'élocution. En effet, de même qu'on pèche, pour le fond des choses, si elles sont ou dépourvues de sens, ou communes, ou contradictoires, ou superflues ; ainsi, une diction corrompue se

---

* Il y a une scène de Tartuffe qui offre un exemple admirable de pléonasme, c'est celle où Orgon, pour vaincre l'incrédulité de sa mère, lui dit avec une énergie si comique:

> Je l'ai vu, dis-je, vu, de mes propres yeux vu,
> Ce qui s'appelle vu.

et quam oportet, et quam sat est : totidem autem generibus corrumpitur oratio, quot ornatur : sed de hac parte et in alio nobis opere plenius dictum est, et in hoc sæpe tractatur, et adhuc spargetur omnibus locis: loquentes enim de ornatu, subinde, quæ sint vitanda, similia virtutibus vitia dicemus.

Sunt inornata et hæc : *quod male dispositum est, id* ἀνοικονόμητον· *quod male figuratum, id* ἀσχήματον· *quod male collocatum, id* κακοσύνθετον vocant : sed de *dispositione* diximus; de *figuris* et *compositione* dicemus. Κοινισμός quoque appellatur quædam mixta ex varia ratione linguarum oratio, ut, si atticis dorica, ionica, æolica etiam dicta confundas. Cui simile vitium est apud nos, si quis sublimia humilibus, vetera novis, poetica vulgaribus misceat : id enim tale est monstrum, quale Horatius in prima parte libri de Arte poetica fingit,

    Humano capiti cervicem pictor equinam
    Jungere si velit......

et cetera ex diversis naturis subjiciat.

manifeste principalement par des termes impropres, rédondans, des tours obscurs, une composition lâche et un cliquetis puéril de mots qui ont une même consonnance ou qui sont ambigus. Il est à remarquer que tout ce qui est affecté est toujours faux, quoique tout ce qui est faux ne soit pas toujours affecté, comme lorsqu'on dit une chose qui n'est pas dans la nature, ou qu'on la dit autrement qu'on ne devrait la dire, ou qu'on ne dit pas tout ce qu'il faudrait dire. Il y a donc autant de manières de corrompre le style que de l'embellir. J'ai traité plus à fond ce point dans un autre de mes ouvrages*, et j'y reviendrai souvent dans celui-ci, à mesure que l'occasion s'en présentera; car, en parlant des ornemens du discours, je signalerai de temps en temps, certains vices qu'on pourrait confondre avec des qualités.

On range encore parmi les défauts qui nuisent à l'ornement, ce qui pèche contre l'économie du discours, ἀνοικονόμητον, ce qui est mal figuré, ἀσχήματον, ce qui est mal placé, κακοσύνθετον; mais j'ai déjà traité de la *disposition*, et je traiterai plus tard des *figures* et de la *composition*. Enfin, il y a un dernier défaut qui consiste, chez les Grecs, à confondre les divers dialectes, comme, par exemple, l'attique avec le dorique, l'ionique, l'éolique; ce qui aurait lieu chez nous, si l'on accouplait le sublime avec le grotesque, des mots anciens avec des mots nouveaux, des tournures poétiques avec des locutions vulgaires, car alors on ferait un monstre composé de diverses natures, pareil à celui dont parle Horace dans le début de son Art poétique :

Sur une tête humaine, etc.

* Son Traité des causes de la corruption de l'éloquence, qui ne nous est point parvenu.

Ornatum est, quod perspicuo ac probabili plus est: ejus primi sunt gradus in eo, quod velis, exprimendo, concipiendoque: tertius, qui hæc nitidiora faciat; quod proprie dixeris *cultum*.

Itaque ἐνάργειαν, cujus in præceptis narrationis feci mentionem, quia plus est *evidentia*, vel, ut alii dicunt, *repræsentatio*, quam *perspicuitas*, et illud patet, hoc se quodammodo ostendit, inter ornamenta ponamus. Magna virtus est, res, de quibus loquimur, clare, atque ut cerni videantur, enunciare : non enim satis efficit, neque, ut debet, plane dominatur oratio, si usque ad aures valet, atque ea sibi judex, de quibus cognoscit, narrari credit, non exprimi, et oculis mentis ostendi. Sed, quoniam pluribus modis accipi solet, non equidem in omnes eam particulas secabo, quarum ambitiose a quibusdam numerus augetur, sed maxime necessarias attingam.

Est igitur unum genus, quo tota rerum imago quodammodo verbis depingitur,

Constitit in digitos extemplo arrectus uterque,

et cetera, quæ nobis illam pugilum congredientium faciem ita ostendunt, ut non clarior futura fuerit spectantibus. Plurimum in hoc genere, sicut in ceteris, eminet Cicero : an quisquam tam procul a concipien-

Ce qui orne le discours est quelque chose de plus encore que ce qui le rend clair et probable. Trois degrés conduisent à la perfection : d'abord concevoir nettement son sujet, ensuite l'exprimer d'une manière convenable, puis enfin y répandre l'agrément et la vie ; ce qui constitue, à proprement parler, l'ornement.

Premièrement donc rangeons parmi les beautés du discours l'*évidence* (ἐνάργειαν), dont j'ai déjà parlé dans mes préceptes sur la narration, puisque cette qualité, que d'autres appellent *la vive représentation des objets*, est plus encore que la clarté, en ce qu'elle ne se contente pas d'expliquer, mais qu'elle peint. C'est un beau talent que d'énoncer les choses dont on parle avec tant de vérité qu'elles paraissent se passer sous nos yeux. Est-ce en effet assez pour l'éloquence, exerce-t-elle tout l'empire auquel elle a droit de prétendre, si elle se borne à porter à l'oreille du juge le fait dont il doit connaître, au lieu d'en frapper son imagination, de le rendre sensible à son esprit ? Mais comme cette qualité se divise en plusieurs espèces dont certains rhéteurs ont encore affecté d'augmenter le nombre, je me garderai bien de les analyser toutes, et je m'arrêterai aux principales.

Il y a une première sorte d'évidence qui consiste à représenter toute une action comme dans un tableau. Telle est cette description dans Virgile :

> L'un et l'autre à l'instant se dresse sur ses pieds,

et tout ce qui suit, où le poète nous peint les allures et les mouvemens des deux athlètes avec tant de vérité, qu'on croirait assister à leur lutte*. Cicéron brille en ce genre, comme en tous les autres. Voyez ce passage contre

---
* *Énéide*, liv. v. Combat d'Entelle et de Darès.

dis imaginibus rerum abest, ut, quum illa in Verrem legit, *Stetit soleatus prætor populi romani cum pallio purpureo, tunicaque talari, muliercula nixus, in litore,* non solum ipsum os intueri videatur, et habitum, sed quædam etiam ex iis, quæ dicta non sunt, sibi ipse adstruat? Ego certe mihi cernere videor et vultum, et oculos, et deformes utriusque blanditias, et eorum, qui aderant, tacitam aversationem, ac timidam verecundiam.

Interim ex pluribus efficitur illa, quam conamur exprimere, facies, ut est apud eumdem (namque ad omnium ornandi virtutum exemplum vel unus sufficit) in descriptione convivii luxuriosi: *Videbar videre alios intrantes, alios vero exeuntes, quosdam ex vino vacillantes, quosdam hesterna ex potatione oscitantes: humus erat immunda, lutulenta vino, coronis languidulis, et spinis cooperta piscium.* Quid plus videret, qui intrasset? Sic urbium captarum crescit miseratio: sine dubio enim, qui dicit *expugnatam* esse civitatem, complectitur omnia, quæcunque talis fortuna recipit : sed in affectus minus penetrat, brevis hic velut nuncius. At, si aperias hæc, quæ verbo uno inclusa erant, apparebunt et fusæ per domus ac templa flammæ, et ruentium tectorum fragor, et ex diversis clamoribus unus quidam sonus, aliorum fuga incerta, alii in extremo complexu suorum cohæ-

Verrès : *Ce préteur du peuple romain était debout sur le rivage, chaussé de sandales, en manteau de pourpre et en robe traînante, appuyé sur une courtisane.* Quel est l'homme, pour peu qu'il ait d'imagination, qui, en lisant cela, ne se représente Verrès lui-même, son air, sa contenance, et ne se figure encore quelques-unes des circonstances que l'orateur n'a point exprimées ? Pour moi, il me semble voir les traits et les yeux de ce couple éhonté, être témoin de leurs infâmes caresses, lire dans les regards des assistans leur indignation concentrée et la honte que leur faisait éprouver un pareil spectacle.

Quelquefois, c'est par la réunion de plusieurs accessoires qu'on parvient à mettre une action en image. Cicéron va encore nous l'apprendre, car cet orateur fournit à lui seul des modèles de tous les genres de beautés ; voici comme il décrit les suites d'un repas de débauche : *Il me semblait voir les uns rentrer, les autres sortir, ceux-ci ne pouvant se soutenir, tant ils étaient ivres ; ceux-là cuvant le vin qu'ils avaient bu la veille** ; la terre était jonchée de restes impurs, le pied glissait dans le vin et ne rencontrait que des débris de couronnes*** et des arêtes de poissons.* Qu'aurait-on vu de plus si l'on fût entré dans la salle du festin ? C'est par le même procédé qu'on excite à un si haut degré la pitié sur la destinée des villes prises d'assaut. Sans doute quand on dit qu'une ville a subi ce sort, on énonce implicitement tous les maux qui en résultent ; mais ce simple énoncé pénètre peu avant dans le cœur : déroulez toutes les horreurs que cette idée ren-

---

* D'autres éditions portent ici : *au milieu d'eux se pavanait Gallius, inondé de parfums et couronné de fleurs.* C'était sans doute l'Amphitryon.

** On sait que les anciens se couronnaient de fleurs dans leurs repas.

rentes, et infantium feminarumque ploratus, et male in illum usque diem servati fato senes : tum illa profanorum sacrorumque direptio, efferentium praedas repetentiumque discursus, et acti ante suum quisque praedonem catenati, et conata retinere infantem suum mater, et, sicubi majus lucrum est, pugna inter victores: licet enim haec omnia, ut dixi, complectatur *eversio*, minus est tamen totum dicere, quam omnia. Consequemur autem, ut manifesta sint, si fuerint verisimilia ; et licebit etiam falso affingere, quidquid fieri solet.

Contingit eadem claritas etiam ex accidentibus,

.... Mihi frigidus horror
Membra quatit, gelidusque coit formidine sanguis.

et,

.....Trepidae matres pressere ad pectora natos.

Atque hujus summae, judicio quidem meo, virtutis facillima est via: naturam intueamur, hanc sequamur:

ferme : quels tableaux ! les flammes qui dévorent les maisons et les temples, le fracas des toits qui s'écroulent, mille cris divers ne formant qu'un son lugubre et confus ; les uns fuyant sans savoir où diriger leurs pas, les autres ne pouvant s'arracher aux derniers embrassemens de leur famille ; les gémissemens des enfans et des femmes ; des vieillards accusant le destin de les avoir réservés pour une fin si déplorable ; le pillage des objets profanes et sacrés ; une soldatesque avide emportant sa proie ou courant après ; des citoyens chargés de fers, marchant devant des brigands devenus leurs maîtres ; des mères s'efforçant d'arracher leurs enfans à la fureur du soldat ; et, pour dernier coup de pinceau, la lutte s'engageant entre les vainqueurs à la moindre apparence d'un plus riche butin. Quoique tout cela, comme je l'ai dit, soit renfermé dans la seule idée du sac d'une ville, cependant quelle différence entre énoncer ce fait, ou le peindre avec ces détails ! Or, nous rendrons toutes ces circonstances évidentes, pour peu qu'elles soient vraisemblables, et nous pourrons même supposer tout ce qui se rencontre en pareil cas.

Il y a encore une sorte d'évidence qui naît de la peinture des accidens et des mouvemens naturels, comme dans ces vers :

> Un froid mortel saisit mon cœur épouvanté,
> Je tressaille d'horreur..... (VIRG., *trad. de Del.*)

et,

> .... De leurs bras tremblans
> Les mères sur leur sein ont pressé leurs enfans. (*Idem.*)

C'est, à mon avis, le comble de l'art ; et le moyen le plus facile pour y arriver, c'est d'observer et de suivre la na-

omnis eloquentia circa opera vitæ est; ad se refert quisque, quæ audit; et id facillime accipiunt animi, quod agnoscunt.

Præclare vero ad inferendam rebus lucem repertæ sunt *similitudines;* quarum aliæ sunt, quæ probationis gratia inter argumenta ponuntur, aliæ ad exprimendam rerum imaginem compositæ, quod est hujus loci proprium:

> ....Inde lupi ceu
> Raptores atra in nebula.........

et,

> ....Avi similis, quæ circum litora, circum
> Piscosos scopulos humilis volat æquora juxta.

Quo in genere id est præcipue custodiendum, ne id, quod similitudinis gratia ascivimus, aut obscurum sit, aut ignotum: debet enim, quod illustrandæ alterius rei gratia assumitur, ipsum esse clarius eo, quod illuminat: quare poetis permittamus sane ejusmodi exempla:

> Qualis, ubi hibernam Lyciam Xanthique fluenta
> Deserit, aut Delon maternam invisit Apollo.

Non idem oratorem decebit, ut occultis aperta demonstret.

Sed illud quoque, de quo in argumentis diximus, similitudinis genus ornat orationem, facitque eam sublimem, floridam, jucundam, mirabilem: nam, quo quæ-

ture. En effet, l'éloquence n'est que le tableau des scènes de la vie; chacun rapporte à soi ce qu'il entend, et nous sommes toujours disposés à accueillir ce qui réveille des sensations que nous avons éprouvées.

Les similitudes ont été imaginées comme un moyen puissant de porter la lumière sur les objets qu'on veut décrire. Les unes se rangent parmi les argumens, comme auxiliaires de la preuve; les autres, et ce sont celles dont je m'occupe ici, servent à représenter vivement les choses; c'est le mérite des vers suivans :

> Soudain, tels que dans l'ombre, avides de carnage,
> Court de loups dévorans un affreux bataillon.
> (VIRG., *trad. de Del.*)

et,

> Là, tel qu'auprès des eaux, des rochers poissonneux,
> Glisse l'agile oiseau sur des bancs sablonneux. (*Idem.*)

Mais en ce genre, il faut surtout prendre garde que l'objet qui sert de similitude ne soit ni obscur ni inconnu; car ce qu'on emploie pour éclairer une chose, doit jeter plus de lumière que la chose elle-même. Laissons donc aux poètes des similitudes comme celle-ci :

> Tel quand des Lyciens quittant le long hiver
> Et le Xanthe lui-même à son amour si cher,
> Apollon vient revoir son île maternelle. (*Idem.*)

Car il siérait mal à un orateur de vouloir démontrer ce qui est clair, à l'aide de ce qui l'est moins.

Quant au genre de similitude dont nous avons parlé en traitant des argumens, rien n'est plus propre à orner un discours, à le rendre élégant et fleuri, et à lui donner un caractère d'élévation. Plus la similitude est

que longius petita est, hoc plus affert novitatis, atque inexspectata magis est. Illa vulgaria videri possunt, et utilia tamen ad conciliandam fidem : ut *terram cultu, sic animum disciplinis meliorem uberioremque fieri* : et, ut *medici abalienata morbis membra præcidant, ita turpes ac perniciosos, etiamsi nobis sanguine cohæreant, amputandos*: jam sublimius illud pro Archia, *Saxa atque solitudines voci respondent, bestiæ sæpe immanes cantu flectuntur atque consistunt*, et cetera. Quod quidem genus a quibusdam declamatoria maxime licentia corruptum est; nam et falsis utuntur : nec illa iis, quibus tandem similia videri volunt, applicant: quorum utrumque in iis est, quæ me juvene ubique cantari solebant, *Magnorum fluminum navigabiles fontes sunt* : et, *Generosioris arboris statim planta cum fructu est*.

In omni autem parabole aut præcedit similitudo, res sequitur; aut præcedit res, et similitudo sequitur : sed interim libera et separata est; interim, quod longe optimum est, cum re, cujus est imago, connectitur, collatione invicem respondente, quod facit *redditio contraria*, quæ ἀνταπόδοσις dicitur. Præcedit similitudo illa, cujus modo feci mentionem,

....Inde lupi ceu
Raptores atra in nebula.......

tirée de loin, plus elle est inattendue, plus elle frappe par son air de nouveauté. Les comparaisons suivantes peuvent paraître communes, et cependant elles ont toujours l'art de persuader : *L'étude est à l'esprit ce que la culture est à la terre, elle le rend meilleur et plus fertile. De même que les médecins coupent les membres gangrenés, ainsi nous devons retrancher de la société les hommes dangereux et pervers, nous fussent-ils unis par les liens du sang.* En voici une plus élevée dans l'oraison pour Archias : *Les rochers et les solitudes répondent à la voix du poète, les bêtes féroces s'arrêtent et se laissent fléchir à ses accens, et nous, etc.* Mais ce genre de similitude est étrangement défiguré par la licence de quelques déclamateurs de nos jours, dont les comparaisons sont fausses ou mal appliquées. C'était le défaut de celles-ci que j'entendais vanter partout dans ma jeunesse : *Les grands fleuves sont navigables à leur source ; Un bon arbre produit dès qu'il est planté.*

Or, dans toute comparaison, ou c'est la similitude qui précède l'objet, ou c'est l'objet lui-même qui précède la similitude ; ou celle-ci est indépendante et détachée, ou, ce qui est beaucoup mieux, elle tient à l'objet dont elle est l'image, et les termes de la comparaison se répondent mutuellement, ce que les Grecs appellent ἀνταπόδοσις. La similitude précède dans l'exemple que j'ai cité plus haut :

Soudain, tels que dans l'ombre..... etc.

Sequitur in primo Georgicon, post longam de bellis civilibus atque externis conquestionem,

> Ut, quum carceribus sese effudere quadrigæ,
> Addunt se in spatia; et frustra retinacula tendens
> Fertur equis auriga, neque audit currus habenas.

Sed hæc sunt sine antapodosi. *Redditio* autem illa rem utramque, quam comparat, velut subjicit oculis, et pariter ostendit : cujus præclara apud Virgilium multa reperio exempla; sed oratoriis potius utendum est : dicit Cicero pro Murena, *Ut aiunt in græcis artificibus eos aulœdos esse, qui citharœdi fieri non potuerint : sic nos videmus, qui oratores evadere non potuerint, eos ad juris studium divertere.* Illud pro eodem, jam pæne poetico spiritu, sed tamen cum sua redditione, quod est ad ornatum accommodatius : *Nam ut tempestates sæpe certo aliquo cœli signo commoventur, sæpe improviso, nulla ex certa ratione, obscura aliqua ex causa concitantur : sic in hac comitiorum tempestate populari sæpe intelligas, quo signo commota sit; sæpe ita obscura est, ut sine causa excita videatur.* Sunt et illæ breves, *Vagi per sylvas ritu ferarum* : et illud Ciceronis in Clodium, *Quo ex judicio, velut ex incendio, nudus effugit* : quibus similia possunt cuicunque, etiam ex quotidiano sermone, succurrere : huic subjacet vir-

Elle suit dans le premier livre des Géorgiques, où elle vient, après une longue doléance sur les guerres civiles et étrangères :

> Ainsi, lorsqu'une fois lancés de la barrière
> D'impétueux coursiers volent dans la carrière,
> Leur guide les rappelle et se raidit en vain;
> Le char n'écoute plus ni la voix ni le frein.   (Del.)

Mais ces similitudes sont sans antapodose*. Quand la similitude a lieu par corrélation, elle met sous les yeux les deux objets comparés et les montre parallèlement. Virgile m'en fournirait beaucoup de beaux exemples, mais j'aime mieux en prendre chez les orateurs. Cicéron dit, dans l'oraison pour Muréna : *C'est l'opinion des artistes grecs, que ceux qui n'ont pu devenir habiles sur la lyre, se font joueurs de flûtes ; de même parmi nous, ceux qui n'ont pu devenir orateurs, se rabattent sur l'étude du droit.* Il dit ailleurs, dans la même oraison, avec un accent presque poétique, en se servant d'une comparaison qui a son antapodose, et qui par conséquent n'en est que plus belle : *Comme les tempêtes s'annoncent quelquefois par un phénomène céleste, et quelquefois aussi éclatent à l'improviste et sans qu'on puisse en assigner la cause ; ainsi, dans ces mouvemens populaires des comices, tantôt on devine le motif qui les excite, tantôt ce motif est tellement obscur, qu'ils paraissent un pur effet du hasard.* En voici dont la brièveté fait le mérite : *Errant dans les bois à la manière des bêtes ;* et ce trait de Cicéron contre Clodius : *Il échappa à ce jugement, comme à un incendie, dans une nudité complète.* Il n'est personne qui n'en entende tous les jours de semblables

---
* C'est-à-dire qu'elles n'ont pas leur corrélatif.

tus non solum aperte ponendi rem ante oculos, sed circumcise atque velociter. Ac merito laudatur brevitas integra: sed ea minus praestat, quoties nihil dicit, nisi quod necesse est (βραχυλογίαν vocant, quae reddetur inter schemata): est vero pulcherrima, quum plura paucis complectitur, quale Sallustii est, *Mithridates corpore ingenti, perinde armatus*: hoc male imitantes sequitur obscuritas.

Vicina praedictae, sed amplior virtus est ἔμφασις, altiorem praebens intellectum, quam quem verba per se ipsa declarant: ejus duae sunt species: altera, quae plus significat, quam dicit; altera, quae etiam id, quod non dicit. *Prior* est et apud Homerum, quum Menelaus Graios in equum *descendisse* ait; nam verbo uno magnitudinem ejus ostendit: et apud Virgilium,

Demissum lapsi per funem....

nam sic quoque altitudo demonstrata est: idem Cyclopa quum *jacuisse* dixit *per antrum*, prodigiosum illud corpus spatio loci mensus est.

Sequens posita est in voce aut omnino suppressa, aut etiam abscisa: *Supprimitur* vox, ut fecit pro Ligario Cicero: *Quod si in hac tanta fortuna bonitas tanta non*

dans la conversation familière. C'est à ce genre de similitude que se rapporte la qualité qui consiste non-seulement à mettre l'objet dont on parle sous les yeux, mais à le faire d'une manière rapide et concise. C'est avec raison qu'on loue la brièveté, lorsqu'elle ne laisse rien à désirer pour le sens; cependant on en fait moins de cas quand elle se borne à dire ce qui est strictement nécessaire, ce qu'on appelle brachylogie, βραχυλογία, et dont je rendrai compte en parlant des figures; mais c'est un mérite des plus rares que de renfermer beaucoup de choses en peu de mots, comme l'a fait Salluste en parlant de Mithridate : *Mithridates corpore ingenti, perinde armatus.* Voilà ce qu'il faut se garder de mal imiter, sous peine d'être obscur.

Une qualité plus grande encore, et voisine de cette brièveté qui fait image, c'est l'emphase, ἔμφασις, qui donne à entendre au delà de ce que les mots expriment. On en distingue deux sortes, l'une qui signifie plus qu'elle ne dit, l'autre qui fait entendre même ce qu'elle ne dit pas. On trouve un exemple de la première chez Homère, lorsque Ménélas dit que les Grecs *descendirent* dans le cheval de Troie, car ce mot seul fait juger de son énorme dimension, et chez Virgile, lorsqu'il représente les guerriers grecs *se laissant glisser le long d'une corde*, pour descendre de ce même cheval, car il donne par là une idée de sa hauteur. Le même poète semble avoir mesuré la taille du Cyclope sur l'échelle de son repaire, quand il le montre *étendu à travers son antre immense.*

La seconde espèce d'emphase consiste à supprimer tout-à-fait une période, ou à en retrancher une partie. On supprime comme l'a fait Cicéron dans cet endroit de

esset, quam tu per te, per te, inquam, obtines; intelligo, quid loquar: tacuit enim illud, quod nihilominus accipimus, non deesse homines, qui ad crudelitatem eum impellant: *Absciditur* per ἀποσιώπησιν· quæ, quoniam est figura, reddetur suo loco.

Est in vulgaribus quoque verbis emphasis: *Virum esse oportet;* et, *Homo est ille;* et *Vivendum est:* adeo similis est arti plerumque natura.

Non tamen satis eloquentiæ est, ea, de quibus dicat, clare atque evidenter ostendere: sed sunt multi ac varii excolendæ orationis modi. Nam ipsa illa ἀφέλεια simplex et inaffectata habet quemdam *purum,* qualis etiam in feminis amatur, *ornatum,* et sunt quædam velut e tenui diligentia circa proprietatem significationemque munditiæ: alia *copia* locuples, alia floribus læta. *Virium* non unum genus : nam, quidquid in suo genere satis *effectum est,* valet : præcipua tamen ejus opera δείνωσις in *exaggeranda indignitate;* et in ceteris *altitudo* quædam; φαντασία in *concipiendis visionibus:* ἐξεργασία in *efficiendo* velut opere proposito; cui adjicitur ἐπεξεργασία, *repetitio probationis* ejusdem, et cumulus ex abundanti; ἐνέργεια confinis his (est enim ab *agendo* dicta), et cujus propria virtus, non esse, quæ dicuntur, otiosa: est et *amarum* quiddam, quod fere

l'oraison pour Ligarius : *Si, au degré de puissance où vous êtes parvenu, votre clémence, César, n'était pas telle qu'elle n'appartînt qu'à vous, à vous, dis-je, et je m'entends...* Il s'abstenait en effet de dire ce que d'ailleurs on devinait de reste, qu'il ne manquait pas de gens qui poussaient César à la cruauté. On retranche une partie, par réticence, ἀποσιώπησιν ; mais ceci est une figure, et j'en parlerai en son lieu.

Il est aussi des locutions ordinaires qui sont de véritables emphases, comme celles-ci : *Il faut être homme. — Hélas, il est homme! — Le premier soin, c'est de vivre...* etc. : tant la nature se confond souvent avec l'art !

Toutefois, ce n'est pas assez pour l'éloquence de présenter les objets dont elle parle, avec clarté et évidence : beaucoup de moyens divers contribuent à embellir le discours ; car la simplicité elle-même, ἀφέλεια, quand elle est exempte d'affectation, a un charme qui tient de cette parure chaste et soignée que nous aimons tant chez les femmes ; et une certaine exactitude qui s'attache à la propriété et à la valeur des mots, n'est pas non plus sans agrément ; puis, il y a une abondance riche, une abondance élégante et fleurie. L'éloquence n'a pas qu'une espèce de forces. En effet, tout ce qui remplit les conditions du genre, est estimable. Cependant son œuvre principale est d'aggraver l'indignité d'une action, δείνωσις, et de donner à tout ce qu'on dit un certain caractère de grandeur : elle demande aussi de l'imagination, φαντασία, pour concevoir vivement les choses ; de la persévérance, ἐξεργασία, pour venir à bout de ce qu'on a entrepris ; à quoi l'on ajoute le dernier coup de main, ἐπεξεργασία, qui consiste à reproduire surabondamment la même preuve pour en accabler son adversaire. Une qualité qui se rapproche assez

in contumelia est positum, quale Cassii, *Quid facies, quum in bona tua invasero? hoc est, quum te docuero nescire maledicere?* et *acre*, ut illud Crassi, *Ego te consulem putem, quum tu me non putes senatorem?*

Sed vis oratoris omnis in *augendo minuendoque* consistit: utrique parti totidem modi, ex quibus praecipuos attingemus: reliqui similes erunt. Sunt autem positi *in rebus*, et *verbis*: sed, quae sit rerum inventio ac ratio, tractavimus: nunc, quid *elocutio* attollat, aut deprimat, dicendum.

CAPUT IV.

De amplificatione.

PRIMA est igitur *amplificandi* vel *minuendi* species in ipso *rei nomine*: ut, quum eum, qui sit *caesus*, *occisum;* eum, qui sit *improbus*, *latronem;* contraque eum, qui *pulsavit, attigisse;* qui *vulneravit, laesisse* dicimus: utriusque pariter exemplum est pro M. Coelio, *Si vidua libere, proterva petulanter, dives effuse, libidinosa meretricio more viveret, adulterum ego putarem,*

de celles-là, c'est l'énergie, ἐνέργεια, dont la vertu propre est de ne rien dire qui ne porte coup ; c'est même une certaine amertume qui a quelque chose d'injurieux, comme ces paroles de Cassius : *Que sera-ce si je vous attaque dans votre propre domaine, c'est-à-dire si je prouve que vous ne savez pas même médire ?* telle est encore cette réponse mordante de Crassus : *Qui ? moi ! je vous traiterais en consul, quand vous ne me traitez pas en sénateur !*

Mais la puissance réelle de l'orateur se montre tout entière dans l'art de grandir ou de rapetisser les objets. Comme il y a autant de moyens pour l'un que pour l'autre, je ne toucherai que les principaux, sauf à en faire l'application pour le reste. Or, ces moyens résident dans les choses et dans les mots, et comme j'ai déjà traité de l'invention et de la disposition par rapport aux choses, je vais expliquer maintenant comment s'y prend l'élocution pour que les objets paraissent plus grands ou plus petits.

CHAPITRE IV.

De l'amplification.

La première manière d'exagérer ou d'atténuer les choses gît dans le nom même qu'on leur donne. Si, par exemple, en parlant d'un homme qui n'a été que *blessé*, je dis qu'il a été *tué*, ou si je dis d'un *méchant* homme que c'est un *brigand*, j'exagère. Si, au contraire, je dis que celui qui a *frappé* n'a fait que *toucher*, ou que celui qui a *blessé* n'a fait que *frapper*, alors j'atténue. Je trouve ce double exemple dans l'oraison pour Célius : *Quoi ! je traiterai un homme d'adultère, parce qu'il*

si quis hanc paulo liberius salutasset? Nam et impudicam, *meretricem* vocavit; et eum, cui longior cum illa fuerat usus, *liberius salutasse.*

Hoc genus increscit, ac fit manifestius, si ampliora verba cum ipsis nominibus, pro quibus ea posituri sumus, conferantur: ut Cicero in Verrem, *Non enim furem, sed raptorem; non adulterum, sed expugnatorem pudicitiæ; non sacrilegum, sed hostem sacrorum religionumque; non sicarium, sed crudelissimum carnificem civium sociorumque, in vestrum judicium adduximus.* Illo enim modo, ut sit multum, hoc etiam, plus ut sit, efficitur.

Quatuor tamen maxime generibus video constare amplificationem, *incremento, comparatione, ratiocinatione, congerie.*

Incrementum est potentissimum, quum magna videntur, etiam quæ inferiora sunt : id aut uno gradu fit, aut pluribus: per id venitur non modo ad summum, sed interim quodammodo supra summum. Omnibus his sufficit vel unum Ciceronis exemplum, *Facinus est vincire civem romanum, scelus verberare, prope parricidium necare : quid dicam in crucem tollere?* nam et, si tan-

aura salué un peu familièrement une veuve qui ne garde pas les bienséances de son état, une coquette effrontée, une folle qui dissipe son bien, une libertine qui vit en courtisane! Car, d'un côté, il appelle cette coquette une courtisane, et, de l'autre, il représente celui qui avait eu avec elle un long commerce de galanterie, comme n'ayant fait que la saluer un peu librement.

Ce genre d'amplification s'accroît encore et devient plus saillant, quand, aux noms qui qualifient simplement les choses, nous ajoutons des augmentatifs, comme fait Cicéron en parlant de Verrès : *Quel homme pensez-vous, messieurs, que nous avons cité à votre tribunal? un voleur? un adultère? un sacrilège? un assassin? Non, messieurs, mais un spoliateur effréné, mais un monstre qui attente ouvertement à la pudeur, mais un misérable qui se joue de tout ce qu'il y a de plus inviolable et de plus sacré, mais le bourreau le plus cruel de ses propres concitoyens et des alliés du peuple romain!* Par la première méthode, on fait de peu beaucoup, et par la seconde, de beaucoup on fait plus encore.

Or, je trouve que l'amplification s'obtient de quatre manières, par *accroissement*, par *comparaison*, par *induction*, et par *accumulation*.

L'*accroissement* est un moyen puissant, en ce qu'il donne de la gravité aux choses les moins importantes ; c'est une sorte d'échelle à un ou plusieurs degrés. On atteint par là ce qu'il y a de plus fort, quelquefois même on le dépasse. Un seul exemple de Cicéron me suffira : *C'est un attentat de jeter dans les fers un citoyen romain; c'est un crime de le faire battre de verges; c'est presque un parricide de le mettre à mort : quel*

tum *verberatus* esset, uno gradu increverat, ponendo etiam id *esse facinus*, quod erat inferius; et, si tantum *occisus* esset, per plures gradus ascenderat: quum vero dixerit, *prope parricidium necare*, supra quod nihil est; adjecit, *quid dicam in crucem tollere?* ita, quum id, quod maximum est, occupasset, necesse erat in eo, quod ultra est, verba deficere.

Fit et aliter supra summum adjectio, ut apud Virgilium de Lauso,

......Quo pulchrior alter
Non fuit, excepto Laurentis corpore Turni.

Summum est enim, *quo pulchrior alter non fuit;* huic deinde aliquid superpositum.

Tertius quoque est modus, ad quem non per gradus itur, et non est plus, maximum, sed quo nihil majus est: *Matrem tuam cecidisti: quid dicam amplius? Matrem tuam cecidisti:* nam et hoc augendi genus est, tantum aliquid efficere, ut non possit augeri.

Crescit oratio minus aperte, sed nescio an hoc ipso efficacius, quum citra distinctionem intextu et cursu semper aliquid priore majus insequitur: ut de vomitu in Antonium Cicero, *In cœtu vero populi romani, negotium publicum gerens, magister equitum*: singula incrementum habent : per se deforme, vel non in cœtu;

nom donner à l'action de le faire expirer sur une croix ? Supposez que ce citoyen n'eût été que *battu de verges,* l'accusation se serait accrue d'un degré, puisque déjà c'était un attentat de le *jeter dans les fers ;* et supposez qu'il n'eût été que *mis à mort,* l'accusation se serait élevée de plusieurs degrés ; et comme l'orateur a dit que c'était *presque un parricide que de mettre un citoyen à mort,* et qu'il n'y a rien au delà, il ajoute : *Que dirai-je de le faire expirer sur une croix ?* Arrivé ainsi au comble de l'incrimination, il fallait bien que les expressions lui manquassent.

On s'y prend encore autrement pour ajouter à une idée qui renferme déjà un superlatif. Virgile dit :

.........., Lausus
Le plus beau des guerriers, en exceptant Turnus.

Que dire après, *le plus beau des guerriers ?* et cependant voilà encore quelque chose au dessus.

Il y a une troisième sorte d'accroissement, mais qui ne s'obtient pas par degrés, parce que l'objet est immédiatement présenté comme au delà de tout ce qu'on peut imaginer : *Vous avez frappé votre mère, que dirai-je de plus ? vous avez frappé votre mère !* n'est-ce pas en effet une manière d'accroître les choses, que de les présenter sur-le-champ telles qu'on ne puisse rien y ajouter.

L'accroissement se fait moins sentir, et je ne sais si par cela même il ne produit pas plus d'effet, lorsqu'il a lieu sans distinction, tout d'une haleine, et qu'il s'enchaîne avec le tissu du discours de manière que les propositions enchérissent les unes sur les autres. Tel est ce passage où Cicéron reproche à Antoine les suites de sa crapuleuse intempérance : *Mais dans une assemblée du peuple*

vomere; in cœtu, etiam non *populi;* populi, etiam non *romani;* vel, si nullum *negotium* ageret; vel, si non *publicum;* vel, si non *magister equitum.* Sed alius divideret hæc, et circa singulos gradus moraretur: hic in sublime etiam currit, et ad summum non pervenit nisu, sed impetu.

Verum, ut hæc amplificatio in superiora tendit, ita, quæ fit per *comparationem*, incrementum ex minoribus petit: augendo enim, quod est infra, necesse est extollat id, quod supra positum est: ut idem, atque in eodem loco, *Si hoc tibi inter cœnam, et in illis immanibus poculis tuis accidisset, quis non turpe duceret? in cœtu vero populi romani*: et in Catilinam: *Servi mehercle mei si me isto pacto metuerent, ut te metuunt omnes cives tui, domum meam relinquendam putarem.*

Interim proposito velut simili exemplo, efficiendum est, ut sit majus id, quod a nobis exaggerandum est: ut idem pro Cluentio, quum exposuisset Milesiam quamdam a secundis heredibus pro abortu pecuniam acce-

romain! en traitant des affaires de l'État! un général de la cavalerie! Voyez comme chaque nuance se renforce! C'est une chose dégoûtante en soi, que de rejeter ses alimens par intempérance, ne fût-on pas dans une assemblée, cette assemblée ne fût-elle pas celle du peuple, ce peuple ne fût-il pas le peuple romain; c'est une honte quand on ne remplirait d'ailleurs aucune fonction, quand cette fonction ne serait pas publique, lors même qu'on ne serait pas général de la cavalerie. Un autre orateur n'aurait pas manqué de distinguer tous ces degrés, et de s'arrêter sur chacun : c'est en courant que Cicéron parvient au plus élevé; il l'atteint sans effort, et pour ainsi dire d'un saut.

Mais si ce genre d'amplification tend toujours à monter graduellement jusqu'aux considérations les plus élevées, celle qui a lieu par *comparaison*, au contraire, tire sa force des circonstances les moins importantes; car exhausser ce qui est au dessous, c'est élever en proportion ce qui est au dessus. En voici un exemple tiré de ce même passage que je viens de citer contre Antoine : *Si cela vous fût arrivé à table, dans une de ces épouvantables orgies qui vous sont familières, on en rougirait encore pour vous; mais dans une assemblée du peuple romain! etc.* C'est ainsi que Cicéron dit à Catilina : *J'en jure par les dieux! si mes esclaves me voyaient d'aussi mauvais œil que vous voient vos concitoyens, je croirais devoir abandonner ma maison.*

Quelquefois, c'est en proposant un exemple comme semblable qu'on fera en sorte de rendre plus grave le fait qu'on veut exagérer. Cicéron, dans l'oraison pour Cluentius, après avoir exposé qu'une certaine femme de Milet, séduite à prix d'argent par des héritiers substi-

pisse, *Quanto est, inquit, Oppianicus in eadem injuria majore supplicio dignus? Siquidem illa, quum suo corpori vim attulisset, se ipsa cruciavit: hic autem idem illud effecit per alieni corporis vim atque cruciatum.* Nec putet quisquam hoc, quamquam est simile, illi ex argumentis loco, quo majora ex minoribus colliguntur, idem esse : illic enim *probatio* petitur, hic *amplificatio:* sicut in Oppianico non id agitur in illa comparatione, ut ille male fecerit, sed, ut pejus.

Est tamen quanquam diversarum rerum quædam vicinia. Repetam igitur hic quoque idem, quo sum illic usus, exemplum, sed non in eumdem usum. Nam hoc mihi ostendendum est, augendi gratia non *tota* modo *totis*, sed etiam *partes partibus comparari* : sicut hoc loco, *An vero vir amplissimus P. Scipio, pontifex maximus, Gracchum, mediocriter labefactantem statum reipublicæ, privatus interfecit : Catilinam, orbem terrarum cæde atque incendio vastare cupientem, nos consules perferemus?* Hic et Catilina Graccho, et status reipublicæ orbi terrarum, et mediocris labefactatio cædi, et incendiis, et vastationi, et privatus consulibus comparatur: quæ si quis dilatare velit, plenos singula locos habent.

tués, s'était fait avorter, s'écrie : *Combien le crime d'Oppianicus n'est-il pas plus digne de supplice, quoiqu'avec les mêmes résultats ? Car, après tout, la Milésienne, en faisant violence à son propre corps, n'a été bourreau que d'elle-même, tandis qu'Oppianicus est arrivé aux mêmes fins par la violence et les tortures qu'il a exercées sur autrui.* Quoique ceci ait de l'analogie avec le genre d'argumentation dont j'ai parlé*, qui consiste à confirmer le plus par le moins, il ne faut pas croire que ce soit la même chose : là il s'agit de prouver, ici d'amplifier. Ainsi la comparaison que je viens de citer à propos d'Oppianicus n'a pas pour objet de démontrer qu'il a fait mal, mais qu'il a fait pis.

Ces deux procédés, quoiqu'ils soient différens, ont cependant quelque affinité ; c'est pourquoi je répèterai la sorte d'exemple dont je me suis servi, mais dans une autre vue ; car je ferai voir que pour amplifier on ne compare pas seulement un tout avec un autre tout, mais encore les parties entre elles, comme dans cet endroit des Catilinaires : *Eh ! quoi, P. Scipion, ce personnage illustre, ce grand pontife, n'étant que simple particulier, aura tué de sa propre main Tiberius Gracchus, qui menaçait d'un léger changement la constitution de la république ; et nous consuls, nous souffrirons un Catilina qui n'aspire à rien moins qu'à dévaster l'univers par le meurtre et l'incendie !* Ici l'on voit que Catilina est comparé à Gracchus, la constitution de la république au salut de l'univers, un léger changement à des projets de meurtre et d'incendie, un particulier à des consuls. Si l'on veut étendre cet examen, on verra que chaque partie est une source d'argumens.

---

* Liv. v, chap. 10.

Quas dixi *per ratiocinationem* fieri amplificationes, viderimus, an satis proprio verbo significaverim: nec sum in hoc sollicitus, dum res ipsa volentibus discere appareat: hoc sum tamen secutus, quod haec *amplificatio* alibi posita est, alibi valet; ut aliud crescat, aliud augetur; inde ad id, quod extolli volumus, ratione ducitur. Objecturus Antonio Cicero merum et vomitum, *Tu,* inquit, *istis faucibus, istis lateribus, ista gladiatoria totius corporis firmitate:* quid fauces et latera ad ebrietatem? Minime sunt otiosa: nam respicientes ad haec possumus aestimare, quantum ille vini in Hippiae nuptiis exhauserit, quod ferre et concoquere non posset illa corporis gladiatoria firmitate: ergo, si ex alio colligitur aliud, nec improprium, nec inusitatum nomen est *ratiocinationis*, ut quod ex eadem causa inter status quoque habemus.

Sic et ex *insequentibus* amplificatio ducitur: siquidem tanta vis fuit vini erumpentis, ut non casum afferret, aut voluntatem, sed necessitatem, ubi minime deceret, vomendi: et cibus non recens, ut accidere interim solet, redderetur, sed qui usque in posterum diem redundaret: idem hoc praestant, quae antecesserunt: nam quum Aeolus a Junone rogatus,

Voyons maintenant si, quand j'ai dit que les amplifications se faisaient aussi par voie d'*induction*, je me suis servi d'un terme assez significatif; je déclare d'ailleurs que je ne tiens pas à ce terme, pourvu que ma définition paraisse claire à ceux qui voudront s'instruire. J'ai donc employé ce mot d'*induction*, parce que ce genre d'amplification se place dans un endroit et produit son effet dans un autre, parce qu'on augmente à dessein telle circonstance pour que telle autre s'en accroisse, et qu'on arrive ainsi par le raisonnement à l'idée qu'on veut donner de l'objet qu'on exagère. Cicéron voulant reprocher à Antoine les honteux effets de sa débauche, *Quoi!* lui dit-il, *avec cet énorme gosier, cette large poitrine et toute cette encolure de gladiateur!* Quel rapport, dira-t-on, tout cela a-t-il avec l'ivresse? On va voir qu'il n'y a rien là d'inutile. En effet, en nous reportant à ce portrait d'Antoine, nous pouvons juger de tout le vin qu'il a dû boire aux noces d'Hippia, puisque, malgré sa vigoureuse complexion et ses forces de gladiateur, il n'a pu venir à bout de le digérer. Si donc une chose s'induit d'une autre chose, le mot *induction* n'est ni impropre ni inusité; et c'est aussi par cette raison qu'on a rangé l'induction parmi les états de causes.

Ainsi tantôt l'amplification naît de ce qui a suivi : quelle devait être la quantité du vin bu par Antoine, puisqu'il débordait, pour ainsi dire; puisque, sans indisposition fortuite, sans provocation aucune, il fallait que son estomac le rejetât, en dépit de la majesté du lieu; puisque ce n'était pas, comme il arrive quelquefois, des alimens récens qu'il rendait, mais les suites de son intempérance qui lui pesaient encore le lendemain? Tantôt l'amplification se déduit de ce qui a précédé :

>.......Cavum conversa cuspide montem
> Impulit in latus, ac venti, velut agmine facto,
> Qua data porta, ruunt.....

apparet, quanta sit futura tempestas.

Quid? quum res atrocissimas, quasque in summam ipsi extulimus invidiam, elevamus consulto, quo graviora videantur, quæ secutura sunt: ut a Cicerone factum est, quum illa diceret, *Levia sunt hæc in hoc reo: metum virgarum navarchus nobilissimæ civitatis pretio redemit; humanum est: alius, ne securi feriretur, pecuniam dedit; usitatum est.* Nonne usus est ratiocinatione, qua colligerent audientes, quantum illud esset, quod inferebatur, cui comparata hæc, viderentur humana atque usitata? Sic quoque solet ex alio aliud augeri: ut, quum Hannibalis bellicis laudibus ampliatur virtus Scipionis; et fortitudinem Gallorum Germanorumque miramur, quo sit major C. Cæsaris gloria.

Illud quoque est *ex relatione ad aliquid*, quod non ejus rei gratia dictum videtur, amplificationis genus: non putant indignum trojani principes, Graios Trojanosque propter Helenæ speciem tot mala, tanto temporis spatio sustinere: quænam igitur illa forma credenda est? non enim hoc dicit Paris, qui rapuit; non aliquis

Quand Éole, à la prière de Junon, pèse avec un levier sur le flanc de la montagne qui recèle les vents, et qu'ils s'échappent, en bataillons impétueux, par l'issue qui leur est ouverte, on pressent qu'une tempête furieuse va éclater.

N'est-ce pas aussi par voie d'induction, qu'après avoir présenté des actes atroces sous le jour qui leur convient, nous atténuons ces mêmes actes dans la vue de rendre plus odieux ceux qui les ont suivis, comme l'a fait Cicéron dans un de ses plaidoyers contre Verrès, quand il dit : *Mais ce sont là des peccadilles pour l'accusé : un capitaine de vaisseau, d'une cité illustre, se soustrait au supplice des verges moyennant une somme d'argent ; c'est tout naturel. Un autre sauve sa tête de la hache, au même prix ; c'est l'usage.* L'orateur n'a-t-il pas employé ici le raisonnement pour amener l'auditoire à se demander de quel crime inouï on allait l'entretenir, puisque de telles atrocités étaient en comparaison traitées d'actions naturelles et de simples usages ? C'est ainsi qu'un éloge s'augmente par un autre. En vantant les exploits d'Annibal, on rend un plus bel hommage à la valeur de Scipion ; en exaltant le courage des Gaulois et des Germains, on accroît d'autant plus la gloire de César.

C'est également un genre d'amplification relative, que celle où l'on a en vue un objet dont on ne parle point. Les chefs des Troyens, dans l'Iliade, ne croient pas qu'il soit indigne d'eux ni des Grecs de souffrir tant de maux et pendant si long-temps, à cause de la beauté d'Hélène. Quelle idée doit-on donc se faire de cette beauté ? Ce n'est pas Pâris, son ravisseur, qui dit cela ; ce n'est pas quelque jeune étourdi ou quelqu'un du peuple ; ce

juvenis, aut unus e vulgo; sed senes, et prudentissimi, et Priamo assidentes. Verum et ipse rex, decenni bello exhaustus, amissis tot liberis, imminente summo discrimine, cui faciem illam, ex qua tot lacrymarum origo fluxisset, invisam atque abominandam esse oportebat, et audit hæc, et eam filiam appellans juxta se locat, et excusat etiam, atque sibi esse malorum causam negat.

Nec mihi videtur in Symposio Plato, quum Alcibiadem confitentem de se, quid a Socrate pati voluerit, narrat, ut illum culparet, hæc tradidisse : sed, ut Socratis invictam continentiam ostenderet, quæ corrumpi speciosissimi hominis tam obvia voluntate non posset.

Quin *ex instrumento* quoque heroum illorum magnitudo æstimanda nobis datur: huc pertinet *clypeus Ajacis*, et *Pelias Achillis* : qua virtute egregie est usus in Cyclope Virgilius : nam quod illud corpus mente concipiam, cujus

Trunca manum pinus regit?......

Quid? quum *vix loricam duo multiplicem connixi humeris ferunt*, quantus Demoleos, qui, indutus ea,

.......Cursu palantes Troas agebat?

Quid? M. Tullius de M. Antonii luxuria tantum fingere saltem potuisset, quantum ostendit dicendo, *Conchyliatis Cn. Pompeii peristromatis servorum in cellis stra-*

sont des vieillards et des sages assis au conseil de Priam. Que dis-je? le roi lui-même, épuisé par une guerre de dix années, privé déjà d'un si grand nombre de ses enfans, à la veille de la plus affreuse catastrophe, lui qui n'aurait dû voir qu'avec les yeux de la haine et de l'indignation, cette fatale beauté, source de tant de larmes; le roi lui-même entend ces discours, et, appelant Hélène du doux nom de fille, la fait asseoir à ses côtés, la justifie, et ne veut pas qu'on lui impute de tels malheurs.

Ainsi, lorsque Platon dans son *Banquet* raconte qu'Alcibiade avouait ingénûment tout ce qu'il était disposé à supporter de la part de Socrate, je pense que Platon a voulu bien moins accuser les mœurs d'Alcibiade, que faire briller l'invincible chasteté de Socrate resté inaccessible aux avances du plus beau jeune homme de la Grèce.

C'est par la dimension de leurs armes qu'Homère nous fait apprécier la taille de quelques-uns de ses héros, témoin le bouclier d'Ajax et la lance d'Achille. Virgile s'est aussi admirablement servi de cette induction, dans le portrait de Polyphême; car quel corps devait-ce être que celui de ce géant qui marchait appuyé sur un tronc d'arbre en guise de bâton? Et cette énorme cuirasse que deux hommes pouvaient à peine porter sur leurs épaules, que fait-elle penser de la force de ce Démoléon qui, après l'avoir revêtue, poursuivait les Troyens au pas de course? Et Cicéron, que pouvait-il imaginer de plus fort sur le luxe d'Antoine, que ce qu'il en fait préjuger par ce récit? *On voyait*, dit-il, *dans les chambres de ses esclaves, des lits dressés avec les couvertures de pourpre de Cn. Pompée*. Des couvertures de pourpre! de Pompée! dans les chambres des esclaves! peut-on rien dire de

tos lectos videres? Conchyliata peristromata, et *Cn. Pompeii,* terunt servi et *in cellis,* nihil dici potest ultra ; et necesse est tamen infinito plus in domino cogitare. Est hoc simile illi, quod ἔμφασις dicitur; sed illa ex verbo, hoc ex re conjecturam facit; tantoque plus valet, quanto res ipsa verbis est firmior.

Potest ascribi amplificationi *congeries* quoque verborum, ac sententiarum idem significantium : nam, etiamsi non per gradus ascendant, tamen velut acervo quodam allevantur : *Quid enim tuus ille, Tubero, destrictus in acie pharsalica gladius agebat? cujus latus ille mucro petebat? qui sensus erat armorum tuorum? quæ tua mens? oculi? manus? ardor animi? quid cupiebas? quid optabas?* Simile est hoc figuræ, quam συναθροισμὸν vocant : sed illic plurium rerum est congeries, hic unius multiplicatio : hæc etiam crescere solet verbis omnibus altius atque altius insurgentibus : *Aderat janitor carceris, carnifex prætoris, mors terrorque sociorum et civium romanorum, lictor Sextius.*

Eadem fere est ratio *minuendi :* nam totidem sunt ascendentibus, quot descendentibus, gradus : ideoque uno ero exemplo contentus ejus loci, quo Cicero de oratione Rulli hæc dicit : *Pauci tamen, qui proximi astiterant, nescio quid illum de lege Agraria voluisse*

plus fort? et cependant il faut que l'imagination aille au delà de l'infini; car qu'était-ce du maître, si les esclaves étaient traités ainsi? Ceci ressemble assez à ce qu'on appelle l'emphase; sauf cette différence, que l'emphase s'attache au mot et l'induction à la chose : en quoi cette dernière l'emporte de toute la supériorité que les choses ont sur les mots.

On peut encore compter parmi les manières d'amplifier, la seule accumulation de mots et de pensées autour d'un même objet, car bien qu'on n'y remarque pas une gradation ascendante, elle donne à l'idée principale un cortège qui l'exhausse et la fait ressortir. *Dites-nous, Tubéron, que faisait votre épée dans les champs de Pharsale? qui cherchait-elle à percer? à qui en voulait votre appareil guerrier? d'où vous venait ce courage, ce feu qui brillait dans vos regards, cette ardeur qui vous enflammait? quels étaient vos projets et vos vœux?* ce qui a beaucoup d'analogie avec la figure appelée par les Grecs συναθροισμός, entassement; mais cette figure marque l'assemblage de plusieurs pensées diverses, ici c'est la même qu'on multiplie : rien n'empêche d'ailleurs que, dans l'accumulation, les mots s'élèvent de plus en plus : *Auprès de lui* (de Verrès) *on voyait le geolier de la prison, le bourreau en titre du préteur, le fléau, la terreur des alliés et des citoyens romains, le licteur Sextius.*

C'est à peu près avec les mêmes procédés qu'on parvient à atténuer, puisqu'il y a autant de degrés pour descendre que pour monter. Je me contenterai donc d'un seul exemple que j'emprunterai à ce passage où Cicéron parle du discours tenu par Rullus : *Quelques personnes placées près de l'orateur, ont soupçonné qu'il avait*

dicere, *suspicabantur:* quod si ad intellectum referas, *minutio est;* si ad obscuritatem, *incrementum.*

Scio posse videri quibusdam speciem amplificationis *hyperbolen* quoque; nam et hæc in utramque partem valet; sed, quia excedit hoc nomen, in tropos differenda est : quos continuo subjungerem, nisi esset a ceteris separata ratio dicendi, quæ constat non propriis, sed translatis: demus ergo breviter hoc desiderio jam pæne publico, ne omittamus eum, quem plerique præcipuum ac pæne solum putant orationis ornatum.

CAPUT V.

De generibus sententiarum.

Sententiam veteres, quod animo sensissent, vocaverunt : id quum est apud oratores frequentissmum, tum etiam in usu quotidiano quasdam reliquias habet : nam et juraturi *ex animi nostri sententia*, et gratulantes *ex sententia* dicimus : non raro tamen et sic locuti sunt, ut *sensa* sua dicerent; nam *sensus* corporis videbantur. Sed consuetudo jam tenuit, ut mente concepta *sensus* vocaremus; lumina autem, præcipueque in clausulis

voulu dire je ne sais quoi touchant la loi agraire. Ou Cicéron a voulu insinuer qu'on avait mal compris Rullus, et alors c'est une *atténuation*, ou il a voulu peindre l'obscurité de l'orateur, et, dans ce cas, c'est une *amplification.*

Quelques personnes pourraient croire que l'hyperbole est aussi une espèce d'amplification, parce que son office est également d'exagérer ou d'atténuer; mais comme l'hyperbole est plus encore que ce que nous appelons amplification, je remets à en parler quand je traiterai des tropes. Je passerais même immédiatement à ceux-ci, si cette forme de langage ne différait essentiellement des autres, en ce qu'elle s'emploie, non au propre, mais au figuré. Hâtons-nous donc, avant tout, de nous conformer au goût du public, et gardons-nous de passer sous silence un genre de beauté que la plupart regardent comme le principal, je dirai presque comme le seul ornement du discours.

CHAPITRE V.

Des différens genres de pensées.

SENTENTIA, dans le langage d'autrefois, voulait dire ce qu'on sent, ce qu'on éprouve intimement. C'est en ce sens que les orateurs ont le plus souvent employé ce mot dont il est resté quelque trace dans le commerce ordinaire de la vie, car lorsque nous voulons affirmer une chose avec serment ou féliciter quelqu'un, nous disons que *c'est du fond de notre âme, ex animi nostri sententia;* cependant il n'était pas rare qu'on se servît aussi du mot *sensa*, comme équivalent de *pensées*. Quant à *sensus*, ils ne signifiaient que les sens corporels. L'accep-

posita, *sententias* : quæ minus crebra apud antiquos, nostris temporibus modo carent : ideoque mihi et de generibus earum, et de usu arbitror pauca dicenda.

Antiquissimæ sunt, quæ proprie, quamvis omnibus idem nomen sit, *sententiæ* vocantur, quas Græci γνώμας appellant : utrumque autem nomen ex eo acceperunt, quod similes sunt consiliis aut decretis : est autem hæc vox universalis, quæ etiam citra complexum causæ possit esse laudabilis, interim ad rem tantum relata; ut, *Nihil est tam populare, quam bonitas* : interim ad personam; quale est Afri Domitii, *Princeps, qui vult omnia scire, necesse habet multa ignoscere.* Hanc quidam partem *enthymematis,* quidam initium, aut clausulam *epichirematis* esse dixerunt : et est aliquando, non tamen semper : illud verius, esse eam aliquando *simplicem,* ut ea, quæ supra dixi : aliquando ratione subjecta, *Nam in omni certamine, qui opulentior est, etiamsi accipit injuriam, tamen, quia plus potest, facere videtur:* nonnunquam *duplicem, obsequium amicos, veritas odium parit.*

Sunt etiam qui decem genera fecerint, sed eo modo, quo fieri vel plura possunt, *per interrogationem, per*

tion a changé : nous appelons *sensus* les conceptions de l'esprit, et par *sententiæ* nous entendons ces traits brillans qu'on place principalement à la fin des périodes. Ces traits n'abondent pas chez les anciens ; de nos jours on les prodigue outre mesure. Je crois donc nécessaire de m'étendre un peu sur les différentes espèces de pensées, et sur l'usage qu'on en doit faire.

Les plus anciennes, quoiqu'on les confonde toutes aujourd'hui sous le même nom, sont celles que nous appelons proprement *sentences*, et que les Grecs appellent γνώμαι; elles avaient reçu ce nom chez eux et chez nous parce qu'elles ressemblent à des conseils ou à des décisions : c'est une sorte de vérité universelle qui peut être goûtée indépendamment du rapport qu'elle a avec l'objet qu'on traite. Tantôt, cette vérité s'applique à la chose, telle est cette sentence : *Rien n'est plus populaire que la bonté ;* tantôt à la personne, telle est celle-ci de Domitius Afer : *Un prince qui veut tout savoir, doit s'attendre à beaucoup pardonner.* C'est ce que quelques rhéteurs considèrent comme une partie de l'*enthymême,* et d'autres comme le commencement ou la conclusion de l'*épichérème ;* et cela est quelquefois, mais pas toujours : ce qui est plus vrai, c'est que tantôt la pensée est simple, comme celles que je viens de citer; tantôt elle est étayée d'un raisonnement, comme celle-ci : *Dans toute contestation, le plus puissant, fût-il l'offensé, paraît toujours l'offenseur, par cela seul qu'il est le plus puissant.* Tantôt, enfin, elle est double, comme la suivante : *La complaisance nous fait des amis, la vérité ne nous attire que des ennemis.*

Certains auteurs ont même distingué jusqu'à dix sortes de sentences, grâce à un procédé qui peut encore en ad-

comparationem, infitiationem, similitudinem, admirationem, et cetera hujus modi: per omnes enim figuras tractari potest. Illud notabile *ex diversis, mors misera non est, aditus ad mortem est miser.* Ac rectæ quidem sunt tales, *Tam deest avaro, quod habet, quam quod non habet* : sed majorem vim accipiunt emutatione figuræ, ut,

Usque adeone mori miserum est?.....

Acrius enim hoc, quam per se, *Mors misera non est:* et *translatione* a communi ad proprium : nam, quum sit rectum, *Nocere facile est, prodesse difficile:* vehementius apud Ovidium Medea dicit,

Servare potui, perdere an possim, rogas?

Vertit ad personam Cicero, *Nihil habet, Cæsar, nec fortuna tua majus, quam ut possis; nec natura melius quam ut velis servare quam plurimos* : ita, quæ erant rerum, propria fecit hominis.

In hoc genere custodiendum est, id quod ubique, ne *crebræ* sint, ne *palam falsæ*, quales frequenter ab iis

mettre davantage, en spécifiant toutes celles qu'on énonce sous forme d'interrogation, de comparaison, de négation, de similitude, d'admiration, et autres semblables; car les sentences se peuvent exprimer à l'aide de toutes les figures. Un genre qui mérite d'être remarqué, en fait de sentence, c'est celui qui naît de la diversité : *ce n'est pas la mort qui est un mal, mais le chemin qui y conduit.* En voici où tout est direct : *L'avare manque autant de ce qu'il a que de ce qu'il n'a pas.* Mais ces sentences reçoivent une plus grande force de l'emploi des figures. Ainsi ce vers :

> Est-il donc à ce point malheureux de mourir?

a bien plus d'énergie que si l'on disait simplement : *La mort n'est point un malheur.* Il en est de même quand on passe du commun au propre, *Il est facile de perdre un homme, il est difficile de le sauver :* voilà une sentence directe. Quel mouvement lui donne Ovide, quand il fait dire à Médée :

> . . . . . . .Eh! quoi tu me demandes
> Si je pourrai le perdre ayant pu le sauver?

Cicéron fait plus; il personnifie la sentence : *Ce qu'il y a de plus grand, César, au degré de puissance où la fortune vous a élevé, c'est de pouvoir sauver les malheureux; ce qu'il y a de plus admirable dans les qualités que la nature vous a départies, c'est de le vouloir.* Ainsi, il transporte à la personne de César ce qui est l'attribut des choses.

Mais en ce genre, comme en tout autre, il faut de la mesure : prenons donc garde de trop prodiguer les sentences ou d'en hasarder d'évidemment fausses, comme il

dicuntur, qui hæc καθολικὰ vocant, et, quidquid pro causa videtur, quasi indubitatum pronunciant, ne *passim* et *a quocunque* dicantur. Magis enim decent eos, in quibus est auctoritas, ut rei pondus etiam persona confirmet: quis enim ferat puerum, aut adolescentulum, aut etiam ignobilem, si judicet in dicendo, et quodammodo præcipiat?

Enthymema quoque est omne, quod mente concipimus: proprie tamen dicitur, quæ est sententia ex contrariis, propterea quod eminere inter ceteras videtur, ut Homerus *poeta*, *urbs* Roma: de hoc in argumentis satis dictum est. Non semper autem ad probationem adhibetur, sed aliquando ad ornatum, *Quorum igitur impunitas, Cæsar, tuæ clementiæ laus est, eorum te ipsorum ad crudelitatem acuet oratio?* non, quia sit ratio dissimilis, sed, quia jam per alia, ut id injustum appareret, effectum erat. Et addita in clausula est epiphonematis modo non tam probatio, quam extrema quasi insultatio: est enim epiphonema rei narratæ, vel probatæ summa acclamatio,

Tantæ molis erat romanam condere gentem!

arrive souvent à ceux qui croient devoir en mettre partout, et qui expriment comme des vérités tout ce qui paraît favorable à leur cause. Les sentences ne doivent pas non plus être indifféremment jetées çà et là, et enfin elles ne sont pas bien placées dans la bouche de tout le monde. Le ton sentencieux ne convient qu'à ceux en qui réside une certaine autorité qui fait que leur personne même donne du poids à ce qu'ils disent. Souffrirait-on, en effet, qu'un enfant, ou un imberbe, ou un homme de rien, tranchât, en parlant, du magistrat ou du docteur?

Vient ensuite l'enthymême, nom sous lequel on généralise les opérations de la logique, mais qui s'attribue plus spécialement à un raisonnement tiré des contraires, parce que cette sorte d'enthymême brille entre toutes les autres, comme Homère est le poète, et Rome la ville par excellence. C'est ce que j'ai déjà expliqué en traitant des argumens. On ne l'emploie pas toujours pour confirmer des preuves : ce n'est quelquefois qu'un pur ornement, témoin ce passage du plaidoyer pour Ligarius : *Quoi! César, ce sont ceux-là mêmes dont l'impunité fait l'éloge de votre clémence, qui n'ont pas honte de vous exciter à la cruauté?* Or Cicéron dit cela, non pour faire valoir un nouvel argument, mais parce que déjà il avait démontré, par d'autres raisons, combien ce procédé était injuste. C'est une réflexion qu'il ajoute par une sorte d'épiphonême, et qui n'est pas tant une preuve qu'un dernier coup porté à son adversaire; car l'épiphonême n'est autre chose qu'une pensée qui termine surabondamment un récit ou une preuve, comme ce vers de Virgile :

  Tant dut coûter de peine
 Ce long enfantement de la grandeur romaine! (Del.)

Facere enim probus adolescens periculose, quam perpeti turpiter maluit.

Est et, quod appellatur a novis νόημα; qua voce omnis intellectus accipi potest: sed hoc nomine donarunt ea, quæ non dicunt, verum intelligi volunt, ut in eum, quem sæpius a ludo redemerat soror, agentem cum ea talionis, quod ei pollicem dormienti recidisset, *Eras' dignus, ut haberes integram manum:* sic enim auditur, *ut depugnares.*

Vocatur aliquid et *clausula*: quæ, si est, quod *conclusionem* dicimus, et recta et quibusdam in partibus necessaria est: *Quare prius de vestro facto fateamini necesse est, quam Ligarii culpam ullam reprehendatis:* sed nunc aliud volunt, ut omnis sensus in fine sermonis feriat aurem. Turpe autem ac prope nefas ducunt, respirare ullo loco, qui acclamationem non petierit: inde minuti corruptique sensiculi, et extra rem petiti: neque enim possunt tam multæ bonæ sententiæ esse, quam necesse est multæ sint clausulæ. Jam hæc magis nova sententiarum genera: *Ex inopinato:* ut dixit Vibius Crispus in eum, qui, quum loricatus in foro ambularet, prætendebat id se metu facere, *Quis tibi sic timere per-*

Ou ces paroles de Cicéron : *Ce vertueux jeune homme aima mieux s'exposer à un danger certain, que de se prêter à une action infâme.*

Il y a une autre espèce de pensée qu'on désigne aujourd'hui sous le nom grec νόημα, qui embrasse tout ce qui a rapport à l'esprit, mais qu'on est convenu d'appliquer par excellence à ces finesses que l'on ne dit point et qu'on veut cependant faire entendre. Telle est cette phrase au sujet d'un jeune homme que sa sœur avait plusieurs fois racheté de son engagement avec des gladiateurs, et qui l'actionnait en vertu de la loi du talion, parce qu'elle lui avait coupé le pouce pendant qu'il dormait, pour le mettre hors d'état de se rengager : *Va, tu méritais bien de conserver ta main tout entière;* ce qui veut dire : tu étais bien digne de te mesurer avec des gladiateurs.

Vient ensuite ce qu'on appelle chute, *clausula*. Si c'était ce que nous entendons par conclusion, il n'y aurait rien à dire, la conclusion étant une chose nécessaire dans certaines parties du discours, comme ici : *Il faut absolument, Tubéron, que vous conveniez du fait qui vous est personnel, avant de reprocher aucune faute à Ligarius;* mais ce n'est pas cela, on veut aujourd'hui que toute pensée qui termine une période frappe l'oreille; on regarde comme une honte et presque comme un crime de laisser respirer son auditeur et de ne pas lui arracher d'acclamations. De là ces traits mesquins et de mauvais goût qu'on va chercher bien loin de son sujet; car enfin, il ne peut pas se rencontrer autant de pensées heureuses qu'il y a de chutes dans un discours. Ce qui est le plus à la mode en ce genre, c'est ce qui frappe par un trait imprévu, comme

misit? et insigniter Africanus apud Neronem de morte matris, *Rogant te, Caesar, Galliae tuae, ut felicitatem tuam fortiter feras.*

Sunt et *alio relata,* ut Afer Domitius, quum Cloantillam defenderet, cui objectum crimen quod virum, qui inter rebellantes fuerat, sepelisset, remiserat Claudius, in epilogo filios ejus alloquens, *Matrem tamen,* inquit, *pueri sepelitote.* Et aliunde petita, id est, in alium locum ex alio *translata:* ut pro Spatale Crispus, quam qui heredem amator instituerat, decessit, quum haberet annos duodeviginti, *O hominem divinum, qui sibi indulsit!*

Facit quasdam sententias sola *geminatio:* qualis est Senecae in eo scripto, quod Nero ad senatum misit occisa matre, quum se periclitatum videri vellet, *Salvum me esse adhuc nec credo, nec gaudeo:* melior, quum ex contrariis valet, *Habeo, quem fugiam; quem sequar, non habeo: quid, quod miser, quum loqui non posset, tacere non poterat?* Ea vero fit pulcherrima, quum aliqua comparatione clarescit: Trachalus contra Spatalen,

ce que dit Vibius Crispus à un homme qui se promenait en pleine audience, affublé d'une cuirasse, sous prétexte qu'il avait peur : *Qui vous a donné permission de craindre de la sorte ?* Tel est encore ce passage remarquable de la lettre d'Africanus à Néron, au sujet de la mort d'Agrippine : *Vos provinces des Gaules vous supplient, César, de supporter votre bonheur avec résignation.*

Tantôt la finesse consiste dans une allusion. Afer Domitius défendait Cloantilla, que Claudius avait absoute de l'accusation à elle intentée pour avoir donné la sépulture à son mari trouvé mort parmi des rebelles. Dans la péroraison de son plaidoyer, Domitius interpella ainsi les enfans de Cloantilla : *Ne craignez donc pas qu'un jour on vous blâme de rendre les derniers devoirs à votre mère.* Tantôt c'est une pensée qui vous dépayse, parce que le sens en est transporté d'une idée dans une autre. L'amant de Spatale l'avait instituée son héritière et était mort à dix-huit ans; Spatale était accusée pour ce fait; Crispus, qui plaidait pour elle, dit, en parlant de son amant : *Voyez l'instinct divinatoire de ce jeune homme, qui n'a rien voulu se refuser !*

Quelquefois c'est dans le simple redoublement d'un mot qu'est toute la pensée. Sénèque fait dire à Néron, dans l'écrit qu'il envoya au sénat après le meurtre de sa mère, voulant qu'on crût qu'il avait couru de grands dangers : *Mes jours, dit-on, sont en sûreté ; je n'ose encore* NI *le croire,* NI *m'en réjouir.* Mais la pensée est plus piquante quand elle naît d'une opposition : *J'ai bien qui* FUIR*, je n'ai pas qui* SUIVRE*; — Le malheureux ! il ne pouvait ni* PARLER *ni* SE TAIRE. Elle est plus belle encore, quand cette opposition ressort de quel-

Placet hoc ergo, o leges, diligentissimæ pudoris custodes, decimas uxoribus dari, quartas meretricibus.

Sed horum quidem generum et bonæ dici possunt, et malæ. Illæ semper vitiosæ, *a verbo, Patres conscripti; sic enim incipiendum est mihi, ut memineritis patrum:* pejus adhuc, quo magis falsum est, et longius petitum, contra eamdem sororem gladiatoris cujus modo feci mentionem, *Ad digitum pugnavi.* Est etiam generis ejusdem, nescio an vitiosissimum, quoties verborum ambiguitas cum rerum falsa quadam similitudine jungitur: clarum auctorem juvenis audivi, quum lecta in capite cujusdam ossa sententiæ gratia tenenda matri dedisset, *Infelicissima femina, nondum extulisti filium, et jam ossa legisti.*

Ad hoc plerique minimis etiam inventiunculis gaudent, quæ excussæ risum habent, inventæ facie ingenii blandiuntur: de eo, qui naufragus, et ante agrorum sterilitate vexatus, in scholis fingitur se suspendisse, *Quem nec terra recipit, nec mare, pendeat.* Huic simile in illo, de quo supra dixi, cui pater sua membra laceranti venenum dedit, *Qui hæc edit, debet hoc bibere:*

que comparaison, ainsi qu'a fait Trachalus plaidant contre Spatale : *O saintes lois, gardiennes de la pudeur, avez-vous donc voulu que des épouses légitimes ne pussent prétendre qu'au dixième de nos biens, et qu'on en pût donner le quart à des courtisanes!*

Au surplus, ces divers genres donnent lieu à de belles pensées ou à des jeux de mots détestables, comme celui-ci : PÈRES *conscrits, car il est bon que je commence par ces mots, pour que vous vous souveniez qu'il s'agit de* PÈRES. Voici qui est encore de plus mauvais goût, parce que c'est plus faux et tiré de plus loin, c'est le trait de celui qui, plaidant contre la sœur du gladiateur, à propos du fait dont j'ai déjà parlé, fait dire à son client : *Ad digitum pugnavi*, par allusion au doigt que sa sœur lui avait coupé. Mais je ne sache rien de plus vicieux en ce genre que l'ambiguité des termes mêlée à une fausse image. Dans ma jeunesse, un avocat célèbre, à l'occasion d'une blessure que son client avait reçue à la tête, donna à tenir à la mère de ce dernier les esquilles qu'on avait retirées de la plaie, tout exprès pour lui adresser cette apostrophe : *O la plus infortunée des mères, vous n'avez pas encore porté votre fils sur le bûcher, et déjà vous avez recueilli ses os!*

C'est pour courir après tout cela que la plupart de nos orateurs se complaisent dans de pitoyables idées qui séduisent au premier coup d'œil par une apparence ingénieuse, et qui, examinées de près, ne sont que ridicules. En voici un échantillon. Dans une déclamation des écoles on suppose qu'un homme ruiné par la stérilité de ses champs, et qui, pour surcroît, a fait naufrage, s'est pendu de désespoir, et à ce sujet on dit : *Celui dont la terre et la mer ne veulent pas, que lui reste-t-il, sinon de se réfugier dans l'air?* Autres traits de même force : un fu-

et in luxuriosum, qui ἀποκαρτέρησιν simulasse dicitur, *Necte laqueum, habes, quod faucibus tuis irascaris: sume venenum, decet luxuriosum bibendo mori.* Alia vana: ut suadentis purpuratis, ut Alexandrum Babylonis incendio sepeliant, *Alexandrum sepelio, hoc quisquam spectabit e tecto?* quasi vero id sit in re tota indignissimum: alia nimia; ut de Germanis dicentem quemdam audivi, *Caput nescio ubi impositum:* et de viro forti, *Bella umbone propellit.* Sed finis non erit, si singulas corruptorum persequar formas: illud potius, quod est magis necessarium.

Duæ sunt diversæ opiniones; aliorum sententias solas pæne spectantium, aliorum omnino damnantium: quorum mihi neutrum admodum placet. Densitas earum obstat invicem; ut in satis omnibus fructibusque arborum nihil ad justam magnitudinem adolescere potest, quod loco, in quem crescat, caret; nec pictura, in qua nihil circumlitum est, eminet: ideoque artifices, etiam quum plura in unam tabulam opera contulerunt, spatiis distinguunt, ne umbræ in corpora cadant.

rieux dévorait ses membres (j'ai déjà cité cela) : son père lui donna du poison, en lui disant: *Voici le breuvage qui convient à tes alimens.* Un débauché paraissait résolu à mettre fin à ses jours : *Courage*, lui disait-on, *tresse une corde, tu dois être irrité contre ton gosier; prends du poison, il est digne de toi de mourir la coupe à la main.* Il est aussi des pensées frivoles, comme la suivante : un déclamateur exhorte les généraux d'Alexandre à ensevelir ce conquérant sous les ruines de Babylone en cendres, et il s'écrie: *Quoi! on ferait les obsèques de ce héros, et les Babyloniens les verraient tranquillement de leurs maisons?* Comme si c'était-là ce qu'il y eût de plus lamentable dans une pareille circonstance. Il en est enfin d'excessives, d'outrées, comme ce que j'ai entendu dire à quelqu'un en parlant de la taille gigantesque des Germains : *Ils ont une tête juchée je ne sais où.* Un autre, en parlant d'un brave soldat, disait: *Son bouclier seul ferait fuir l'ennemi.* Je ne finirais pas, si je voulais signaler toutes les gentillesses de ce genre que le goût corrompu du siècle a fait éclore; mais passons à une observation plus importante.

Il existe deux opinions diamétralement opposées; l'une qui ne fait cas que des pensées dans un discours, l'autre qui les y proscrit sans pitié. Pour moi, je ne partage entièrement ni l'une ni l'autre; je m'explique. Les pensées trop rapprochées se nuisent mutuellement, comme il arrive des plantes et des arbres qui ne peuvent parvenir à un juste développement, s'ils manquent d'espace pour croître à l'aise. C'est ainsi que la peinture n'aurait point de relief, si rien n'y était fondu et détaché; aussi, lorsque les artistes ont plusieurs objets à représenter dans un tableau, les distinguent-ils par des plans, pour que les ombres ne se confondent pas avec les corps.

Facit res eadem concisam quoque orationem: subsistit enim omnis sententia, ideoque post eam utique aliud est initium: unde soluta fere oratio, et e singulis, non membris, sed frustis collata, structura caret, quum illa rotunda et undique circumcisa insistere invicem nequeant. Præter hoc etiam color ipse dicendi quamlibet claris, multis tamen ac variis velut maculis conspergitur: porro, ut afferent lumen clavus et purpuræ, in loco insertæ, ita certe neminem deceat intertexta pluribus notis vestis. Quare, licet hæc enitere, et aliquatenus exstare videantur, tamen lumina illa non flammæ, sed scintillis inter fumum emicantibus similia dixeris: quæ ne apparent quidem, ubi tota lucet oratio; ut in sole sidera ipsa desinunt cerni: et, quæ crebris parvisque conatibus se attollunt, inæqualia tantum, et velut confragosa, nec admirationem consequuntur eminentium, et planorum gratiam perdunt.

Hoc quoque accedit, quod solas captanti sententias multas dicere necesse est leves, frigidas, ineptas; non enim potest esse delectus, ubi numero laboratur: itaque videas et *divisionem* pro sententia poni, et argumentum, si tamen in clausula et calce pronuncietur: *Occidisti uxorem ipse adulter: non ferrem te, etiamsi re-*

Autre inconvénient. Cela rend le style haché, parce que toute pensée ayant un terme où elle s'arrête, il faut passer ensuite à une autre qui a son commencement, d'où résulte une composition décousue, où rien ne se tient, et où l'on ne distingue plus des membres proprement dits, mais des pièces rapportées, sans liaison ni structure. Il en est de l'accumulation des pensées, comme de ces corps ronds et polis qu'il est impossible de faire adhérer les uns aux autres. En outre, la couleur de la diction, quelqu'éclatante qu'elle soit, offre, par sa diversité même, beaucoup de bigarrures. C'est ainsi qu'un nœud, une bande de pourpre mise à sa place, distingue honorablement une tunique, tandis qu'un vêtement bariolé de diverses couleurs serait inconvenant et ridicule. Ces pensées donc, malgré leur éclat et leur consistance apparente, me font moins l'effet d'une vive flamme, que de ces étincelles qu'on voit briller à travers la fumée. On ne les remarque même pas dans un discours où tout éblouit, de même qu'on ne voit plus les astres lorsque le soleil est sur l'horizon. Que si quelques-unes surgissent à force de secousses, elles ne frappent que par leur dissonnance et leur air de recherche; et loin d'exciter l'admiration qui s'attache à tout ce qui est grand, elles perdent jusqu'à la grâce qui accompagne tout ce qui est simple.

Ajoutez à cela que lorsqu'on court exclusivement après des pensées, il est impossible qu'il n'en échappe pas beaucoup de frivoles, de froides, d'insignifiantes; car comment faire un choix, quand on vise, par dessus tout, à la quantité? Aussi ne manque-t-on pas de clouer une pensée à chaque division, à chaque preuve, pour produire de l'effet à la fin de chaque phrase. *Vous êtes adultère vous-même, et vous avez tué votre femme!*

pudiasses, divisio est; *Vis scire, venenum esse amatorium? viveret homo, nisi illud bibisset*, argumentum est: nec multas plerique sententias dicunt, sed omnia tamquam sententias.

Huic quibusdam contrarium studium, qui fugiunt ac reformidant omnem hanc in dicendo voluptatem, nihil probantes, nisi planum, et humile, et sine conatu: ita, dum timent, ne aliquando cadant, semper jacent: quod enim tantum in sententia bona crimen est? non causæ prodest? non judicem movet? non dicentem commendat? Est quoddam genus, quo veteres non utebantur: ad quam usque nos vocatis vetustatem? nam, si ad illam extremam, multa Demosthenes, quæ ante eum nemo: quomodo potest probare Ciceronem, qui nihil putet ex Catone Gracchisque mutandum? sed ante hos simplicior adhuc ratio loquendi fuit.

Ego vero hæc lumina orationis, velut oculos quosdam esse eloquentiæ credo; sed neque oculos esse toto corpore velim, ne cetera membra officium suum perdant: et, si necesse sit, veterem illum horrorem dicendi malim, quam istam novam licentiam: sed patet media quædam via, sicut in cultu victuque accessit aliquis ci-

Quand vous n'auriez fait que la répudier, je ne vous le pardonnerais point : voilà pour la division. *Voulez-vous savoir, messieurs, si ce philtre était du poison? Le malheureux vivrait encore s'il ne l'eût pas pris* : voilà pour la preuve. Ce n'est pas que la plupart de nos beaux-esprits soient féconds en pensées, mais ils ont la fureur de donner un tour sententieux à tout ce qu'ils disent.

D'un autre côté, certaines gens, dans l'excès d'un zèle contraire, n'ont que de l'éloignement et de la répugnance pour tout ce qui est agrément dans le style, et ils ne prisent que ce qui est uni, commun et plat : aussi rampent-ils toujours, dans la crainte de tomber en s'élevant. Qu'y a-t-il pourtant de répréhensible dans une pensée, quand elle est vraiment ingénieuse? ne peut-elle être utile à une cause et faire impression sur le juge? ne donne-t-elle pas de la considération à un orateur? Mais, dira-t-on, les anciens dédaignaient ce genre de beauté : entendons-nous; à quelle époque de l'antiquité veut-on nous faire remonter? Si c'est à la plus reculée, je remarquerai que Démosthène a eu beaucoup de belles pensées que personne n'avait eues avant lui. Comment se plaire avec Cicéron, si l'on ne trouve rien à désirer dans Caton et dans les Gracques? et avant ceux-ci, le langage n'était-il pas plus simple encore?

Pour moi, je regarde ces traits lumineux et brillans, comme les yeux mêmes de l'éloquence; mais je ne veux pas que ces yeux soient placés çà et là par tout le corps, de peur que les autres parties ne soient privées de leurs fonctions. J'avouerai pourtant que, si j'étais réduit à la nécessité de choisir, je préfèrerais la rudesse de nos aïeux à la licence de nos jours. Mais il y a heureusement un milieu à tenir ; il y a, comme dans la manière de vivre

tra reprehensionem nitor: quare, sicut possumus, adjiciamus virtutibus: prius tamen sit, vitiis carere, ne, dum volumus esse meliores veteribus, simus tantum dissimiles.

Reddam nunc, quam proximam partem dixeram esse *de tropis*, quos *motus* clarissimi nostrorum auctores vocant. Horum tradere præcepta et grammatici solent: sed a me, quum de illorum officio loquerer, dilata hæc pars est, quia de ornatu orationis gravior videbatur locus, et majori operi reservandus.

CAPUT VI.

De tropis.

Tropus est verbi, vel sermonis a propria significatione in aliam cum virtute mutatio: circa quem inexplicabilis et grammaticis inter ipsos, et philosophis pugna est, quæ sint genera, quæ species, qui numerus, qui cuique subjiciatur. Nos omissis, quæ nihil ad instituendum oratorem pertinent, cavillationibus, necessarios maxime atque in usum receptos exsequemur: hoc modo in his annotasse contenti, quosdam gratia *significationis*, quosdam *decoris* assumi, et esse alios in verbis *propriis*, alios in *translatis*: *vertique formas* non *verborum* modo, sed et *sensuum, et compositionis*.

et de se vêtir, une certaine élégance qui n'a rien de blâmable. Ajoutons donc à nos qualités, si nous le pouvons; mais l'essentiel est d'être exempt de défauts, et qu'en voulant faire mieux que nos ancêtres, nous ne nous bornions pas à faire différemment.

Je vais maintenant reprendre ce que j'aurais dû traiter en premier, et parler des *tropes*, que nos plus célèbres écrivains appellent *motus,* déplacemens. Cette partie est ordinairement du domaine des grammairiens; mais je l'ai ajournée à dessein, en parlant des devoirs de ces derniers, parce qu'elle me semblait plus intéressante à considérer sous le rapport de l'ornement du discours, et comme telle j'ai dû la réserver pour un objet plus important.

CHAPITRE VI.

Des tropes.

Le trope est un changement au moyen duquel on transporte un mot ou une locution, de sa signification propre dans une autre, pour lui donner plus de force. Quels sont les différens genres de tropes, quelles sont les espèces que renferme chaque genre, enfin quel en est le nombre et comment sont-ils subordonnés, voilà sur quoi les grammairiens entre eux et les philosophes disputent sans pouvoir s'entendre. Pour moi, sans m'arrêter à ces subtilités qui n'aboutissent à rien pour former un orateur, je me bornerai à parler des tropes les plus indispensables et les plus en usage; me contentant de faire remarquer que les uns s'emploient pour ajouter à la signification, les autres, à titre d'ornement; qu'il en est pour les mots propres et pour les mots figurés, et que les

Quare mihi videntur errasse, qui non alios crediderunt tropos, quam in quibus verbum pro verbo poneretur: neque illud ignoro, in iisdem fere, qui significandi gratia adhibentur, esse et ornatum : sed non idem accidet contra, eruntque quidam tantum ad speciem accommodati.

Incipiamus igitur ab eo, qui quum frequentissimus est, tum longe pulcherrimus, *translatione* dico, quæ μεταφορὰ græce vocatur : quæ quidem quum ita est ab ipsa nobis concessa natura, ut indocti quoque ac non sentientes ea frequenter utantur; tum ita jucunda atque nitida, ut in oratione, quamlibet clara, proprio tamen lumine eluceat. Neque enim vulgaris esse, neque humilis, nec insuavis, recte modo ascita, potest : copiam quoque sermonis auget permittendo mutuari, quæ non habet : quodque difficillimum est, præstat, ne ulli rei nomen deesse videatur.

Transfertur ergo nomen aut verbum ex eo loco, in quo proprium est, in eum, in quo aut proprium deest, aut translatum proprio melius est. Id facimus, aut quia *necesse* est, aut quia *significantius* est, aut, ut dixi, quia *decentius*: ubi nihil horum præstabit, quod transferetur, improprium erit : *necessitate* rustici *gemmam* in vitibus; quid enim dicerent aliud? et *sitire segetes*,

tropes affectent non-seulement la forme des termes, mais encore la forme des pensées et de la composition : d'où il me semble qu'il y a eu erreur de la part de ceux qui ont cru que les tropes consistaient uniquement à mettre un mot à la place d'un autre. Du reste, je n'ignore pas que le trope qui ajoute à la signification, est presque toujours un ornement; mais cela n'est pas réciproque, c'est-à-dire qu'il y en a qui ne peuvent jamais servir que d'ornement.

Commençons donc par celui qui est à la fois le plus usité et incomparablement le plus beau, je veux parler de la *translation,* qu'on appelle en grec μεταφορά. La métaphore nous est si naturelle, que les gens ignorans et grossiers en font eux-mêmes un fréquent usage. Elle a tant d'agrément et d'éclat que, dans le discours le plus brillant, elle éblouit de sa propre lumière. Elle n'a jamais à craindre de paraître basse, triviale ou fade, pourvu qu'elle soit bien amenée. Elle enrichit le style ou par d'ingénieux échanges ou par d'heureux emprunts, et enfin, ce qui est le comble de sa perfection, elle donne un nom aux choses qui n'en ont pas.

Ainsi donc on transporte soit un nom, soit un mot d'un lieu où il a sa signification propre, dans un autre où cette signification lui manque, ou bien parce que le terme métaphorique y est plus satisfaisant que le terme propre. On en use ainsi soit par nécessité, soit pour être plus expressif, soit, comme je l'ai dit, par pur ornement. Quand l'une de ces trois conditions ne se rencontre pas dans la métaphore, elle est impropre. C'est par nécessité que les gens de la campagne appellent *gemma* le

et *fructus laborare:* necessitate nos *durum hominem,* aut *asperum:* non enim proprium erat, quod daremus his affectibus, nomen. Jam, *incensum ira;* et *inflammatum cupiditate;* et *lapsum errore, significandi* gratia: nihil enim horum suis verbis, quam his arcessitis, magis proprium erat: illa ad *ornatum, lumen orationis,* et *generis claritatem,* et *concionum procellas,* et *eloquentiæ fulmina:* ut Cicero pro Milone, *Clodium fontem gloriæ ejus vocat,* et alio loco, *segetem ac materiem.* Quædam etiam parum speciosa dictu, per hanc explicantur,

>Hoc faciunt, nimio ne luxu obtusior usus
>Sit genitali arvo, et sulcos oblimet inertes.

In totum autem metaphora brevior est similitudo: eoque distat, quod illa comparatur rei, quam volumus exprimere, hæc pro ipsa re dicitur. *Comparatio* est, quum dico fecisse quid hominem, *ut leonem;* translatio, quum dico de homine, *leo est.*

Hujus vis omnis quadruplex maxime videtur; quum in rebus animalibus aliud pro alio ponitur, ut de agitatore,

>..... Gubernator magna contorsit equum vi:

bourgeon de la vigne; car comment pourraient-ils s'exprimer autrement? Ils disent encore que *la terre est altérée*, que *les arbres souffrent*. C'est aussi par nécessité que nous disons qu'un homme est *dur*, qu'il est *âpre*, parce que ces affections morales n'ont point de nom qui leur soit propre. Mais quand nous disons qu'un homme est *bouillant* de colère, *enflammé* de désirs, *tombé* dans l'erreur, c'est pour être plus expressifs que nous parlons de la sorte, car tous ces termes métaphoriques ont bien plus de force que n'en auraient les termes propres. Voici des métaphores qui ne sont que de simples ornemens : *la lumière du discours*, *l'éclat de la naissance*, *les orages des assemblées populaires*, *les foudres de l'éloquence*. Cicéron, dans la Milonienne, dit que Clodius a été une *source*, une *moisson* de gloire pour Milon. C'est aussi à l'aide d'une métaphore qu'on explique, comme l'a fait Virgile, ce qu'on ne pourrait dire sans blesser la pudeur :

Des routes de l'amour l'embonpoint inutile
Aux germes créateurs ouvre un champ moins fertile. (Del.)

En général la métaphore est une sorte de similitude abrégée, et elle n'en diffère qu'en ce que celle-ci offre une comparaison avec l'objet qu'on veut peindre, tandis que celle-là est mise à la place de l'objet lui-même : si je dis qu'un homme s'est battu *comme un lion*, c'est une comparaison ; si je dis de lui, *c'est un lion*, je fais une métaphore.

La métaphore semble se renfermer particulièrement dans l'une des quatre conbinaisons suivantes : la première, lorsqu'en parlant de choses animées, on substitue une idée à une autre, comme le mot *gubernator*, qui, chez les poètes, désigne le *cocher*,

Gubernator magna contorsit equum vi.

et, ut Livius, Scipionem a Catone *allatrari* solitum refert. Inanima pro aliis generis ejusdem sumuntur, ut, *Classique immittit habenas* : aut pro rebus animalibus inanima, *ferro non fato mœrus Argivum occidit :* aut contra,

> . . . . Sedet inscius alto
> Accipiens sonitum saxi de vertice pastor.

Præcipueque ex his oritur sublimitas, quæ audaci et proxime periculum translatione tolluntur, quum rebus sensu carentibus actum quemdam et animos damus; qualis est,

> . . . . Pontem indignatus Araxes.

Et illa Ciceronis, *Quid enim tuus ille, Tubero, destrictus in acie Pharsalica gladius agebat? Cujus latus ille mucro petebat? qui sensus erat armorum tuorum?* Duplicatur interim hæc virtus apud Virgilium,

> . . . . Ferrumque armare veneno.

Nam et *veneno armare*, et *ferrum armare*, translatio est.

Secantur hæc in plures; ut a rationali ad rationale, et idem de irrationalibus; et hæc invicem, quibus similis ratio est, et a toto, et a partibus : sed jam non

et quand Tite-Live dit, en parlant de Caton, qu'il *aboyait* sans cesse après Scipion. La seconde, lorsque cette substitution a lieu à l'égard des choses inanimées, comme dans cet hémistiche : *Classique immittit habenas*, (où le mot *habenas*, rênes, est employé pour *vela*, voiles). La troisième, quand on désigne ce qui est animé par quelque chose d'inanimé : *c'est par le fer et non par le destin qu'a été abattu* LE REMPART* *des Grecs*. Ou, contrairement, comme dans ce passage de Virgile :

...........Sedet inscius alto
Accipiens sonitum saxi de *vertice* pastor**.

La quatrième enfin, lorsque par une image hardie et périlleuse, dont la sublimité est quelquefois le prix, on donne une âme et des sens à des objets purement matériels; telle est cette belle métaphore :

L'Araxe mugissant sous un pont qui l'outrage. (Del.)

Tel encore ce que j'ai déjà cité de l'oraison pour Ligarius : *Dites-nous, Tubéron, que faisait votre épée dans les champs de Pharsale ? qui menaçait-elle ? à qui en voulait tout cet appareil guerrier ?* Quelquefois la métaphore est double. Virgile a dit : *ferrumque armare veneno*, armer le fer de poison. *Armer de poison*, c'est déjà une métaphore ; *armer le fer*, c'en est encore une autre.

Ces quatre genres principaux se subdivisent en plu-

---

* Par ce rempart *mœrus* (pour *murus*) le poète voulait désigner Achille.

** *Vertex* signifie la partie élevée de la tête dans les animaux. C'est métaphoriquement que Virgile l'applique à un rocher, *saxi de vertice*, au lieu de *cacumine*. Voyez, au chap. 2 du présent livre, l'étymologie du mot *vertex*.

pueris præcipimus, ut, accepto genere, species intelligere non possint.

Ut modicus autem atque opportunus ejus usus illustrat orationem; ita frequens et obscurat, et tædio complet : continuus vero in *allegoriam* et *ænigmata* exit : sunt etiam quædam et humiles translationes, ut id, de quo modo dixi, *saxea est verruca;* et sordidæ : non enim, si Cicero recte *sentinam reipublicæ* dixit, fœditatem hominum significans, iccirco probem illud quoque veteris oratoris, *Persecuisti reipublicæ vomicas* : optimeque Cicero demonstrat cavendum, ne sit deformis translatio; qualis est (nam ipsis ejus utar exemplis), *Castratam morte Africani rempublicam,* et, *Stercus curiæ Glauciam;* ne nimio major, aut, quod sæpius accidit, minor; ne dissimilis : quorum exempla nimium frequenter deprehendet, qui scierit hæc vitia esse.

Sed copia quoque modum egressa vitiosa est; præcipue in eadem specie. Sunt et duræ, id est, a longin-

sieurs espèces; car la métaphore a lieu aussi en substituant un être doué de raison à un autre qui l'est également, ou à un autre qui ne l'est pas, ou celui-ci à son semblable, ou le tout à la partie, ou la partie au tout. Mais je n'ai pas affaire à des enfans, et le genre une fois bien connu, il est facile d'en déduire toutes les espèces.

Or, autant ce trope employé avec sobriété et à propos répand d'éclat sur un discours, autant sa fréquence le rend obscur et fatigant. S'il se prolonge, il dégénère en *allégorie* et en *énigmes*. Il y a aussi des métaphores de mauvais goût, comme celle que j'ai déjà citée: *saxea est verruca;* d'autres qui réveillent des images sales et dégoûtantes. Cicéron, pour peindre la corruption de quelques misérables, a dit avec autant de justesse que d'énergie, qu'ils étaient *la sentine de la république;* mais est-ce une raison pour approuver cette expression d'un ancien orateur: *Vous avez percé les abcès de la république.* Car, ainsi que le remarque fort bien Cicéron, il faut prendre garde que la métaphore ne soit indécente. On ne dira donc pas, pour me servir de ses propres exemples, *Que la république a été châtrée par la mort de Scipion l'Africain;* et, en parlant de *Glaucias*, on ne l'appellera pas *l'excrément du sénat.* Il ne veut pas non plus que la métaphore soit outrée, ni qu'elle soit trop faible, comme il arrive encore plus souvent, ni d'une fausse application: tous vices dont on ne trouvera que trop d'exemples à reprendre, quand on saura que ce sont des vices.

Le trop grand luxe de métaphores est également un défaut, surtout quand elles sont de la même espèce. Il en est qui choquent parce qu'elles sont tirées de rapports trop

qua similitudine ductæ : ut, *Capitis nives*, et,

Juppiter hibernas cana nive conspuit Alpes.

In illo vero plurimum erroris, quod ea, quæ poetis, qui et omnia ad voluptatem referunt, et plurima vertere etiam ipsa metri necessitate coguntur, permissa sunt, convenire quidam etiam prosæ putant. At ego in agendo nec *pastorem populi*, auctore Homero, dixerim; nec *volucres pennis remigare*, licet Virgilius in apibus ac Dædalo speciosissime sit usus. Metaphora enim aut vacantem occupare locum debet, aut, si in alienum venit, plus valere eo, quod expellit.

Quod aliquanto pæne etiam magis de *synecdoche* dicam. Nam *translatio* permovendis animis plerumque, et signandis rebus, ac sub oculos subjiciendis reperta est : hæc variare sermonem potest, ut ex uno plures intelligamus, parte totum, specie genus, præcedentibus sequentia, vel omnia hæc contra; liberior poetis, quam oratoribus. Nam prosa, ut *mucronem* pro gladio, et *tectum* pro domo recipiet, ita non *puppim* pro navi, nec *abietem* pro tabellis; et rursus, ut pro gladio *ferrum*, ita non pro equo *quadrupedem* : maxime autem in orando valebit numerorum illa libertas : nam et Livius sæpe sic dicit, *Romanus prœlio victor*, quum Ro-

éloignés, comme *les neiges de la tête* pour dire des cheveux blancs, et cette idée d'un poëte :

<blockquote>Jupiter a *craché* la neige sur les Alpes*.</blockquote>

C'est au surplus une grande erreur de croire que la prose puisse s'arranger de toutes les licences permises aux poètes, dont l'unique but est de nous charmer, et que la nécessité de la mesure force souvent à varier leurs expressions. Pour moi, je n'oserais pas en plaidant, malgré l'autorité d'Homère, désigner un roi sous le nom de *pasteur de peuple;* je n'oserais pas dire que *les oiseaux rament avec leurs ailes,* quoique Virgile se soit admirablement servi de cette métaphore, en parlant des abeilles et de Dédale. La métaphore est faite pour tenir lieu d'un nom qui n'existe pas, ou, si elle en remplace un qui existe, elle doit avoir plus de valeur que celui qu'elle dépossède.

Cette réflexion s'applique encore plus rigoureusement au trope appelé *synecdoche*, car si la métaphore a été imaginée pour émouvoir fortement, en caractérisant les objets de manière à les rendre sensibles, le propre de la synecdoche est de varier le style et d'offrir à l'intelligence plusieurs objets en un seul, le tout dans la partie, le genre dans l'espèce, ce qui suit dans ce qui précède, et *vice versa;* en quoi les poètes ont bien plus de liberté que les orateurs. Ainsi, la prose admet le *glaive* pour l'épée, le *toit* pour la maison, mais elle ne recevrait pas la *poupe* pour le vaisseau, ni le *sapin* pour des tablettes; et quoiqu'on puisse dire le *fer* pour l'épée, nous ne dirions pas un *quadrupède* pour un cheval. Quant à

---

* Vers de Furius Bibaculus, dont se moque Horace dans sa satire v, liv. 2.

manos vicisse significat : et contra, Cicero ad Brutum, *Populo*, inquit, *imposuimus, et oratores visi sumus*, quum de se tantum loqueretur. Quod genus non orationes modo ornat, sed etiam quotidiani sermonis usus recipit.

Quidam συνεκδοχὴν vocant, et quum id in contextu sermonis quod tacetur, accipimus : verbum enim ex verbo intelligi, quod inter vitia *ellipsis* vocatur.

Arcades ad portas ruere........

Mihi hanc figuram esse magis placet; illic ergo reddetur : aliud etiam intelligitur ex alio,

Aspice, aratra jugo referunt suspensa juvenci;

unde apparet noctem appropinquare : id nescio an oratori conveniat, nisi in argumentando, quum rei signum est : sed hoc ab elocutionis ratione distat.

Nec procul ab hoc genere discedit μετωνυμία, *quæ est nominis pro nomine positio;* cujus vis est, pro eo quod dicitur, causam, propter quam dicitur, ponere : sed, ut ait Cicero, ὑπαλλαγὴν rhetores dicunt : hæc in-

l'emploi du singulier pour le pluriel et réciproquement, les prosateurs ont pleine liberté. Tite-Live dit souvent : *le Romain fut vainqueur dans le combat*, pour dire que la victoire est restée aux Romains; et Cicéron, au contraire, écrit à Brutus : *Nous avons imposé au peuple, et on nous a pris pour orateurs*, quoiqu'il ne parle que de lui. Ces manières de s'énoncer ornent le discours et sont même reçues dans la conversation familière.

C'est encore, suivant quelques rhéteurs, une synecdoche, lorsqu'on sous-entend ce qui n'est pas exprimé; car alors un mot se comprend à l'aide d'un autre, ce qui se range quelquefois parmi les défauts, sous le nom d'*ellipse* :

> Les Arcadiens en foule aux portes d'accourir*.

Pour moi, cette locution me paraît plutôt appartenir aux figures, et c'est là que je me réserve d'en parler. Quelquefois aussi une chose en fait entendre une autre. Ne voit-on pas que la nuit approche, quand le poète dit :

> Vois les bœufs dételés,
> Rapportant la charrue à leur joug suspendue**.

Mais je ne sais si cela convient à l'orateur, à moins que ce ne soit dans l'argumentation, et pour mieux préciser un fait, ce qui n'a aucun rapport avec l'élocution.

La *métonymie* que les rhéteurs, comme le remarque Cicéron, appellent aussi hypallage, et qui n'est que la substitution d'un nom à un autre, se rapproche un peu de la synecdoche. Elle consiste à désigner l'effet par la

---
* *Énéide*, liv. xi, vers 142. Dans ce vers on sous-entend *s'empressent*.
** *Églog.* ii, vers 166.

venta ab inventore, et subjecta ab obtinentibus significat: ut, *Cererem corruptam undis*: et,

>........Receptus
>Terra Neptunus classes Aquilonibus arcet:

quod fit retro durius.

Refert autem in quantum dictus tropus oratorem sequatur: nam ut *Vulcanum* pro igne vulgo audimus, et, *vario Marte pugnatum*, eruditus est sermo, et *Venerem*, quam coitum, dixisse magis decet; ita *Liberum* et *Cererem* pro vino et pane licentius, quam ut fori severitas ferat: sicut ex eo, quod continetur, usus recipit *bene moratas urbes*, et *poculum epotum*, et *seculum felix*. At id, quod contra est, raro audeat quis, nisi poeta?

>..............Jam proximus ardet
>Ucalegon.

nisi forte hoc potius est, a possessore, quod possidetur; ut *hominem devorari*, cujus patrimonium consumatur: quo modo fiunt innumerabiles species. Hujus enim sunt generis, quum *ab Annibale caesa apud Cannas sexaginta millia* dicimus: et apud tragicos *ab Aegialeo*: et *carmina Virgilium, venisse commeatus,*

cause, l'invention par l'inventeur, la chose possédée par le possesseur, etc. Virgile appelle *du blé avarié par les eaux*, *Cererem corruptam undis;* et quand Horace dit :

>........Receptus
>Terra Neptunus classes Aquilonibus arcet.

il veut dire *que la mer reçue dans un bassin met les flottes à l'abri des vents.* Cérès, c'est le blé, Neptune, c'est la mer; mais on ne pourrait pas retourner cette métonymie, sous peine de n'être pas compris.

Or il importe d'examiner jusqu'à quel point ce trope est permis à l'orateur. On dit assez communément *Vulcain* pour le feu, et il n'est pas sans élégance d'employer *Mars* pour la guerre, *Vénus* pour les plaisirs de l'amour, mais je doute que la sévérité du barreau s'accommodât de la métonymie qui désignerait le pain et le vin sous les noms de *Cérès* et de *Bacchus*. L'usage admet encore le contenant pour le contenu. Ainsi l'on dit : *des villes bien policées, boire une coupe, un siècle heureux*; mais quel autre qu'un poète oserait dire

>Tout près de moi, je vois Ucalégon en feu[*].

à moins qu'ici le trope n'ait en vue le possesseur pour la chose possédée, comme on dit qu'un homme *est dévoré* pour dire que son patrimoine est au pillage : car il y a une foule de métonymies de cette espèce. Ainsi nous disons : *soixante mille hommes furent taillés en pièces auprès de Cannes par Annibal* : nous trouvons chez les poètes tragiques qu'*Ægialeus défit de puissantes armées;*

---

[*] Pour dire la maison d'Ucalégon. *Énéide*, liv. II, vers 311 et 312.

qui afferantur : *Sacrilegium deprehensum*, non sacrilegum : *armorum scientiam habere*, non artis.

Illud quoque et poetis et oratoribus frequens, quo id, quod efficit, ex eo, quod efficitur, ostendimus : nam et carminum auctores,

Pallida mors æquo pulsat pede pauperum tabernas.

et,

Pallentesque habitant morbi, tristisque senectus;

et orator *præcipitem iram*, *hilarem adolescentiam*, *segne otium* dicet.

Est etiam huic tropo quædam cum synecdoche vicinia : nam, quum dico *vultus hominis* pro vultu, dico pluraliter, quod singulare est; sed non id ago, ut unum ex multis intelligatur (nam id est manifestum), sed nomen immuto : et, quum aurata tecta, *aurea*, pusillum a vero discedo, quia non est nisi pars auratura : quæ singula exsequi, minutioris est curæ, etiam non oratorem instituentibus.

Antonomasia, quæ aliquid pro nomine ponit, poetis quoque modo frequentissima, et per *epitheton*, quia detracto eo, cui apponitur, valet pro nomine, *Tydides*,

nous disons encore que *les vers de Virgile se sont vendus tant*, que *les vivres sont venus*, pour dire qu'ils ont été apportés ; qu'on a découvert *un crime de sacrilège*, au lieu de celui qui l'a commis ; que tel capitaine *possède la science des armes, etc.*

Une autre espèce de métonymie assez fréquente chez les poètes et les orateurs, est celle qui désigne un objet par l'effet qu'il produit. Horace dit :

> La *pâle* mort soumet à de communes lois
> La chaumière du pauvre et le palais des rois.

et Virgile :

> La *pâle* maladie et la *morne* vieillesse.

Les orateurs disent : la colère *aveugle*, la jeunesse *folâtre*, la paresse *engourdie*.

Ce trope a bien aussi quelque affinité avec la synecdoche : car, par exemple, quand je dis *vultus hominis*, les visages de l'homme, pour *vultu*, je mets au pluriel ce qui est au singulier ; et ce n'est pas que je veuille que par plusieurs on entende un seul, cela est d'une trop grande évidence, mais je fais un changement de nom : de même quand je dis des *lambris d'or* pour des *lambris dorés*, je m'écarte un peu de la vérité, l'or n'entrant qu'en petite proportion dans la dorure. Ne nous arrêtons pas davantage à toutes ces nuances ; cette recherche minutieuse serait indigne de nous, même quand il ne s'agirait pas de former un orateur.

L'antonomase, qui remplace un nom par quelque chose d'équivalent, est aussi très-familière aux poètes. Chez eux, tantôt c'est une épithète patronymique qui tient lieu du nom, comme *Tydides*, *Pelides*, le fils de Tydée, le

Pelides : et ex his, qui in quocunque sunt *præcipua*,

........Divum pater, atque hominum rex,

et ex factis, quibus persona signatur,

............Thalamo quæ fixa reliquit
Impius.

Oratoribus etiamsi rarus ejus rei, nonnullus tamen usus est : nam, ut *Tydiden* et *Peliden* non dixerint, ita dixerunt *impium* pro parricida : *eversorem* quoque *Carthaginis et Numantiæ* pro Scipione, et *romanæ eloquentiæ principem* pro Cicerone posuisse non dubitent : ipse certe usus est hac libertate : *Non multa peccas, inquit, ille fortissimo viro senior magister;* neutrum enim nomen est positum, et utrumque intelligitur.

Ὀνοματοποιΐα quidem, id est, *fictio nominis*, Græcis inter maximas habita virtutes, nobis vix permittitur; et sunt plurima ita posita ab iis, qui sermonem primi fecerunt, aptantes affectibus vocem : nam *mugitus*, et *sibilus*, et *murmur* inde venerunt. Deinde, tamquam consummata sint omnia, nihil generare audemus ipsi, quum multa quotidie ab antiquis ficta moriantur : vix illa, quæ παραγόμενα vocant, quæ ex vocibus in usum receptis quocunque modo declinantur, nobis permittimus, qualia sunt *Sullaturit*, et *proscripturit*; atque *laureati*

fils de Pélée; tantôt c'est par ses principaux attributs qu'ils désignent la personne, comme ils disent, en parlant de Jupiter : *le père des dieux et le souverain maître des mortels;* tantôt c'est par ses actes mêmes qu'ils la signalent : ainsi, c'est Énée que Didon nomme quand elle dit :

> Qu'on y place le fer qu'a laissé *le barbare!*
> (Del.)

Les orateurs font un usage moins fréquent de ce trope, cependant ils l'emploient aussi. Ils ne diront pas, il est vrai, *Tydides* et *Pelides* pour le fils de Tydée et le fils de Pélée, mais ils diront fort bien *l'impie*, en parlant d'un parricide, *le destructeur de Carthage et de Numance* pour Scipion, et *le prince de l'éloquence romaine* pour Cicéron. Cicéron lui-même a usé de cette liberté dans l'oraison pour Muréna : *Vous bronchez rarement, disait un sage gouverneur à un jeune héros, etc.* : il ne nomme ni l'un ni l'autre, et cependant on sait de qui il veut parler.

L'*onomatopée*, c'est-à-dire la formation d'un mot imitatif, avait beaucoup de mérite aux yeux des Grecs, et nous est à peine permise. La plupart de nos onomatopées ont été imaginées par ceux qui ont les premiers formé la langue, en adaptant les sons à la nature des objets; c'est de là que nous sont venus les mots *mugitus, sibilus, murmur.* Dans la suite, comme si toutes les combinaisons de ce genre étaient épuisées, nous n'avons rien osé créer, tandis que beaucoup d'anciens mots meurent tous les jours. A peine même nous permettons-nous d'en composer à l'aide de mots déjà consacrés, comme *Sullaturit* et *proscripturit; postes laureati* au lieu de *lauro ornati*

postes, pro illo, lauro coronati, ex eadem fictione sunt. Sed hoc feliciter, *evaluit :* at contra *vio* pro *eo,* infelicius : in græcis *obelisco, coludumo,* etc., dure etiam jungere vetamur, qui toleranter videre *septemtriones* videmur.

Eo magis necessaria κατάχρησις, quam recte dicimus *abusionem,* quæ non habentibus nomen suum accommodat, quod in proximo est : sic,

............Equum divina Palladis arte
Ædificant......

et apud tragicos, *Et jam leo pariet,* at pater est. Mille sunt hæc, et *acetabula,* quidquid habet; et *pyxides,* cujuscunque materiæ sunt; et *parricida,* matris quoque, aut fratris interfector : discernendumque est hoc totum a translatione genus, quia *abusio* est, ubi nomen defuit; *translatio,* ubi aliud fuit : nam poetæ solent abusive etiam in his rebus, quibus nomina sua sunt, vicinis potius uti; quod rarum in prosa est. Illa quoque quidam καταχρήσεις volunt esse, quum pro temeritate *virtus,* aut pro luxuria *liberalitas* dicitur : a quibus hæc quidem dissonantia sunt, quod in his non verbum pro verbo ponitur, sed res pro re : neque enim putat quisquam *luxuriam* et *liberalitatem* idem significare : verum id, quod fit, alius *luxuriam* esse dicit,

est une fabrication du même genre, et qui a réussi. Il n'en a pas été de même de *vio* pour *eo*. Quant aux mots tirés du grec, il nous est défendu de les réunir sous peine de paraître durs, et cependant nous tolérons *septemtriones*.

Ce scrupule nous force d'autant plus de recourir au trope appelé *catachrèse*, qui consiste à exprimer une idée qui n'a pas de terme propre, par le terme propre d'une idée analogue. Virgile dit que les Grecs, par l'inspiration de Pallas,

D'un cheval monstrueux formèrent l'édifice.
(Del.)

On trouve dans les anciens tragiques : *le lion va enfanter*, *jam leo pariet*, et cependant *leo*, c'est le mâle. Il y a mille exemples de ces catachrèses. C'est ainsi qu'*acetabulum*, qui désignait originairement un vase à mettre du vinaigre, a été appliqué à toutes sortes de vases; et que *pixidés*, boîtes de buis, se dit de toutes les boîtes, de quelque matière qu'elles soient : c'est ainsi que le mot *parricide*, qui signifie proprement le meurtrier de son père, s'étend à celui qui a tué sa mère ou son frère. Mais remarquons que tout cela ne doit pas être confondu avec la métaphore, car celle-ci donne aux choses un nom autre que celui qu'elles ont, tandis que la catachrèse donne un nom aux choses qui n'en ont point. Aussi est-ce abusivement que les poètes, quand ils pourraient appeler les choses par leurs noms, préfèrent leur en donner d'analogues : c'est une licence qu'on ne se permet guère dans la prose. Quelques rhéteurs prétendent que ce sont aussi des catachrèses, quand nous transformons la témérité en

alius *liberalitatem* : quamvis neutri dubium sit, hæc esse diversa.

Superest ex his, quæ aliter significant, μετάληψις, id est, *transumptio, quæ ex alio in aliud velut viam præstat* : tropus et rarissimus, et maxime improprius, Græcis tamen frequentior, qui *Centaurum* Chirona, et νήσους θοὰς ὀξείας dicunt : nos quis ferat, si Verrem, *suem* ; aut Lælium, *doctum* nominemus? Est enim hæc in metalepsi natura, ut inter id, quod transfertur, sit medius quidam gradus, nihil ipse significans, sed præbens transitum : quem tropum magis affectamus, ut habere videamur, quam ullo in loco desideramus : nam ejus frequentissimum exemplum est, *cano, canto, dico*: ita *cano, dico* : interest medium illud *canto*. Nec diutius in eo morandum : nihil enim usus admodum video, nisi, ut dixi, in mediis.

Cetera jam non significandi gratia, sed ad ornandam modo, non augendam orationem assumuntur. Ornat enim ἐπίθετον, quod recte dicimus appositum; a nonnullis *sequens* dicitur : eo poetæ et frequentius et liberius

valeur, et la dissipation en *libéralité ;* mais je ne suis pas de leur avis; car ici ce n'est pas un mot qu'on met à la place d'un autre, c'est une idée que l'on substitue à une autre idée : en effet il n'est personne qui confonde la générosité avec la dissipation ; seulement ce que l'un nomme dissipation, l'autre l'appelle générosité, quoique chacun sache fort bien que ce sont deux manières d'être différentes.

En fait de tropes qui altèrent la signification, reste la *métalepse* ou *transomption*, qui sert comme de chemin pour passer d'une idée dans une autre. C'est un trope fort peu usité et surtout fort impropre ; les Grecs en font cependant un fréquent usage : ainsi ils disent le *centaure* pour Chiron; et les îles Oxies, Ὀξεῖαι, ils les appellent νήσους θοάς, *les îles pointues*. Chez nous, qui pourrait supporter qu'on dît le *porc* pour Verrès, ou le *docte* pour Lélius ? La métalepse est donc de sa nature une sorte de degré intermédiaire représenté par un terme qui ne signifie rien en lui-même, mais qui sert comme de passage à un autre terme. Nous affectons aussi ce trope, mais seulement pour dire que nous l'avons, car le besoin ne s'en fait sentir nulle part. Aussi l'exemple qu'on en cite le plus souvent, se borne-t-il presque à ces trois mots, *cano, canto, dico*, où le mot *canto* est considéré comme l'intermédiaire entre *cano* et *dico*. Mais ne nous arrêtons pas davantage sur ce trope, qui ne sert guère, comme je l'ai dit, qu'à marquer une nuance.

Pour les autres tropes, ce sont de simples embellissemens qui n'ajoutent rien à la signification des mots ni à la force d'un discours. Ainsi l'*épithète*, que nous appelons *apposition* et que quelques-uns nomment *suite*, n'est à proprement parler qu'un ornement dont les poètes se

utuntur; namque illis satis est convenire verbo, cui apponitur; itaque et *dentes albos* et *humida vina* in iis non reprehendemus : apud oratorem, nisi aliquid efficitur, redundat : tum autem efficitur, si sine illo, quod dicitur, minus est : qualia sunt, *O scelus abominandum! o deformem libidinem!* Exornatur autem res tota maxime translationibus, *Cupiditas effrenata*, et *insanæ substructiones* : et solet fieri aliis adjunctis epitheton tropus, ut apud Virgilium, *Turpis egestas*, et *tristis senectus*.

Verumtamen talis est ratio hujusce virtutis, ut sine appositis nuda sit et velut incompta oratio; oneretur tamen multis. Nam fit longa et impedita, ut in quæstionibus eam judices similem agmini totidem lixas habenti, quot milites quoque, in quo et numerus est duplex, nec duplum virium ; quamquam non singula modo, sed etiam plura verba apponi solent : ut,

Conjugio Anchisa Veneris dignate superbo.

Sed hoc quoque modo duo verba, uni apposita, ne versum quidem decuerint.

Sunt autem, quibus non videatur hic omnino tropus, quia nihil vertat : necesse est semper, ut id, quod est appositum, si a proprio diviseris, per se significet, et faciat *antonomasiam* : nam, si dicas, *ille, qui Numan-*

servent avec plus de fréquence et de liberté, car il leur suffit que l'épithète convienne au mot auquel ils l'appliquent, et on ne leur fait pas un crime de ces expressions, *blanche ivoire*, *vins humides*, etc. Chez les orateurs, au contraire, toute épithète qui n'ajoute rien à l'idée est une redondance; or elle n'ajoute, que si elle donne plus d'énergie à ce que nous disons : *O crime abominable! ô passion infâme!* Mais ce sont surtout les épithètes métaphoriques qui ornent merveilleusement un discours : *une cupidité effrénée*, *des constructions folles*. Quelquefois l'épithète s'embellit encore d'autres tropes, comme ces métonymies dans Virgile : *la honteuse indigence, la triste vieillesse.*

Telle est cependant la mesure qu'exige l'emploi des épithètes, que, sans elles, un discours paraît nu et trop négligé, et que, si on l'en surcharge, il devient diffus et embarrassé, et offre l'image d'une armée où l'on compterait autant de valets que de soldats, ce qui en doublerait le nombre sans en doubler les forces. Il y a pourtant des exemples de plusieurs épithètes jointes à un même mot. Virgile fait dire à Hélénus parlant à Anchise :

Mortel chéri des dieux, époux d'une déesse. (DEL.)

Quoi qu'il en soit, cela n'a pas de grâce, même en vers.

Il est des rhéteurs qui ne reconnaissent pas à l'*épithète* le caractère distinctif du trope, parce qu'elle n'opère aucun changement ni translation. En effet, ce qui est mis par apposition, si on l'isole du mot propre, signifiera toujours quelque chose par lui-même et pro-

tiam et Carthaginem evertit, antonomasia est; si adjeceris *Scipio,* appositum. Non potest ergo non esse junctum.

At ἀλληγορία, quam *inversionem* interpretantur, aliud verbis, aliud sensu ostendit, etiam interim contrarium: prius, ut,

> O navis, referent in mare te novi
> Fluctus : o quid agis? fortiter occupa
> Portum.

totusque ille Horatii locus, quo *navem* pro republica, *fluctuum tempestates* pro bellis civilibus, *portum* pro pace atque concordia dicit. Tale Lucretii,

> Avia Pieridum peragro loca..........

et Virgilii,

> Sed nos immensum spatio confecimus æquor,
> Et jam tempus equum fumantia solvere colla.

Sine translatione vero in Bucolicis,

> Certe equidem audieram, qua se subducere colles
> Incipiunt, mollique jugum demittere clivo,
> Usque ad aquam, et veteris jam fracta cacumina fagi,
> Omnia carminibus vestrum servasse Menalcam.

duira l'*antonomase*. Si vous dites, par exemple, *le destructeur de Numance et de Carthage*, c'est une antonomase; si vous ajoutez *Scipion*, c'est une simple apposition : donc l'épithète ne peut pas n'être pas jointe au mot propre*.

Quant à l'*allégorie* que nous nommons *inversion*, son objet est de présenter un sens autre que celui qui résulte des paroles, ou même un sens qui leur est tout-à-fait opposé. Horace nous fournit un exemple de cette première sorte d'allégorie (1er liv., ode 13) :

> O navire imprudent, veux-tu, bravant le sort,
> Affronter de nouveaux orages?
> Tu n'as déjà que trop essuyé de naufrages,
> Reste invinciblement au port!

Dans tout ce passage, le navire, c'est la république; les orages, ce sont les discorde civiles; le port, c'est la paix et la concorde. Autre allégorie du même genre dans Lucrèce (commencement du IVe liv.) :

> Je vais, dans mon audace,
> Me frayer des chemins inconnus au Parnasse.

Autre dans Virgile (Fin du IIe liv. des *Géorgiques*) :

> Mais ma seconde course a duré trop long-temps,
> Et je détèle enfin mes coursiers haletans. (DEL.)

Quelquefois l'allégorie a lieu sans métaphores, comme dans la neuvième des Bucoliques :

> Pourtant, m'avait-on dit, Ménalque, votre maître,
> Avait, grâces aux sons de sa muse champêtre,
> Conservé tous ses biens, depuis ce vert plateau
> Où l'on voit s'adoucir la pente du coteau,
> Jusqu'à cette fontaine, au pied de ce vieux hêtre.

* Donc l'épithète n'est point un véritable trope, puisqu'elle ne tient pas lieu d'un nom et n'en déplace pas la signification.

Hoc enim loco, praeter nomen, cetera propriis decisa sunt verbis : verum non pastor *Menalcas*, sed *Virgilius* est intelligendus.

Habet usum talis allegoriae frequenter oratio, sed raro totius : plerumque apertis permixta est : tota apud Ciceronem talis est : *Hoc miror enim, querorque, quemquam hominem ita pessumdare alterum verbis velle, ut etiam navem perforet, in qua ipse naviget.* Illud commixtum frequentissimum : *Equidem ceteras tempestates et procellas in illis duntaxat fluctibus concionum semper Miloni putavi esse subeundas :* nisi adjecisset *duntaxat fluctibus concionum*, esset allegoria; nunc eam miscuit : quo in genere et species ex arcessitis verbis venit, et intellectus ex propriis.

Illud vero longe speciosissimum genus orationis, in quo trium permixta est gratia, similitudinis, allegoriae, translationis : *quod fretum, quem euripum, tot motus, tantas, tam varias habere creditis agitationes, commutationes, fluctus, quantas perturbationes, et quantos aestus ratio comitiorum? Dies intermissus unus, aut nox interposita saepe et perturbat omnia; et totam opinionem parva nonnunquam commutat aura rumoris.* Nam id quoque inprimis est custodiendum, ut, quo ex genere coeperis translationis, hoc desinas : multi autem, quum initium a tempestate sumpserunt, incendio, aut

Ici, en effet, tout se trouve exprimé en termes propres, hors le nom, car le berger Ménalque n'est autre que Virgile.

Les orateurs font souvent usage de cette allégorie, mais ils la poussent rarement jusqu'au bout, et le plus souvent ils rentrent dans le sens positif. En voici une sans mélange, que je trouve dans Cicéron : *Je m'étonne et m'afflige qu'on porte l'animosité contre quelqu'un jusqu'à faire couler bas le vaisseau sur lequel on navigue soi-même.* Les allégories mixtes sont plus fréquentes : *J'ai toujours pensé que Milon aurait à braver les orages et les tempêtes qui naissent du sein tumultueux des assemblées.* Si l'orateur n'eût ajouté, *qui naissent du sein des assemblées*, l'allégorie eût été entière, mais ces mots la rendent mixte. Dans les allégories de ce dernier genre, la beauté naît des termes métaphoriques, et la clarté, des termes propres.

Mais ce qui surtout donne le plus grand éclat à un discours, c'est le triple mélange de la similitude de l'allégorie et de la métaphore: *Quel détroit, quelle mer offre, à votre avis, autant de mouvemens, de secousses, d'inconstance et de fluctuations que nous voyons de bouleversemens et d'orages dans la tenue des comices ? Un seul jour, une seule nuit, suffit souvent pour troubler tout, et la plus légère rumeur, le bruit le plus insignifiant, change inopinément la disposition des esprits et dérange toutes les conjectures.* Seulement, il faut prendre garde que la fin de l'allégorie réponde à son commencement, et ne pas faire, comme beaucoup de gens, qui, après avoir tiré leur métaphore de la tempête, en sortent par l'incendie ou la ruine : c'est la pire de toutes les inconséquences.

ruina finiunt : quæ est inconsequentia rerum fœdissima. Ceterum allegoria parvis quoque ingeniis, et quotidiano sermoni frequentissime servit : nam illa in agendis causis jam detrita, *Pedem conferre, et jugulum petere*, et *sanguinem mittere*, inde sunt; nec offendunt tamen; est enim grata in eloquendo novitas, et emutatio; et magis inopinata delectant : ideoque jam in his amisimus modum, et gratiam rei nimia captatione comsumpsimus.

Est in *exemplis* allegoria, si non prædicta ratione ponantur : nam, ut *Dionysium Corinthi esse*, quo Græci omnes utuntur, ita plurima similia dici possunt : hæc allegoria, quæ est obscurior, *ænigma* dicitur : vitium meo quidem judicio (si quidem dicere dilucide, virtus), quo tamen et poetæ utuntur,

> Dic, quibus in terris, et eris mihi magnus Apollo,
> Tris pateat cœli spatium non amplius ulnas?

et oratores nonnunquam : ut Cœlius, *quadrantariam Clytæmnestram, et in triclinio coam, in cubiculo nolam* : namque et nunc quædam solvuntur, et tum erant notiora, quum dicerentur : et *ænigmata* sunt tamen, nec ea, nisi quis interpretetur, intelligas.

In eo vero genere, quo contraria ostenduntur, *ironia* est : *illusionem* vocant : quæ aut pronunciatione intel-

Au reste, l'allégorie est aussi à la portée des esprits médiocres, et l'on s'en sert dans la conversation familière; car c'est de là qu'on a transporté au barreau ces locutions déjà usées et qui pourtant ne choquent pas : *se mesurer avec quelqu'un, serrer son adversaire à la gorge, lui faire une saignée, etc.* : tant il est vrai que le langage plaît toujours quand il est hardi et figuré, et que plus une façon de parler est inattendue, plus elle a de charme! Malheureusement, nous n'avons su garder en cela aucune mesure, et l'affectation a tout gâté.

L'exemple a aussi le caractère de l'allégorie, si on le rapporte sans aucun développement, car beaucoup d'exemples peuvent être cités d'une manière allégorique, comme cet adage des Grecs : *Denys est à Corinthe.* Pour l'allégorie dont l'obscurité est impénétrable, on l'appelle *énigme*, et c'est, à mon sens, un défaut, puisque c'est une qualité que d'être clair et intelligible. On en trouve quelques-unes chez les poètes; tels sont ces vers de Virgile (*Ecl.*, III) :

> Devine, et pour un dieu je te tiens dès ce jour :
> Où le ciel n'offre à l'œil que trois pieds de pourtour?

Les orateurs s'en sont aussi permis. Ainsi Célius appelle Clodia *une Clytemnestre vénale*, et il la poursuit encore, sous une allégorie énigmatique, à la table et au lit. Il y a tels de ces traits qu'il faut aujourd'hui deviner, et quoiqu'ils fussent plus connus du temps de leurs auteurs, ce sont pourtant des énigmes dont le sens a besoin d'être expliqué.

L'autre genre d'allégorie qui fait entendre le contraire de ce qu'elle dit, est, à proprement parler, *l'ironie*; elle

ligitur, aut persona, aut rei natura : nam, si qua earum verbis dissentit, apparet diversam esse orationi voluntatem. Quamquam in plurimis id tropis accidit, ut intersit, quid de quo dicatur : quia, quod dicitur alibi, verum est, et laudis simulatione detrahere, et vituperationis laudare, concessum esse : quale est, *Quod C. Verres, prætor urbanus, homo sanctus et diligens, subsortitionem ejus in eo codice non haberet* : et contra *Oratores visi sumus, et populo imposuimus.* Aliquando cum risu quodam contraria dicuntur iis, quæ intelligi volunt : quemadmodum in Clodium, *Integritas tua te purgavit, mihi crede, pudor eripuit, vita anteacta servavit.*

Præter hæc usus est allegoriæ, ut tristia dicamus melioribus verbis, aut bonæ rei gratia quædam contrariis significemus, aliud textu : quæ et enumeravimus: hæc, si quis profecto ignorat, quibus Græci nominibus appellent, σαρκασμὸν, ἀστεϊσμὸν, ἀντίφρασιν, παροιμίαν dici sciat. Sunt etiam, qui hæc non species allegoriæ, sed ipsa tropos dicunt : acri quidem ratione, quod illa obscurior sit, in his omnibus aperte appareat, quid velimus : cui accedit hoc quoque, quod genus, quum dividitur in species, nihil habet proprium; ut *arbor pinus,*

se décèle ou par le ton qu'on prend, ou par le personnage auquel on s'adresse, ou par la nature même de ce qu'on dit; car si aucune de ces circonstances n'est en rapport avec les paroles, il est clair qu'il faut donner à celles-ci un sens autre que celui qu'elles ont naturellement. Ce qui d'ailleurs est commun à ce trope et à beaucoup d'autres, c'est qu'il importe d'examiner ce qu'on dit et de qui on le dit, parce qu'il est vrai, comme je l'ai dit ailleurs, qu'on peut blâmer sous forme d'éloge, ou louer sous forme de blâme. Voici un exemple du premier genre : *C. Verrès, ce préteur si distingué par son urbanité, ce magistrat si diligent, si intègre, n'avait point sur son registre l'acte de remplacement des juges par le sort.* En voici un du second : *On nous a crus orateurs, et nous avons imposé au peuple.* Quelquefois c'est comme en riant que nous donnons à entendre tout le contraire de ce que nous disons ; tel est ce trait contre Clodius : *Oui, croyez-m'en, c'est l'intégrité de vos mœurs qui vous a disculpé, c'est votre pudeur qui vous a protégé, c'est l'innocence de votre vie passée qui vous a sauvé.*

Outre cela l'allégorie sert encore à exprimer des circonstances fâcheuses, en termes qui les atténuent et les adoucissent, ou à déguiser certaines choses par leurs contraires, pour les rendre moins choquantes; quelquefois le discours lui-même n'est qu'une suite d'allégories. Si quelqu'un ignore tout cela, qu'il sache que c'est ce que les Grecs désignent sous les noms de σαρκασμὸς, sarcasme, ἀστεϊσμός, urbanité, ἀντίφρασις, antiphrase, παροιμία, parabole. Quelques rhéteurs cependant en font des tropes distincts, et non des espèces d'allégorie, et ils en donnent une raison assez forte, c'est que l'allégorie est obscure, tandis que ces diverses manières de parler

et *olea*, et *cupressus*, et ipsius per se nulla proprietas: *allegoria* vero habet aliquid proprium : quod quo modo fieri potest, nisi ipsa species est? sed ad utendum nihil refert. Adjicitur his μυκτηρισμὸς, dissimulatus quidam, sed non latens derisus.

Pluribus autem verbis quum id, quod uno, aut paucioribus certe dici potest, explicatur, περίφρασιν vocant, *circuitum eloquendi*, qui nonnunquam necessitatem habet, quoties dictu deformia operit : ut Sallustius *ad requisita naturæ*. Interim ornatum petit solum, qui est apud poetas frequentissimus :

> Tempus erat, quo prima quies mortalibus ægris
> Incipit, et dono divum gratissima serpit.

Et apud oratores non rarus, semper tamen astrictior: quidquid enim significari brevius potest, et cum ornatu latius ostenditur, περίφρασις est : cui nomen latine datum est, non sane orationis aptum virtuti, *circumlocutio* : verum hæc ut, quum decorem habet, *periphrasis;* ita, quum in vitium incidit, περισσολογία dicitur: obstat enim, quidquid non adjuvat.

Hyperbaton quoque, id est, *verbi transgressionem*,

font voir clairement où l'orateur en veut venir. Ajoutez que le genre, lorsqu'il comporte plusieurs espèces, ne retient pas une propriété qui lui soit particulière, comme *l'arbre* qui, ayant pour espèces le *pin*, l'*olivier*, le *cyprès*, etc., n'a rien en propre par lui-même; au lieu que l'allégorie a sa spécialité, ce qui n'arriverait pas, si elle n'était elle-même une espèce. Mais, espèce ou genre, peu importe pour l'usage qu'on en fait. Enfin, on range encore parmi les allégories une certaine moquerie dissimulée, mais apparente, que les Grecs appellent μυκτηρισμὸς.

Lorsqu'on accumule plusieurs termes pour rendre ce qu'on aurait pu dire en peu de mots ou en un seul, c'est une périphrase, περιφρασις, c'est-à-dire, un circuit de paroles. On est quelquefois obligé d'y recourir, pour voiler ce que la bienséance défend de nommer; telle est cette expression de Salluste, *ad requisita naturæ, pour des besoins naturels.* Quelquefois aussi, et principalement chez les poètes, ce n'est qu'un ornement, comme ces vers :

> On était au moment où Morphée à nos cœurs
> Verse d'un calme heureux les premières douceurs.
>
> Del., *Énéide.*

La périphrase n'est pas rare non plus chez les orateurs, mais elle y est moins délayée. Enfin, tout ce qu'on développe pour embellir le discours est périphrase; mais je ne crois pas que le mot latin *circumlocutio* que nous lui avons donné, soit convenable pour désigner une qualité : quoi qu'il en soit, quand ce trope produit une beauté, c'est une périphrase, et quand il dégénère en défaut, c'est une périssologie, περισσολογία : car tout ce qui surcharge sans utilité, est nuisible.

C'est avec raison qu'on a mis au nombre des beautés

quoniam frequenter ratio comparationis et decor poscit, non immerito inter virtutes habemus : fit enim frequentissime aspera, et dura, et dissoluta, et hians oratio, si ad necessitatem ordinis sui verba redigantur, et ut quodque oritur, ita proximis, etiam si vinciri non potest, alligetur. Differenda igitur quaedam, et praesumenda, atque, ut in structuris lapidum impolitorum, loco, quo convenit, quodque ponendum : non enim recidere ea, nec polire possumus, quo coagmentata se magis jungant, sed utendum iis, qualia sunt, eligendaeque sedes. Nec aliud potest sermonem facere numerosum, quam opportuna ordinis mutatio : neque alio ceris Platonis inventa sunt quatuor illa verba, quibus in illo pulcherrimo operum *in Piraeum se descendisse* significat, plurimis modis scripta, quod eum quoque maxime facere experiretur.

Verum id quum duobus verbis fit, ἀναστροφὴ dicitur, *reversio* quaedam; qualia sunt vulgo, *Mecum, secum* : apud oratores et historicos, *quibus de rebus* : at, quum decoris gratia contrahitur longius verbum, proprie *hyperbati* tenet nomen : ut, *Animadverti, judices, omnem accusatoris orationem in duas divisam esse partes* : nam, *in duas partes divisam esse*, rectum erat, sed durum et incomptum.

le trope appelé *hyperbate*, c'est-à-dire transposition de mots, car l'arrangement et l'harmonie de la composition y gagnent beaucoup : elle serait en effet le plus souvent raboteuse, dure, lâche et disloquée, si l'on se faisait un scrupule de ranger tous les mots dans leur ordre rigoureux, et si on les accouplait les uns aux autres, comme ils se présentent, et sans s'inquiéter s'ils s'ajustent bien ensemble. Il en est donc qu'il faut mettre après, d'autres avant, comme on fait des pierres brutes dans les constructions, en plaçant chacune à l'endroit qui lui convient ; car nous ne pouvons pas tailler les mots ni les polir pour les bien lier l'un à l'autre : il s'agit de les employer comme ils sont, sauf à leur trouver une bonne place ; et rien n'est plus propre à donner du nombre et de l'harmonie au style, que d'intervertir avec goût l'ordre naturel des mots. Platon sans doute attachait beaucoup de prix à ce procédé, si l'on en juge par plusieurs exemplaires de son plus bel ouvrage, où les quatre mots qui le commencent sont arrangés d'une manière différente*.

Quand l'inversion se fait à l'égard de deux mots, on l'appelle *anastrophe* ou renversement : tels sont *mecum*, *secum*, ou, chez les orateurs et les historiens, *quibus de rebus*. Mais ce qui constitue proprement l'*hyperbate*, c'est de rejeter un mot un peu loin de sa place naturelle pour donner plus d'élégance à la phrase, comme dans cette période : *animadverti, judices, omnem accusatoris orationem in duas divisam esse partes*. Si l'orateur eût dit *in duas partes esse divisam*, c'eût été exact, mais dur et négligé.

---

* Les livres de la République commencent par ces quatre mots : κατέβην χθὲς εἰς Πειραιᾶ, *je descendis hier au Pirée.*

Poetæ quidem etiam verborum divisionem faciunt, et transgressionem,

......Hyperboreo septem subjecta trioni.

quod oratio nequaquam recipiet : at id quidem est, propter quod, quum dicitur, tropus fit, quia componendus est e duobus intellectus. Alioqui, ubi nihil ex significatione mutatum est, et structura sola variatur, *figura* potius *verborum* dici potest : sicut multi narrationem longis mutant hyperbatis : ex confusis quæ vitia accidunt, suo loco diximus.

Hyperbolen audacioris ornatus summo loco posui: est hæc *decens veri superjectio* : virtus ejus ex diverso par augendi atque minuendi. Fit pluribus modis : aut enim plus facto dicimus, *Vomens, frustis esculentis gremium suum et totum tribunal implevit.*

.... Geminique minantur
In cœlum scopuli.

Aut res per similitudinem attollimus :

.... Credas innare revulsas
Cycladas.

Aut per comparationem : ut,

.... Fulminis ocior alis.

Aut signis quasi quibusdam :

Illa vel intactæ segetis per summa volaret
Gramina, nec teneras cursu læsisset aristas.

Les poètes font plus, ils coupent les mots :

......Hyperboreo *septem* subjecta *trioni*.

La prose ne souffrirait pas cette licence. Cependant c'est là ce qui fait de l'hyperbate un trope, parce que l'intelligence a besoin de saisir deux idées. Autrement, quand la signification n'est pas changée et qu'il n'y a que dérangement dans la construction, c'est plutôt une figure de diction. C'est ainsi que beaucoup d'orateurs varient la narration par de longues hyperbates ; j'ai fait voir en son lieu le danger de les multiplier.

J'ai réservé pour la fin le trope appelé *hyperbole*, parce que c'est une beauté d'un genre plus hardi, où l'on va au delà du vrai, soit pour augmenter, soit pour diminuer les objets. Elle a lieu de plusieurs manières. Tantôt nous exagérons un fait : *Il vomit, il inonda son sein et tout le tribunal de morceaux à peine digérés.*

La pointe des rochers qui menace les cieux.
DEL., *Énéide*, liv. 1er.

Tantôt nous agrandissons les choses par similitude :

......On croit voir sur les eaux écumantes
Voguer, s'entrechoquer les Cyclades flottantes.
DEL., *Idem*, liv. 8.

Tantôt, c'est par comparaison :

Plus léger que les vents, que l'aile du tonnerre.
DEL., *Idem*, liv. 5.

Tantôt c'est à l'aide de certains signes :

Elle eût des jeunes blés rasant les verts tapis,
Sans plier leur sommet, volé sur leurs épis.
DEL., *Idem*, liv. 7.

Vel translatione, ut ipsum illud *volaret*.

Crescit interim hyperbole, alia insuper addita; ut Cicero in Antonium dicit, *Quæ Charybdis tam vorax? Charybdin dico? quæ, si fuit, fuit animal unum: Oceanus, medius fidius, vix videtur tot res, tam dissipatas, tam distantibus in locis positas, tam cito absorbere potuisse.* Exquisitam vero figuram hujus rei deprehendisse apud principem lyricorum Pindarum videor in libro, quem inscripsit ὕμνους; is namque *Herculis impetum adversus Meropas,* qui in insula Co dicuntur habitasse, non igni, nec ventis, nec mari, sed *fulmini* dicit *similem fuisse :* ut illa minora, hoc par esset. Quod imitatus Cicero, illa composuit in Verrem: *Versabatur in Sicilia longo intervallo non Dionysius ille, nec Phalaris (tulit enim illa quondam insula multos et crudeles tyrannos) sed quoddam novum monstrum ex vetere illa immanitate, quæ in iisdem versata locis dicitur: non enim Charybdin tam infestam neque Scyllam navibus, quam istum in eodem freto fuisse arbitror.*

Nec pauciora sunt genera minuendi, *Vix ossibus hærent :* et quod Cicero in quodam joculari libello,

> Fundum Varro vocat, quem possim mittere funda :
> Ni tamen exciderit, qua cava funda patet.

Ou enfin, par métaphore, comme ce mot *volé* dans ce dernier vers.

Quelquefois l'hyperbole s'accroît encore d'une autre hyperbole. Cicéron dit, en parlant d'Antoine : *Quelle Charybde fut jamais aussi vorace que cet homme! Que dis-je, Charybde? si ce monstre a existé, ce n'était au moins qu'un animal; mais, je le demande, le vaste sein de l'Océan aurait-il pu engloutir si promptement tant de biens divers, dispersés et placés à des distances si éloignées!* Une admirable hyperbole est celle que je trouve dans Pindare, le prince des lyriques, au livre des hymnes. Voulant peindre l'impétuosité d'Hercule à fondre sur les Méropes qui habitaient, dit-on, l'île de Cos, il la compare, non pas au feu, aux vents, à la mer, mais à la foudre, comme s'il n'y avait que la foudre et rien que la foudre qui pût égaler la rapidité du héros. Cicéron a imité cette hyperbole dans ce passage contre Verrès : *Il était réservé à la Sicile de voir long-temps après, non un Denys, non un Phalaris (car on sait combien de cruels tyrans se sont jadis succédé dans cette île), mais un monstre d'une nouvelle espèce, un composé de cette ancienne férocité qu'on dit avoir autrefois infesté les mêmes lieux. Je ne crois pas, en effet, que jamais Charybde ni Scylla aient été aussi funestes aux navigateurs, que Verrès le leur a été dans ce même détroit.*

Il y a autant d'hyperboles pour amoindrir les objets. Telle est celle dont se sert Virgile pour exprimer la maigreur d'un troupeau : *vix ossibus hærent*. Telle est encore l'épigramme dans laquelle Cicéron se moque de l'étymologie que Varron donnait au mot *fundus*.

Sed hujus quoque rei servetur mensura quædam : quamvis est enim omnis *hyperbole* ultra fidem, non tamen esse debet ultra modum : nec alia via magis in κακοζηλίαν itur. Piget referre plurima hinc orta vitia, quum præsertim minime sint ignota et obscura : monere satis est, mentiri *hyperbolen*, nec ita, ut mendacio fallere velit : quo magis intuendum est, quousque deceat extollere, quod nobis non creditur : pervenit hæc res frequentissime ad risum : qui si aptus est, *urbanitatis*, sin aliter, *stultitiæ* nomen assequitur.

Est autem in usu vulgo quoque et inter eruditos, et apud rusticos : videlicet quod a natura est omnibus *augendi res*, vel *minuendi* cupiditas insita, nec quisquam vero contentus est; sed ignoscitur, quia non affirmamus. Tum est *hyperbole* virtus, quum res ipsa, de qua loquendum est, naturalem modum excessit : conceditur enim amplius dicere, quia dici, quantum est, non potest : meliusque ultra, quam citra, stat oratio : sed de hoc satis, quia cumdem locum plenius in eo libro, quo *causas corruptæ eloquentiæ* reddebamus, tractavimus.

Mais il faut une certaine mesure dans l'emploi de ce trope ; car, quoique toute hyperbole soit hors des limites du croyable, elle ne doit pas cependant être excessive, sous peine de tomber dans l'affectation et le mauvais goût. J'aurais quelque regret à signaler tous les vices qui naissent de cet excès : ils ne sont que trop connus et trop célèbres. Qu'il me suffise d'avertir que, si l'hyperbole ment, ce n'est pas à dessein de nous tromper par un mensonge, et que dès-lors il faut considérer jusqu'à quel point il est permis de surfaire quand il y a déjà tant à rabattre. Très-souvent l'hyperbole fait rire : si c'est là ce qu'on a cherché, c'est urbanité; autrement, c'est sottise.

Or pourquoi l'hyperbole est-elle si familière aux doctes comme aux ignorans, aux gens polis comme aux plus grossiers? c'est qu'il y a en nous un besoin naturel d'atténuer les objets, ou de les augmenter au gré de nos passions, et que le vrai ne peut jamais les satisfaire; mais on nous le pardonne, parce que nous n'affirmons pas. L'hyperbole est donc une beauté, lorsque la chose dont nous parlons est elle-même extraordinaire; car, en ce cas, on est autorisé à dire plus, dans l'impuissance de dire assez, et il vaut toujours mieux aller un peu au delà de la vérité que de rester en deçà. Mais en voilà suffisamment sur cet article que j'ai plus amplement traité dans l'ouvrage où j'ai développé les causes de la corruption de l'éloquence.

LIBER NONUS.

CAPUT I.

Quo differant figuræ a tropis.

Quum sit proximo libro *de tropis* dictum, sequitur pertinens ad figuras, quæ σχήματα græce vocantur, locus, ipsa rei natura conjunctus superiori: nam plerique has *tropos* esse existimaverunt, quia sive ex hoc duxerint nomen, quod sint formati quodam modo; sive ex eo, quod vertant orationem, unde et *motus* dicuntur; fatendum erit esse utrumque eorum etiam in figuris: usus quoque est idem: nam et vim rebus adjiciunt, et gratiam præstant.

Nec desunt, qui tropis *figurarum* nomen imponant; quorum est C. Artorius Proculus. Quin adeo similitudo manifesta est, ut eam discernere non sit in promptu: nam, quo modo quædam in his species plane distant, manente tamen generali illa societate, quod utraque res a recta et simplici ratione cum aliqua dicendi virtute deflectitur; ita quædam perquam tenui limite dividuntur: ut quum *ironia* tam inter figuras senten-

LIVRE NEUVIÈME.

CHAPITRE I.

En quoi les figures diffèrent des tropes.

Après avoir parlé des tropes, l'ordre des idées exige que je passe immédiatement aux figures, qui se lient naturellement à la matière du livre qui précède. La plupart des auteurs ont même pensé que les figures n'étaient que des tropes, en ce que, soit que ceux-ci tirent leur nom de ce qu'ils sont pour ainsi dire transformés, soit qu'ils le tirent du changement qu'ils opèrent dans l'oraison, d'où on les a appelés aussi *mouvemens*, il faut convenir que ces deux propriétés de transformation et de changement résident également dans les figures. Ajoutez que leur but est le même, de donner de la force ou de la grâce aux pensées.

On trouve aussi des auteurs, et entr'autres Artorius Proculus, qui donnent aux tropes le nom de *figures*. A dire vrai, leur ressemblance est telle qu'on peut aisément les confondre; car si, d'un côté, il y a quelques espèces de tropes et de figures qui diffèrent essentiellement, sauf cette conformité générale de s'éloigner du langage simple et direct par une manière de s'exprimer plus vive et plus belle; d'un autre côté, il en est certaines qui ne sont séparées que par des nuances presque insaisissables, comme l'*ironie*, qu'on trouve tantôt parmi les fi-

tiæ, quam inter *tropos* reperiatur : περίφρασιν autem, et ὑπερβατὸν, et ὀνοματοποιῖαν, clari quoque auctores *figuras* verborum potius, quam *tropos*, dixerint. Quo magis signanda est utriusque rei differentia.

Est igitur *tropus, sermo a naturali et principali significatione translatus ad aliam, ornandæ orationis gratia* : vel, ut plerique grammatici finiunt, *dictio ab eo loco, in quo propria est, translata in eum, in quo propria non est* : *figura,* sicut nomine ipso patet, *est conformatio quædam orationis, remota a communi et primum se offerente ratione.*

Quare in tropis ponuntur verba alia pro aliis, ut in μεταφορᾷ, μετωνυμίᾳ, ἀντονομασίᾳ, μεταλήψει, συνεκδοχῇ, καταχρήσει, ἀλληγορίᾳ, plerumque ὑπερβολῇ : namque et rebus fit, et verbis; ὀνοματοποιῖα fictio est nominis : ergo hoc quoque pro aliis ponitur, quibus usuri fuimus, si illud non fingeremus : περίφρασις etiamsi frequenter et id ipsum, in cujus locum assumitur, nomen complecti solet, utitur tamen pluribus pro uno : ἐπίθετον quoniam plerumque *antonomasiæ* pars est, conjunctione ejus fit *tropus* : in *hyperbato* commutatio est ordinis: ideoque multi tropis hoc genus eximunt; transfert tamen verbum, aut partem ejus a suo loco in alienum.

gures de pensées, tantôt parmi les tropes, comme encore la *périphrase*, l'*hyperbate* et l'*onomatopée*, où des rhéteurs justement célèbres ont plutôt vu des figures de diction, que de véritables tropes. Il est donc essentiel de marquer ici le caractère qui les distingue.

Le *trope* est une façon de parler que l'on détourne de sa signification naturelle et principale, pour lui en donner une autre, dans la vue d'embellir le style; ou, comme le définissent la plupart des grammairiens, c'est un mot qu'on fait passer du lieu où il a son acception propre dans un lieu où il ne l'a pas. La *figure*, ainsi que l'indique son nom, est une forme de langage éloignée de la tournure ordinaire et de celle qui se présente d'abord à l'esprit.

Ainsi, dans les tropes, ce sont des mots qu'on met à la place d'autres mots, comme dans la *métaphore*, la *métonymie*, l'*antonomase*, la *métalepse*, la *synecdoche*, la *catachrèse*, l'*allégorie*, et le plus souvent dans l'*hyperbole*; je dis le plus souvent, parce que l'hyperbole a lieu tantôt dans les choses, tantôt dans les mots. L'*onomatopée* consiste à forger un nom; c'est donc aussi un mot qu'on substitue à d'autres dont on se serait servi, si on n'eût pas imaginé celui-là. La *périphrase*, quoiqu'elle renferme ordinairement le mot même qui y donne lieu, la périphrase est un trope, puisqu'elle emploie plusieurs mots pour un. L'*épithète*, qui est d'ordinaire une espèce d'*antonomase*, ne devient trope qu'au moyen de cette union. Dans l'*hyperbate*, il n'y a qu'interversion : voilà pourquoi beaucoup de rhéteurs la retranchent du nombre des tropes; pourtant, elle transporte un mot ou partie d'un mot, de sa place véritable dans une autre.

Horum nihil in figuras cadit : nam et propriis verbis, et ordine collocatis figura fieri potest : quomodo autem *ironia* alia sit tropi, alia schematos, suo loco reddam: nomen enim fateor esse commune, et scio quam multiplicem habeant, quamque scrupulosam disputationem; sed ea non pertinet ad praesens meum propositum; nihil enim refert, quomodo appelletur utrumlibet eorum, si, quid orationi prosit, apparet : nec mutatur vocabulis sis rerum. Et, sicut homines, si aliud acceperunt, quam quod habuerant, nomen, iidem sunt tamen; ita haec, de quibus loquimur, sive *tropi*, sive *figurae* dicentur, idem efficient : non enim nominibus prosunt, sed effectibus: ut, *statum conjecturalem*, an *inficialem*, an *facti*, an *de substantia* nominemus, nihil interest, dum idem quaeri sciamus. Optimum ergo in his sequi maxime recepta, et rem ipsam, quocunque appellabitur modo, intelligere : illud tamen notandum, coire frequenter in easdem sententias et τρόπον et *figuram* : tam enim translatis verbis, quam propriis figuratur oratio.

Est autem non mediocris inter auctores dissensio, et quae vis nominis ejus, et quot genera, et quae, quam multaeque sint species : quare primum intuendum est, quid accipere debeamus *figuram* : nam duobus modis dicitur : uno, qualiscunque *forma* sententiae; sicut in

Rien de tout cela ne se rencontre dans les figures qui s'arrangent fort bien des mots propres et placés dans un ordre naturel. Je dirai en son lieu comment il se fait que l'*ironie* soit tantôt trope, tantôt figure de pensée; car j'avoue que ces deux dénominations se confondent souvent, et je sais combien de disputes et des plus vétilleuses se sont élevées à ce sujet; mais elles ne font rien au but que je me propose, et peu importe le nom qu'on donne à ces deux sortes de langage, pourvu qu'on sache à quoi elles servent dans le discours. La différence des noms ne fait rien d'ailleurs à l'essence des choses; et de même que les hommes, s'ils viennent à changer de nom, ne changent pas pour cela de nature, ainsi les locutions dont nous parlons, qu'elles soient tropes ou figures, produiront toujours les mêmes effets : or c'est par leurs effets qu'elles sont utiles, et non par leurs noms. C'est ainsi qu'il sera indifférent de dire état *conjectural* ou *négatif*, question *de fait* ou question touchant l'existence du fait, l'essentiel étant de bien connaître le point dont il s'agit. Ce qu'il y a donc de mieux à faire en tout ceci, c'est de s'en tenir à ce qui est reçu, et de bien comprendre la chose de quelque manière qu'on l'appelle. Remarquons cependant que les mêmes pensées admettent fréquemment le trope et la figure; en effet, le discours est aussi bien figuré par des expressions métaphoriques que par des termes propres.

Ce n'est pas un médiocre sujet de discussion parmi les auteurs, que de définir la valeur de ce mot *figure*, combien il y en a de genres, et en combien d'espèces ces genres se divisent. Examinons donc d'abord ce qu'on doit entendre par une figure, car cela souffre une double interprétation : ou c'est la forme, quelle qu'elle soit,

corporibus, quibus, quoquo modo sunt composita, utique habitus est aliquis : altero, quo proprie *schema* dicitur, in sensu, vel sermone aliqua a vulgari et simplici specie cum ratione mutatio, sicut nos *sedemus*, *incumbimus*, *respicimus*: itaque, quum in eosdem casus, aut tempora, aut numeros, aut etiam pedes continuo quis, aut certe nimium frequenter incurrit, praecipere solemus *variandas figuras* esse vitandae similitudinis gratia. In quo ita loquimur, tamquam omnis sermo habeat figuram : itemque *eadem figura* dici *cursitare*, qua *lectitare*, id est, eadem ratione declinari.

Quare illo intellectu priore et communi nihil non figuratum est : quo si contenti sumus, non immerito Apollodorus, si tradenti Caecilio credimus, incomprehensibilia partis hujus praecepta existimarit. Sed, si habitus quidam, et quasi gestus sic appellandi sunt, id demum hoc loco accipi *schema* oportebit, quod sit a simplici atque in promptu posito dicendi modo poetice, vel oratorie mutatum : sic enim verum erit, aliam esse orationem ἀσχημάτιστο, id est, carentem figuris, quod vitium non inter minima est; aliam ἐσχηματισμένην, id est, *figuratam*.

Id ipsum tamen anguste Zoilus terminavit, qui id solum putaverit *schema*, quo aliud simulatur dici, quam dicitur : quod sane vulgo quoque sic accipi scio : unde

qu'on donne à une pensée, comme les corps ont une attitude, un maintien différens, suivant la manière dont ils sont posés; ou bien, et c'est là proprement ce qu'on appelle *figure*, cela se dit d'un changement qu'on fait à dessein, soit dans le sens, soit dans les mots, en s'écartant de la voie ordinaire et simple, à peu près comme nous varions nos postures, tantôt assis, tantôt couchés, tantôt la tête en arrière, etc. Voilà pourquoi quand un orateur emploie toujours ou trop souvent les mêmes cas, les mêmes temps, les mêmes périodes ou les mêmes cadences, nous lui recommandons de varier ses figures pour éviter l'uniformité. Or, parler ainsi, c'est reconnaître que tout langage a sa figure, qui lui est propre, comme on dit que *cursitare* et *lectitare* sont la même figure, c'et-à-dire qu'ils sont une déviation du même genre.

Il résulte donc de la première définition, prise dans un sens général, que tout est figuré, et si l'on se contentait de cette définition, Apollodore serait fondé à croire, comme nous l'apprend Cécilius, que cette matière est impossible à renfermer dans des préceptes. Mais si l'on ne doit appeler *figure* que cette manière de s'exprimer qui donne une attitude et, pour ainsi dire, des gestes au langage, il faudra reconnaître qu'elle consiste éminemment dans un tour oratoire ou poétique qui relève les pensées les plus simples et les plus communes; et dèslors il sera vrai de dire qu'il y a deux sortes d'oraisons, l'une, dénuée de figures, ἀσχημάτιστον, ce qui n'est pas un léger défaut, et l'autre, figurée, ἐσχηματισμένην.

Zoïle restreint beaucoup trop cette qualité, puisque, selon lui, il n'y a véritablement figure que lorsqu'on dit une chose et que l'on en donne à entendre une autre; ce qui, je l'avoue, se prend aussi dans cette signification

et *figuratæ controversiæ* quædam, de quibus paulo post dicam, vocantur : ergo figura sit *arte aliqua novata forma dicendi.*

Genus ejus unum quidam putaverunt, in hoc ipso diversas opiniones secuti : nam hi, quia verborum mutatio sensus quoque verteret, omnes figuras in verbis esse dixerunt : illi, quia verba rebus accommodarentur, omnes in sensibus : quarum utraque manifesta cavillatio est. Nam, et eadem dici solent aliter atque aliter manetque sensus elocutione mutata : et figura sententiæ plures habere verborum figuras potest : illa est enim posita in concipienda cogitatione, hæc in enuncianda; sed frequentissime coeunt : ut in hoc, *Jamjam, Dolabella, neque me tui, neque tuorum liberum* : nam oratio a judice aversa, in sententia : *jamjam* et *liberum*, in verbis sunt schemata.

Inter plurimos enim, quod sciam, consensum est, duas ejus esse partes, διανοίας, id est, *mentis*, vel *sensus*, vel *sententiarum;* nam his omnibus modis dictum est : et λέξεως, id est, *verborum*, vel *dictionis*, vel *elocutionis*, vel *sermonis*, vel *orationis;* nam et variatur, et nihil refert. Cornelius tamen Celsus adjicit verbis et sententiis *figuras colorum*, nimia profecto novitatis cupi-

delà ces *controverses figurées* dont j'aurai bientôt occasion de parler. Pour moi, je définis la figure, *une forme de langage neuve et hardie qui tient à une combinaison de l'art.*

Quelques rhéteurs pensent qu'il n'y a qu'un genre de figures, et à cet égard ils émettent des opinions diverses, car ceux-ci, parce que le changement dans les mots en entraîne dans le sens, veulent que les figures soient dans les mots, et ceux-là, parce que les mots ne font que se plier aux pensées, n'admettent les figures que dans le sens. C'est évidemment de part et d'autre pure subtilité. En effet, la même idée pouvant s'exprimer de bien des manières différentes, et le sens restant le même, quoique l'élocution soit changée, il s'ensuit qu'une seule figure de pensée peut revêtir plusieurs figures de diction; car l'une réside dans la conception de la pensée elle-même, et les autres dans la façon de l'énoncer. Souvent même ces deux genres se trouvent réunis, comme dans ce passage : *non, non, Dolabella, personne n'aura pitié de vous ni de vos enfans.* Cette phrase, qui n'est point adressée au juge, est une apostrophe ou figure de pensée, et cette répétition *non, non,* est une figure de diction.

Le plus grand nombre des auteurs convient donc qu'il y a deux sortes de figures; les unes, qu'on appelle figures d'*esprit* ou de *sens* ou de *pensée*, διανοίας, car on leur donne indifféremment ces noms; et les autres, figures de *mot*, de *diction*, d'*élocution*, de *langage* ou de *discours*, λέξεως, toutes dénominations variées qui, au fond, importent peu. Cependant Cornelius Celsus ajoute aux mots et aux pensées *les figures de couleurs*; et en cela il ne cède qu'à la démangeaison de faire du nouveau : car

ditate ductus : nam quis ignorasse eruditum alioqui virum credat, colores et sententias sensus esse?

Quare, sicut omnem orationem, ita figuras quoque versari necesse est in sensu, et in verbis. Ut vero natura prius est, concipere animo res, quam enunciare; ita de iis figuris ante est loquendum, quæ ad mentem pertinent : quarum quidem utilitas quum magna, tum multiplex, in nullo non orationis opere vel clarissime lucet : nam, etsi minime videtur pertinere ad *probationem*, qua figura quidque dicatur, facit tamen credibilia, quæ dicimus, et in animos judicum, qua non observatur, irrepit. Namque, ut in armorum certamine adversos ictus, et rectas ac simplices manus quum videre, tum etiam cavere ac propulsare facile est; aversæ tectæque minus sunt observabiles; et aliud ostendisse, quam petas, artis est : sic oratio, quæ astu caret, pondere modo et impulsu prœliatur; simulanti, variantique conatus, in latera atque in terga incurrere datur, et arma avocare, et velut nutu fallere. Jam vero affectus nihil magis ducit : nam si frons, oculi, manus multum ad motum animorum valent, quanto plus orationis ipsius vultus ad id, quod efficere tendimus, compositus? plurimum tamen ad commendationem facit, sive in conciliandis agentis moribus, sive ad promerendum actioni

peut-on croire qu'un homme aussi instruit d'ailleurs ait ignoré que les *couleurs* et les *pensées* constituent ce qui s'appelle le *sens?*

Les figures donc, ainsi que toute espèce de discours, s'exercent nécessairement sur les pensées et sur les mots. Or, comme il est naturel de concevoir les choses avant que de les exprimer, il convient de parler d'abord des figures qui appartiennent à la pensée, et dont l'utilité si grande, si variée, jette tant d'éclat sur tous les genres d'éloquence. Car bien qu'il paraisse peu intéressant dans certaines parties d'un plaidoyer, pour la preuve par exemple, que ce qu'on dit soit ou non figuré, toujours est-il que les figures donnent plus de créance à nos assertions et se glissent dans l'esprit des juges, si elles sont habilement dissimulées. En effet, comme dans un combat singulier les coups francs et directs, en même temps qu'ils sont faciles à juger, sont par là même plus aisés à esquiver ou à repousser, tandis que des attaques insidieuses et couvertes sont plus difficiles à prévoir; qu'enfin l'adresse consiste à donner le change sur les coups qu'on veut porter : ainsi, dans un discours qui manque d'art, l'orateur est réduit à combattre de tout son poids, de toute son impétuosité, au lieu que celui qui sait feindre et varier ses efforts, harcelle son adversaire tantôt sur les flancs, tantôt en arrière, et le forçant à se défendre sur un point, le prend au dépourvu sur un autre. Qu'y a-t-il aussi qui agisse avec plus d'empire sur les passions? Si les yeux, le visage, le geste contribuent plus ou moins à nous émouvoir, que ne fera pas la physionomie même du discours, quand elle sera arrangée pour l'effet que nous voulons produire? Les figures sont encore d'une

favorem, sive ad levandum varietate fastidium, sive ad quaedam vel decentius indicanda, vel tutius.

Sed antequam, quae cuique rei figura conveniat, ostendo, dicendum est, nequaquam eas esse tam multas, quam sint a quibusdam constitutae; neque enim me movent nomina illa, quae fingere utique Graecis promptissimum est. Ante omnia igitur illi, qui totidem *figuras* putant, quot *affectus*, repudiandi; non quia *affectus* non sit quaedam qualitas mentis: sed quia *figura*, quam non communiter, sed proprie nominamus, non sit simplex rei cujuscunque enunciatio: quapropter in dicendo *irasci, dolere, misereri, timere, confidere, contemnere*, non sunt figurae: non magis, quam *suadere, minari, rogare, excusare*. Sed fallit parum intuentes, quod inveniunt in omnibus his locis figuras, et earum exempla ex orationibus excerpunt: neque enim pars ulla dicendi est, quae non recipere eas possit; sed aliud est admittere *figuram*, aliud *figuram* esse; neque enim verebor explicandae rei gratia frequentiorem ejusdem nominis repetitionem. Quare dabunt mihi aliquam in *irascente, deprecante, miserante* figuram, scio: sed non ideo *irasci, misereri, deprecari*, figura erit.

grande recommandation, soit pour donner une idée avantageuse de l'orateur, soit pour prévenir en faveur de la cause, soit pour distraire l'auditoire par une agréable variété, soit enfin pour aborder certains détails avec plus de décence, et sans blesser personne.

Mais avant de faire voir quelles figures conviennent à chaque chose, hâtons-nous de dire qu'elles ne sont pas aussi nombreuses que quelques-uns l'ont voulu établir. Tous ces noms que la prodigieuse facilité des Grecs leur a fait inventer, ne m'imposent pas. Et d'abord, je répudie formellement ceux qui veulent qu'il y ait autant de *figures* que de manières d'être affecté, non qu'une affection quelconque ne soit une certaine modification de l'âme, mais parce que ce qu'on appelle proprement figure, et ce mot ne doit pas être pris ici dans un sens général, ne se borne pas à la simple expression d'un sentiment. Ainsi, témoigner de la colère, de la douleur, de la compassion, de la crainte, de la confiance, du mépris, tout cela peut n'être pas plus figuré, que persuader, menacer, prier, s'excuser. Ce qui trompe ceux qui n'y regardent pas de si près, c'est qu'ils voyent dans tous ces sentimens des figures, et qu'ils en vont chercher des exemples chez les orateurs : or, il n'est pas un seul endroit dans un discours qui ne soit susceptible de figure : mais autre chose est d'admettre une figure, ou d'être figure, car je ne crains point de répéter le même mot à satiété pour mieux me faire comprendre. On me dira qu'il y a toujours quelque figure dans le langage d'un homme qui est en colère, qui supplie, qui est touché d'une véritable pitié, je le sais; mais s'en suit-il que la colère, la supplication, la pitié, soient par elles-mêmes des figures?

Cicero quidem omnia orationis lumina in hunc locum congerit, mediam quamdam, ut arbitror, secutus viam; ut neque omnis sermo *schema* judicaretur, neque ea sola, quæ haberent aliquam remotam ab usu communi fictionem : sed quæ essent clarissima, et ad movendum auditorem valerent plurimum : quem duobus ab eo libris tractatum locum ad litteram subjeci, ne fraudarem legentes judicio maximi auctoris.

In tertio de *Oratore* ita scriptum est : *In perpetua autem oratione, quum et conjunctionis lenitatem, et numerorum, quam dixi, rationem tenuerimus, tum est quasi luminibus distinguenda et frequentanda omnis oratio sententiarum atque verborum. Nam et* commoratio *una in re permultum movet, et illustris* explanatio, *rerumque, quasi gerantur, sub aspectum pæne subjectio : quæ et in exponenda re plurimum valet, et ad illustrandum id, quod exponitur, et ad amplificandum ; ut iis, qui audient, illud, quod augebimus, quantum efficere oratio poterit, tantum esse videatur : et huic contraria sæpe* percursio *est : et ad plus intelligendum, quam dixeris,* significatio : *et distincte concisa brevitas, et* extenuatio : *et huic adjuncta* illusio, *a præceptis Cæsaris non abhorrens : et ab re* digressio ; *in qua quum fuerit delectatio, tum reditus ad rem aptus*

Cicéron, sur ce sujet, a fait une savante accumulation de toutes les qualités qui peuvent relever et embellir un discours, et il tient à mon sens un juste milieu; car s'il n'admet pas que toute forme de langage soit figurée, il n'admet pas non plus que ce qui s'éloigne plus ou moins de la manière usuelle de s'exprimer, soit par cela seul une figure. Il n'en reconnaît le caractère qu'à ces traits brillans et hardis dont le propre est de frapper vivement l'auditeur. Cette doctrine est développée dans deux endroits que je transcris ici littéralement, pour ne pas frustrer mes lecteurs du jugement d'un si grand maître.

Voici ce qu'il dit au troisième livre de son traité *de Oratore* : « Dans le discours suivi, ce n'est pas assez de flatter l'oreille par la douceur des liaisons et cette cadence harmonieuse dont j'ai parlé, il faut encore enrichir et varier son style, en y semant çà et là, comme autant de points lumineux, mille figures de pensées et d'expressions. Tantôt, c'est avec une question *unique*, mais vitale, sur laquelle il *s'arrête et insiste* à dessein, que l'orateur produit le plus grand effet. Tantôt il *explique*, il *développe* les choses avec tant d'évidence, qu'il les met pour ainsi dire sous les yeux, moyen non moins puissant pour exposer un fait que pour y jeter une vive lumière, et pour l'amplifier de telle sorte qu'il apparaisse dans les proportions qu'on veut lui donner. Souvent, par un procédé contraire, c'est *en courant* qu'il effleure tout; ici, il *donne à entendre* plus qu'il ne dit, ou se retranche dans une *brièveté* concise, mais nette; là, *il amoindrit* les objets, sorte de figure voisine de cette *raillerie* qui est assez, comme vous l'avez vu, du goût de César. Tantôt, sortant de son sujet par une *digression* piquante, il y rentre adroitement et sans effort. Tantôt, à l'aide de

et concinnus esse debebit : propositioque, *quid sis dicturus : et ab eo, quod est dictum,* sejunctio : *et* reditus *ad propositum : et* iteratio : *et rationis apta* conclusio : *tum augendi, minuendive causa veritatis* superlatio, *atque* trajectio : *et* rogatio, *atque huic finitima quasi* percunctatio : expositioque *sententiæ suæ.*

Tum illa, quæ maxime quasi irrepit in hominum mentes, alia dicentis ac significantis dissimulatio : *quæ est perjucunda, quum in oratione, non contentione, sed sermone tractatur :* deinde dubitatio, *tum* distributio, *tum* correctio, *vel ante, vel postquam dixeris, vel quum aliquid a te ipso rejicias :* præmunitio *etiam est ad id, quod aggrediare : et* rejectio *in alium :* communicatio, *quæ est quasi cum iis ipsis, apud quos dicas,* deliberatio *: morum ac vitæ* imitatio, *vel in personis, vel sine illis, magnum quoddam ornamentum orationis, et aptum ad animos conciliandos vel maxime, sæpe autem etiam ad commovendos :* personarum ficta inductio, *vel gravissimum lumen augendi :* descriptio, *erroris* inductio, *ad hilaritatem* impulsio, anteoccupatio *: tum duo illa, quæ maxime movent,* similitudo, *et* exemplum *:* digestio, interpellatio, contentio, reticentia, commendatio. *Vox quædam libera, atque etiam*

la *proposition*, il énumère les divers chefs qu'il va traiter, ou par une espèce de *transition*, il annonce qu'ayant épuisé tel point, il va passer à tel autre; après quoi il *revient à l'objet essentiel*, reprend ses argumens et déduit ses conséquences. Quelquefois, pour augmenter ou diminuer l'importance des griefs, il va *au delà* de la vérité, ou *passe à travers*; quelquefois il *presse* son adversaire de *questions*, ou bien, ce qui s'en rapproche, il le *sonde*, il le harcelle pour lui faire dire son sentiment, et avoir occasion ensuite d'exposer le sien.

« Combien d'autres figures encore ! L'*ironie*, qui, en flattant la malignité, s'empare si facilement de l'esprit des hommes, et qui donne à nos paroles un tout autre sens que celui qu'elles ont naturellement : figure qui a tant de grâce quand elle est traitée, non d'une manière sérieuse, mais familièrement et sans prétention; ensuite la *suspension*, la *distribution*; la *rétractation*, qui sert de correctif à ce que nous avons dit ou à ce que nous voulons dire, ou qui tend à écarter un reproche qu'on voudrait nous faire; la *préparation* qui nous conduit sans secousse au but que nous voulons atteindre; la *récrimination* au moyen de laquelle nous *rejetons sur autrui* ce qu'on nous imputait à nous-mêmes; la *communication* qui nous fait, en quelque sorte, délibérer avec ceux devant qui nous parlons; l'*éthopée* ou imitation des mœurs et de la vie humaine, avec ou sans acception de personnes, ce qui n'est pas un médiocre ornement dans un discours et qui contribue tant à gagner les esprits, souvent même à toucher les cœurs; la *prosopopée* qui met fictivement des personnages en scène, et fait briller l'amplification dans tout son jour; la *description* qui éclaircit, *l'ambiguïté*

effrenatior, augendi causa : iracundia, objurgatio, promissio, deprecatio, obsecratio, declinatio *brevis a proposito, non ut superior illa* digressio, purgatio, conciliatio, læsio, optatio, *atque* exsecratio. *His fere luminibus illustrant orationem sententiæ.*

Orationis autem ipsius, tamquam armorum, est vel ad usum comminatio *et quasi* petitio, *vel ad venustatem ipsa* tractatio : *nam et* geminatio *verborum habet interdum vim, leporem alias : et paululum immutatum verbum atque deflexum : et ejusdem verbi crebra tum a primo* repetitio, *tum in extremum* conversio, *et in eadem verba* impetus, *et* concursio, *et* adjunctio, *et* progressio : *et ejusdem verbi crebrius positi quædam* distinctio, *et* revocatio *verbi : et illa, quæ* similiter desinunt, *aut quæ* cadunt similiter, *aut quæ* paribus paria referuntur, *aut quæ sunt inter se* similia. *Est etiam* gradatio *quædam, et* conversio, *et verborum concinna* transgressio, *et* contrarium, *et* dissolutum, *et* declinatio, *et* reprehensio, *et* exclamatio, *et* imminutio : *et quod in multis casibus* ponitur, *et quod de singulis rebus pro-*

qui embrouille à dessein pour induire en erreur; l'*hilarité*, dont l'effet est si contagieux; l'*anticipation*, qui prévient les objections; et ces deux figures, si vives, si frappantes, la *similitude* et l'*exemple*. Ajoutons à tout cela la *partition*, l'*interpellation*, la *dispute*, la *réticence*, la *recommandation*, puis certaine manière de s'exprimer libre et hardie, quand on veut aggraver un crime; l'*emportement*, les *reproches*, les *promesses*, les *refus*, les *prières*, la *déviation momentanée* de son sujet, autre toutefois que la digression dont j'ai parlé plus haut; enfin, les *excuses*, la *conciliation*, les *offenses*, les *vœux*, les *malédictions*. Voilà à peu près toutes les figures de pensées qui jettent de l'éclat sur un discours.

« Quant aux figures de diction, il en est comme des armes qu'on revêt, soit pour braver et en quelque sorte provoquer son ennemi, soit seulement à titre de parure. Ainsi le *redoublement* des mots (l'anadiplose) donne quelquefois de l'énergie à la pensée, quelquefois il lui donne de la grâce. On en peut dire autant de la figure qui consiste à faire un *léger changement* dans un mot pour en créer un autre qui lui fasse allusion (la paronomase); de celle qui *ramène le même mot au commencement* de chaque incise (l'épibole) ou à la fin (l'épiphore); de celle qui le répète dans divers sens (la symploque); de celle qui accole les mots par *adjonction*, ou les échelonne par *progression*. C'est aussi un des artifices de la composition que l'emploi du même mot avec quelque variété, ou son retour fréquent; c'en est un que de ramener à l'oreille la même *désinence* ou la même *inflexion grammaticale*; de faire jouer des mots entre eux par *corrélation* ou par *consonance*. Il en est de même de la *gradation*, de la *conversion* (ou antimétabole), de

positis ductum refertur ad singula, et *ad propositum* subjecta ratio, *et item in distributis* supposita ratio : *et* permissio, *et rursus alia* dubitatio, *et* improvisum *quiddam : et* dinumeratio, *et alia* correctio, *et* dissipatio, *et* continuatum, *et* interruptum, *et* imago, *et sibi ipsi* responsio, *et* immutatio, *et* disjunctio, *et* ordo, *et* relatio, *et* digressio, *et* circumscriptio. *Hæc enim sunt fere, atque horum similia, vel plura etiam esse possunt, quæ sententiis orationem verborumque conformationibus illuminent.*

Eadem sunt in oratore plurima, non omnia tamen, et paulo magis distincta : quia post orationis et sententiarum figuras tertium quemdam subjecit locum, ad alias, ut ipse ait, quasi virtutes dicendi pertinentem. « Et reliqua, ex collocatione verborum quæ sumuntur
« quasi lumina, magnum afferunt ornatum orationi:
« sunt enim similia illis, quæ in amplo ornatu scenæ, aut
« fori appellantur *insignia,* non quod sola ornent, sed
« quod excellant. Eadem ratio est horum, quæ sunt *ora-*
« *tionis lumina,* et quodam modo *insignia :* quum aut

l'*hyperbate* qui dérange avec grâce l'ordre naturel, de l'*antithèse*, du retranchement des conjonctions ou *asyndète*, des *dérivés*, de la *répréhension*, des *exclamations*, des *diminutifs*, des *polyptotes* (quand on emploie le même nom à divers cas), des phrases où les mots du dernier membre répondent à chaque mot du premier; de l'*étiologie* qui joint la preuve à une proposition; de la *prosapodose*, où série de propositions avec leurs preuves; de la *permission*, de l'*hésitation*, en tant qu'elle tombe sur le choix des mots; de ces expressions qui frappent l'auditeur par quelque chose d'imprévu; de l'*énumération*, de la *correction* (quand on a l'air de se reprendre sur un mot), de la *profusion*, de la phrase *continue*, de la *parenthèse* et de l'*ellipse*, des mots qui font *image*, de la *réponse* que l'orateur se fait à lui-même, du changement ou *hypallage*, de la *disjonction*, de l'*ordre*, de la *relation*, de la *digression*, de la *définition*. Car telles sont, ou à peu près, avec quelques autres semblables, les figures de diction qui animent le style : peut-être même en pourrait-on trouver davantage. »

Cicéron reproduit la plupart de ces principes dans le livre intitulé *Orator;* et, sans les rappeler tous, il les distingue un peu plus, car après avoir parlé des figures de diction et de pensée, il aborde comme un troisième sujet qui appartient, dit-il, aux autres perfections de l'éloquence. Écoutons-le. « L'orateur doit tirer aussi parti de l'arrangement des mots pour en faire jaillir ces vives clartés qui répandent tant d'ornement sur le discours et qu'on ne peut comparer qu'à ces décorations extraordinaires de la scène ou du forum, décorations qui frappent les regards, non parce qu'elles sont les seuls ornemens de ces lieux, mais parce qu'elles en sont l'ornement

« duplicantur iteranturque verba, aut breviter commuta-
« ta ponuntur; aut ab eodem verbo ducitur sæpius oratio,
« aut in idem conjicitur, aut utrumque; aut adjungitur
« idem iteratum, aut idem ad extremum refertur; aut con-
« tinenter unum verbum non in eadem sententia ponitur;
« aut quum similiter vel cadunt verba, vel desinunt; aut
« multis modis contrariis relata contraria; aut quum gra-
« datim sursum versus reditur; aut quum demptis con-
« junctionibus dissolute plura dicuntur; aut quum aliquid
« prætereuntes, cur id faciamus, ostendimus; aut quum
« corrigimus nosmet ipsos, quasi reprehendentes; aut si
« est aliqua exclamatio vel admirationis, vel conquestio-
« nis; aut quum ejusdem nominis casus sæpius commu-
« tantur.

« Sententiarum ornamenta majora sunt : quibus quia
« frequentissime Demosthenes utitur, sunt qui putent,
« iccirco ejus eloquentiam maxime esse laudabilem : enim-
« vero nullus fere ab eo locus sine quadam conformatio-
« ne sententiæ dicitur; nec aliud quidquam est dicere,
« nisi omnes, aut certe plerasque aliqua specie illuminare
« sententias. Quas quum tu optime, Brute, teneas, quid

le plus remarquable. N'est-ce pas l'effet que produisent ces figures qui sont les lumières et en quelque sorte les décorations du discours, lorsque nous redoublons ou répétons les mêmes termes, ou que, par un léger changement, nous en détournons la signification? lorsque le même mot ouvre des périodes qui se suivent, ou lorsqu'il les termine, ou lorsqu'il les ouvre et les termine à la fois? lorsque nous redisons de suite le même mot ou que nous le ramenons à la fin de la phrase, ou que nous l'employons plusieurs fois, mais avec des intentions différentes? lorsque nous frappons l'oreille des mêmes chutes ou des mêmes désinences, ou que les contraires sont diversement opposés aux contraires? lorsque, résumant ce que nous avons dit plus haut, nous nous élevons par degrés, ou que, supprimant les conjonctions, nous marchons rapidement vers notre but? lorsque, feignant d'omettre certains détails, nous donnons un motif plausible à cette omission? ou lorsque nous nous reprenons, comme pour nous censurer nous-mêmes? ou lorsque nous nous livrons à quelque exclamation de surprise ou de plainte, ou qu'enfin, pour rendre notre pensée plus piquante, nous employons le même nom à divers cas?

« Mais les figures de pensées ont encore un bien autre éclat; aussi est-ce au fréquent usage qu'en a fait Démosthène, que plusieurs attribuent la supériorité de son éloquence. En effet, il n'y a peut-être pas un seul endroit dans cet orateur où il ne donne une forme pittoresque à la pensée; et qu'est-ce que parler éloquemment, sinon l'art de répandre la lumière sur toutes ses pensées ou du moins sur le plus grand nombre? Je me dispenserai de vous citer des noms ou des exemples de

« attinet nominibus uti, aut exemplis? tantummodo note-
« tur locus.

« Sic igitur dicet ille, quem expetimus, ut verset sæ-
« pe multis modis eamdem et unam rem, et hæreat in
« eadem commoreturque sententia. Sæpe etiam ut exte-
« nuet aliquid; sæpe ut irrideat; ut declinet a proposito,
« deflectatque sententiam; ut proponat, quid dicturus sit;
« ut, quum transegerit jam aliquid, definiat; ut se ipse
« revocet; ut, quod dixit, iteret; ut argumentum ratione
« concludat; ut interrogando urgeat; ut rursus quasi ad
« interrogata sibi ipse respondeat; ut contra ac dicat,
« accipi et sentiri velit; ut addubitet, quid potius, aut
« quo modo dicat.

« Ut dividat in partes; ut aliquid relinquat, ac negli-
« gat; ut ante præmuniat; ut in eo ipso, in quo repre-
« hendatur, culpam in adversarium conferat; ut sæpe cum
« iis, qui audiunt, nonnunquam etiam cum adversario
« quasi deliberet.

« Ut hominum mores sermonesque describat; ut muta
« quædam loquentia inducat; ut ab eo, quod agitur, aver-
« tat animos; ut sæpe in hilaritatem, risumve convertat;
« ut ante occupet, quod videat opponi; ut comparet si-
« militudines; ut utatur exemplis : ut aliud alii tribuens
« dispertiat; ut interpellatorem coerceat; ut aliquid reti-

ces figures, à vous, Brutus, qui les connaissez si bien :
il suffira d'en marquer la place.

« L'orateur donc que nous cherchons aura l'art de
présenter un seul et même objet sous plusieurs faces,
et saura, au besoin, s'arrêter et insister sur une pensée
unique; souvent il atténuera certaines choses, souvent
il les tournera en plaisanterie; tantôt il s'écartera un
peu de son sujet, tantôt il donnera le change sur
ses véritables sentimens; ici, il annoncera les points
qu'il doit traiter; là, après être tombé d'accord sur un
fait, il le définira; il reviendra à propos sur ses pas,
pour répéter ce qu'il aura dit, et s'attachera à conclure
avec méthode; il sera pressant dans ses interrogations,
et se fera des questions pour y répondre; quelquefois,
il fera deviner ou entendre le contraire de ce qu'il dira;
quelquefois, il hésitera sur ce qu'il doit aborder de préférence ou sur la manière de l'exprimer.

« Il divisera bien son sujet, et saura à dessein abandonner ou négliger certaines questions; il préparera les
esprits sur les points délicats de la cause, et fera retomber les griefs qu'on lui imputera, sur son adversaire; il
entrera, pour ainsi dire, en délibération avec les juges
et même avec sa partie adverse.

« Je veux qu'il sache faire agir et parler les personnes, qu'il donne une voix aux choses inanimées;
qu'il distraie le juge de la question principale du procès, qu'il excite son hilarité, que même il le provoque à rire; je veux qu'il s'empare des objections pour
les affaiblir, qu'il saisisse des similitudes, qu'il s'appuye
sur des exemples; qu'il classe et distribue avec intelligence toutes les parties du plaidoyer; qu'il réprime avec

« cere se dicat; ut denunciet, quid caveat; ut liberius
« quid audeat; ut irascatur etiam; ut objurget aliquando;
« ut deprecetur; ut supplicet; ut medeatur; ut a pro-
« posito declinet aliquantulum; ut optet; ut exsecretur;
« ut fiat iis, apud quos dicet, familiaris.'

«Atque alias etiam dicendi quasi virtutes sequatur;
« brevitatem, si res petet : sæpe etiam rem dicendo sub-
« jiciet oculis, sæpe supra feret, quam fieri possit; si-
« gnificatio sæpe erit major, quam oratio; sæpe hilaritas,
« sæpe vitæ naturarumque imitatio.

« Hoc in genere (nam quasi silvam vides) omnis elu-
« ceat oportet eloquentiæ magnitudo. »

CAPUT II.

De figuris sententiarum.

Ergo cui latius complecti conformationes verborum ac sententiarum placuerit, habet, quod sequatur; nec affirmare ausim, quidquam esse melius; sed hæc ad propositi mei rationem legat : nam mihi de his sententiarum figuris dicere in animo est, quæ ab illo simplici

vigueur les interruptions ; qu'il avertisse qu'il a ses raisons pour ne pas tout dire ; qu'il dénonce à l'avance ce dont on devra se défier. Je veux que l'orateur parle quelquefois avec hardiesse, qu'il s'emporte même et aille jusqu'aux reproches ; mais, en revanche, je veux qu'il sache aussi recourir à la prière et aux supplications, trouver des palliatifs, se détourner un peu du but qu'il s'était d'abord proposé, tantôt former des vœux, tantôt faire des imprécations, et surtout se mettre bien avec ceux qui l'écoutent.

« Il est encore d'autres perfections auxquelles il devra s'attacher. Concis, serré, si son sujet l'exige, souvent il développera les choses avec tant d'évidence qu'il les mettra, pour ainsi dire, sous les yeux ; une autre fois, il les exagèrera au delà du possible, ou bien ses paroles donneront à entendre plus qu'elles ne diront réellement ; il répandra la gaîté sur ses discours, peindra les mœurs et les caractères, et fera des tableaux de la vie humaine.

« Voilà l'immense carrière ouverte à l'éloquence pour faire briller toute sa grandeur ! »

CHAPITRE II.

Des figures de pensées.

Celui donc qui voudra étudier avec détail toutes les formes dont les mots et les pensées sont susceptibles, peut suivre les leçons que je viens de transcrire. Je n'oserais affirmer qu'il y en ait de meilleures : en tout cas, on fera bien de les lire, ne fût-ce que pour mieux se rendre raison de mon plan, ayant l'intention

modo indicandi recedunt : quod idem multis doctissimis viris video placuisse. Omnia tamen illa, etiam quæ sunt alterius modi lumina, adeo sunt virtutes orationis, ut sine iis nulla intelligi fere possit oratio : nam quomodo judex doceri potest, si desit illustris *explanatio, propositio, promissio, finitio, sejunctio, expositio sententiæ suæ, rationis apta conclusio, præmunitio, similitudo, exemplum, digestio, distributio, interpellatio, interpellantis coercitio, contentio, purgatio, læsio?*

Quid vero agit omnino eloquentia, detractis amplificandi minuendique rationibus? quarum prior desiderat illam *plus quam dixeris significationem*, id est, ἔμφασιν, et *superlationem veritatis*, et *trajectionem:* hæc altera *extenuationem, deprecationemque* : qui affectus erunt vel concitati detracta *voce libera, effrenatiore iracundia, objurgatione, optatione, exsecratione?* vel illi mitiores, nisi adjuvantur *commendatione, conciliatione, ad hilaritatem impulsione?*

Quæ delectatio, aut quod mediocriter saltem docti

de ne parler des figures de pensées, qu'en tant qu'elles s'éloignent de la manière ordinaire et directe de présenter les choses : doctrine qui me paraît réunir le plus de suffrages parmi les doctes. Car, à l'égard de toutes ces figures ou beautés d'une autre espèce qu'énumère Cicéron, je les considère comme des qualités tellement inhérentes au discours, que, sans elles, je ne concevrais pas même un plaidoyer possible. En effet, comment instruire le juge, sans au préalable lui exposer clairement le fait; sans mettre en avant ses propositions; sans promettre des preuves, sans définir ce qui est litigieux, sans séparer les points de la discussion, sans exposer son sentiment, sans tirer habilement ses conclusions; sans préparer l'esprit du juge à certaines questions; sans recourir à des rapprochemens, à des exemples; sans mettre de l'ordre et de la méthode dans la distribution de ses moyens ; sans interpeller quelquefois son adversaire, ou sans réprimer ses interruptions; sans discuter, sans chercher à se justifier, sans blesser même sa partie adverse?

Quel effet produirait l'éloquence, si on lui ôtait la faculté d'amplifier les objets ou de les atténuer? Or, amplifier, c'est faire entendre plus qu'on ne dit, ce qui est le propre de l'emphase; c'est aller au delà de la vérité, ce qui est le propre de l'hyperbole: atténuer, c'est adoucir, pallier, excuser. Où seront les mouvemens pathétiques d'un plaidoyer, si l'on en exclut la hardiesse, la colère, les reproches, les vœux, les imprécations ? Où seront les sentimens doux et modérés, si l'on ne sait ni gagner l'estime des juges, ni se concilier leur faveur, ni les dérider au besoin?

Comment l'orateur parviendra-t-il à plaire, à donner

hominis indicium, nisi alia *repetitione*, alia *commoratione* infigere; *digredi a re*, et *redire ad propositum* suum scierit; *removere a se, in alium trajicere;* quæ *relinquenda,* quæ *contemnenda* sint, judicare? Motus est in his orationis atque actus; quibus detractis jacet, et velut agitante corpus spiritu caret. Quæ quum adesse debent, tum disponenda atque varianda sunt, ut auditorem, quod in fidibus fieri videmus, omni sono mulceant.

Verum ea plerumque recta sunt, nec se fingunt, et confitentur : admittunt autem, ut dixi, *figuras;* quod vel ex proxima doceri potest. Quid enim tam commune, quam *interrogare,* vel *percunctari?* nam utroque utimur indifferenter, quamquam alterum noscendi, alterum arguendi gratia videtur adhiberi : at ea res, utrocunque dicitur modo, etiam multiplex habet schema.

Incipiamus enim ab iis, quibus acrior ac vehementior fit probatio, quod primo loco posuimus. Simplex est sic rogare,

> Sed vos qui tandem? quibus aut venistis ab oris?

Figuratum autem, quoties non sciscitandi gratia assu-

au moins une idée même médiocre de son talent, si, pour mieux faire entendre et goûter certaines choses, il ne sait les répéter à propos, ou s'y arrêter long-temps; s'il ignore l'art de faire une digression utile et de rentrer dans son sujet; s'il manque de cette adresse qui consiste à éloigner de soi l'odieux d'une cause pour le rejeter sur autrui; s'il ne juge quels sont les points qu'il doit abandonner, quels sont ceux qu'il doit mépriser? Voilà tout ce qui donne du mouvement et de l'action à un plaidoyer: ôtez cela, ce n'est plus rien, ou ce n'est plus qu'un corps sans âme. Mais il ne suffit pas encore que toutes ces qualités s'y trouvent; il faut qu'elles soient disposées et variées de telle sorte, qu'elles charment l'oreille, comme les sons d'un instrument bien accordé.

Mais la plupart des choses qui entrent dans un discours sont simples et naturelles par elles-mêmes, sans artifice qui les déguise; cependant, comme je l'ai dit, elles admettent un tour figuré, ainsi qu'on en pourra juger par les exemples qui suivent. Quoi de plus ordinaire que d'*interroger* ou de *questionner?* Remarquons, en passant, que l'on se sert indifféremment de ces deux termes, quoique l'un semble impliquer plutôt l'idée de s'enquérir, et l'autre celle de harceler. Au demeurant, la chose même, de quelque nom qu'on l'appelle, est susceptible de plus d'un genre de figures.

Commençons par celles qui donnent plus d'énergie et de véhémence à la preuve, car c'est ce que nous avons remarqué en premier lieu. Voici une manière simple d'interroger :

Mais, vous, quels sont vos noms? de quels lieux venez-vous?

En voici de figurées, parce que l'on se propose moins

mitur, sed instandi. *Quid enim tuus ille, Tubero, districtus in acie pharsalica gladius agebat?* et, *Quousque tandem abutere, Catilina, patientia nostra?* et, *Patere tua consilia non sentis?* et totus denique hic locus. Quanto enim magis ardet, quam si diceretur, *Diu abuteris patientia nostra* : et, *Patent tua consilia.*

Interrogamus etiam, quod negari non possit : *Dixitne tandem causam C. Fidiculanius Falcula?* aut ubi respondendi difficilis est ratio, ut vulgo uti solemus. *Quo modo? qui fieri potest?*

Aut invidiae gratia, ut Medea apud Senecam, *Quas peti terras jubes?* aut miserationis, ut Sinon apud Virgilium,

> Heu! quae me tellus, inquit, quae me aequora possunt
> Accipere?. . . . . . .

aut instandi, et auferendae dissimulationis, ut Asinius, *Audisne? furiosum, inquam, non inofficiosum testamentum reprehendimus.*

Totum hoc plenum est varietatis; nam et indignationi convenit,

> . . . . .Et quisquam numen Junonis adoret?

d'interroger que de presser celui à qui l'on s'adresse : *Que faisait, Tubéron, ce glaive que vous aviez tiré dans les champs de Pharsale ? — Jusques à quand, Catilina, abuserez-vous de notre patience ?—Quoi ? ne voyez-vous pas que tous vos complots sont découverts ?* et tout le reste de ce passage. Combien tout cela n'a-t-il pas plus de force, que si l'orateur eût dit : *Vous abusez long-temps de notre patience ; vos complots sont découverts.*

On emploie aussi la forme interrogative pour des choses qu'on sait n'être pas douteuses : *Est-il bien vrai que Fidiculanius Falcula ait été accusé juridiquement ?* Ou bien, si la réponse embarrasse, on se sert de ces façons de parler : *Est-il possible ? Comment s'est-il pu faire ?*

On interroge aussi, soit pour jeter de l'odieux sur celui même à qui l'on parle, comme Médée dans Sénèque :

« Quels lieux à mon exil, seigneur, prescrivez-vous ? »

soit pour exciter la compassion, comme Sinon, dans Virgile :

O sort, ô désespoir !
Quelles mers, quels pays voudront me recevoir ? (Del.)

soit enfin pour serrer vivement son adversaire et lui ôter tout prétexte de dissimulation, comme a fait Asinius dans un de ses plaidoyers : *Entendez-vous ? Ce n'est pas, dis-je, le testament d'un homme qui a manqué à ses devoirs, que j'attaque, c'est celui d'un insensé, d'un furieux.*

L'interrogation, comme on le voit, se prête à une grande variété. Elle convient à l'indignation :

Eh ! qui d'un vain encens
Fera fumer encor mes autels impuissans ! (Del.)

Et admirationi

> . . . . Quid non mortalia pectora cogis,
> Auri sacra fames? . . . .

Est interim acrius imperandi genus,

> Non arma expedient, totaque ex urbe sequentur.

Et ipsi nosmet rogamus : quale est illud Terentianum, *Quid igitur faciam?*

Est aliqua etiam in respondendo figura, quum aliud interroganti, ad aliud, quia sic utilius sit, occurritur; tum augendi criminis gratia, ut testis in reum rogatus, *An ab reo fustibus vapulasset? Et innocens*, inquit; tum declinandi, quod est frequentissimum : *Quaero, an occideris hominem?* respondetur, *Latronem: An fundum occupaveris?* respondetur, *Meum*. Ut confessionem praecedat defensio, ut apud Virgilium in Bucolicis dicenti,

> Non ego te vidi Damonis, pessime, caprum
> Excipere insidiis? . . . .

occurritur,

> An mihi cantando victus non redderet ille?

Cui est confinis *dissimulatio*, non alibi quam in risu posita, ideoque tractata suo loco : nam serio si fiat, pro confessione est.

à l'étonnement :

> Que ne peut sur les cœurs l'ardente soif de l'or ! (Del.)

à l'action de commander, en lui donnant un tour plus vif :

> Il fuit ! et mes sujets ne s'arment point encore !
> Ils ne poursuivent pas un traître que j'abhorre ! (Del.)

Nous nous interrogeons encore nous-mêmes, comme dans Térence : *Que faire ? que résoudre ?*

Il y a également une manière figurée de *répondre*, lorsque, par exemple, on vous fait une question, et que vous répondez à une autre, parce que cela vous est plus utile. Tantôt, c'est dans la vue d'aggraver une accusation ; on demandait à un témoin si l'accusé l'avait frappé de son bâton : *Et pourtant*, répondit-il, *je ne l'avais point offensé*. Tantôt, et c'est le cas le plus ordinaire, c'est pour repousser une imputation : *je vous demande si vous avez tué cet homme,* — DITES CE BRIGAND ; *si vous avez envahi ce bien,* — DITES MON BIEN. Quelquefois aussi la justification précède l'aveu comme chez ces deux bergers dans les Bucoliques de Virgile. L'un dit :

> Oseras-tu nier, dis-moi, maître fripon,
> Que je t'ai vu volant une chèvre à Damon ?

L'autre réplique :

> Si de vaincre Damon mes chants ont eu la gloire,
> Que ne m'a-t-il payé le prix de ma victoire ?

Ce qui se rapproche assez de ce genre, ce sont ces réponses où l'on *dissimule* à dessein de faire rire, et dont j'ai parlé, pour cette raison, en traitant de la plaisanterie ; car si ces réponses se faisaient sérieusement, ce seraient des aveux.

Ceterum et *interrogandi se ipsum*, et *respondendi sibi*, solent esse non ingratæ vices, ut Cicero pro Ligario, *Apud quem igitur hoc dico? nempe apud eum, qui, quum hoc sciret, tamen me antequam vidit, reipublicæ reddidit.* Aliter pro Cœlio ficta interrogatione : *Dicet aliquis, hæc igitur est tua disciplina? sic tu instituis adolescentes?* et totus locus. Deinde, *Ego, si quis, judices, hoc robore animi, atque hac indole virtutis ac continentiæ fuit,* et cetera : cui diversum est, quum alium rogaveris, non exspectare responsum, et statim subjicere : *Domus tibi deerat? at habebas. Pecunia superabat? at egebas.* Quod schema quidam per *suggestionem* vocant. Fit et comparatione : *Uter igitur facilius suæ sententiæ rationem reddet?* et aliis modis tum brevius, tum latius, tum de una re, tum de pluribus.

Mire vero in causis valet *præsumptio*, quæ πρόληψις dicitur, quum id, quod objici potest, occupamus : id neque in aliis partibus parum est, et præcipue prœmio convenit. Sed quamquam generis unius, diversas tamen species habet : est enim quædam *præmunitio*, qualis Ciceronis contra Qu. Cæcilium, *Quod ad accusandum descendat, qui semper defenderit*: quædam *confessio*, ut pro Rabirio Postumo, quem sua quoque sententia reprehendendum fatetur, *quod pecuniam regi cre-*

Il n'est pas non plus sans agrément de se faire à soi-même les demandes et les réponses, comme Cicéron, dans l'oraison pour Ligarius : *Devant qui parlé-je de la sorte ? devant celui qui, bien instruit de ma conduite, m'a néanmoins rendu à la république avant même de m'avoir vu.* Il feint encore une autre sorte d'interrogation dans l'oraison pour Cœlius : *Quelqu'un dira peut-être, est-ce donc là votre morale ? est-ce ainsi que vous élevez la jeunesse ?* etc. Ensuite il répond : *Pour moi, messieurs, s'il est vrai qu'un homme ait eu un tel courage, un tel caractère, une telle force d'âme*, etc. Une manière différente encore, c'est, après avoir interrogé quelqu'un, de ne pas attendre sa réponse et de la faire soi-même : *Direz-vous que vous n'aviez pas de maison ? Mais vous en possédiez une ; que vous étiez en argent comptant ? Mais vous en manquiez.* Quelques rhéteurs appellent cette figure *suggestion*. On interroge aussi par comparaison : *Lequel des deux motiverait plus facilement son avis ?* et de plusieurs autres manières, soit avec plus de brièveté, soit avec plus d'étendue, soit sur une chose, soit sur plusieurs.

Mais ce qui est d'un effet merveilleux dans les causes, c'est la figure appelée *présomption*, πρόληψις, qui consiste à s'emparer des objections que pourrait faire l'adversaire. Bien placée dans toutes les parties d'un plaidoyer, elle convient particulièrement à l'exorde. Quoique ce soit un genre unique, il comporte cependant différentes espèces. Ainsi tantôt cette figure sert à prémunir les juges contre la mauvaise opinion qu'ils pourraient prendre de nous. Cicéron, disputant à Cécilius l'accusation de Verrès, a soin d'expliquer comment il se fait *qu'il descende au rôle d'accusateur, lui qui ne*

diderit: quædam *prædictio,* ut, *Dicam enim non augendi criminis gratia :* quædam *emendatio,* ut, *Rogo ignoscatis mihi, si longius sum evectus:* frequentissima *præparatio,* quum pluribus verbis, vel quare facturi quid simus, vel quare fecerimus, dici solet. Verborum quoque vis ac proprietas confirmatur vel *præsumptione, Quamquam illa non pœna, sed prohibitio sceleris fuit:* aut *reprehensione, cives, cives, inquam, si hoc eos nomine appellari fas est.*

Affert aliquam fidem veritatis et *dubitatio,* quum simulamus quærere nos, unde incipiendum, ubi desinendum, quid potissimum dicendum an omnino dicendum sit? cujusmodi exemplis plena sunt omnia; sed unum interim sufficit, *Equidem, quod ad me attinet, quo me vertam, nescio. Negem fuisse infamiam judicii corrupti,* etc. Hoc etiam in præteritum valet; nam et dubitasse nos fingimus.

A quo schemate non procul abest illa, quæ dicitur *communicatio,* quum aut ipsos adversarios consulimus, ut Domitius Afer pro Cloantilla, *Nescit trepida, quid*

s'est jamais signalé que dans la défense. Tantôt, c'est en quelque sorte un *aveu*, comme dans le plaidoyer pour Rabirius Postumus, où le même orateur confesse qu'à son avis son client a eu tort *de prêter de l'argent au roi Ptolémée.* Tantôt, ce n'est qu'une manière *d'anticiper* sur l'impression qu'a dû faire une chose : *Car je dirai, messieurs, non pour exagérer l'accusation,* etc. Tantôt, c'est pour se disculper soi-même : *Pardonnez-moi, je vous prie, si j'ai pris cette affaire de trop loin.* Mais le plus souvent c'est une véritable *préparation* où nous expliquons longuement pourquoi nous avons agi, ou nous nous proposons d'agir de telle façon. C'est aussi, à l'aide de la *prolepse*, que l'on confirme la force et la propriété des mots : *Quoique ce fût moins une peine proprement dite qu'une prohibition du crime.* Cette figure se confond encore avec celle *d'amendement* : *Des citoyens, des citoyens, dis-je, s'il est permis de les appeler de ce nom.*

La *dubitation* ou *hésitation* donne un certain air de candeur à ce que nous disons, lorsque nous feignons d'être embarrassés de savoir par où commencer, par où finir, quel moyen principal est à faire valoir, si nous pouvons tout dire. Il y a une foule d'exemples de cette figure ; je me contenterai d'un seul : *Quant à ce qui me regarde, je ne sais à quel parti m'arrêter. Nierai-je qu'il y a eu prévarication ?* etc. Cette figure s'applique également au passé, car on peut feindre d'avoir été en suspens.

Il en est à peu près de même de la figure appelée *communication*. On s'en sert, ou pour demander conseil à ses adversaires, comme l'a fait Domitius Afer dans son plaidoyer pour Cloantilla : *La pauvre femme, mes-*

liceat feminæ, quid conjugem deceat : forte vos in illa sollicitudine obvios casus miseræ mulieri obtulit : tu, frater, vos, paterni amici, quod consilium datis? Aut cum judicibus quasi deliberamus, quod est frequentissimum, *Quid suadetis?* et, *Vos interrogo, quid tandem fieri oportuit?* ut Cato : *Cedo, si vos in eo loco essetis, quid aliud fecissetis?* et alibi, *communem rem agi putatote, ac vos huic rei præpositos esse.*

Sed nonnunquam communicantes aliquid inexspectatum subjungimus, quod et per se schema est : ut in Verrem Cicero, *Quid deinde? quid censetis? furtum fortasse, aut prædam aliquam?* Deinde, quum diu suspendisset judicum animos, subjecit, quod multo esset improbius : hoc Celsus *sustentationem* vocat. Est autem duplex : nam contra frequenter, quum exspectationem gravissimorum fecimus, ad aliquid, quod sit leve, aut nullo modo criminosum, descendimus; sed, quia non tantum per communicationem fieri solet, παράδοξον alii nominarunt, id est, *inopinatum.* Illis non accedo, qui schema esse existimant, etiam si quid nobis ipsis dicamus inexspectatum accidisse : ut Pollio, *Nunquam fore credidi, judices, ut reo Scauro, ne quid in ejus judicio gratia valeret, precarer.*

sieurs, ne sait ni ce que les bienséances permettent à son sexe, ni ce qui convient à ses devoirs d'épouse : dans son abandon, dans son malheur, elle bénit le hasard qui vous offre à elle. Vous, son frère, vous, les amis de son père, que lui conseillez-vous ? ou bien, c'est pour délibérer en quelque sorte avec les juges, ce qui est très-fréquent : *Quel est votre avis, Messieurs ? — Je vous le demande : que fallait-il faire ?* C'est ainsi que Caton dit quelque part : *Voyons, Messieurs, si vous eussiez été en sa place, qu'eussiez-vous fait ?* Et ailleurs : *Figurez-vous, Messieurs, qu'il s'agit d'un intérêt qui vous est commun, et sur lequel vous êtes appelés à prononcer.*

Quelquefois, sous la forme de *communication*, nous cachons quelque proposition inattendue, ce qui est en soi une véritable figure, comme dans ce passage de Cicéron contre Verrès : *Qu'est-ce enfin ? sur quoi s'arrête votre pensée ? sur un larcin, peut-être, ou sur une dilapidation quelconque ?....* Ensuite, après avoir long-temps tenu l'esprit des juges en balance, il éclate par la révélation d'un crime mille fois plus odieux. C'est ce que Celsus appelle *suspension*. On en fait, au reste, un double usage; car souvent, après avoir fait attendre les imputations les plus graves, nous descendons à des choses légères et qui n'ont rien de criminel. Mais comme cette figure ne s'emploie pas qu'à l'aide de la *communication*, quelques auteurs lui ont donné le nom de *paradoxe*, c'est-à-dire *inopinée*. Au surplus, je ne suis pas de l'avis de quelques rhéteurs, qui prétendent qu'il y a figure quand nous disons que quelque chose nous est arrivé contre notre attente, comme ce trait de Pollion : *Je n'aurais jamais cru, Messieurs, que parce que Scaurus comparaissait devant vous comme accusé, je dusse*

Pæne idem fons est illius, quam *permissionem* vocant, qui communicationis : quum aliqua ipsis judicibus relinquimus æstimanda, aliqua nonnunquam adversariis quoque, ut Calvus Vatinio, *Perfrica frontem, et dic te digniorem, qui prætor fieres, quam Catonem.*

Quæ vero sunt augendis affectibus accommodatæ figuræ, constant maximé *simulatione :* namque et irasci nos, et gaudere, et timere, et admirari, et dolere, et indignari, et optare, quæque sunt similia his, fingimus: unde sunt illa, *Liberatus sum; respiravi;* et, *Bene habet;* et, *Quæ amentia est hæc? O tempora, o mores!* et, *Miserum me! consumptis enim lacrymis, infixus tamen pectori hæret dolor;* et,

..........*Magnæ nunc hiscite terræ.*

Quod *exclamationem* quidam vocant, ponuntque inter figuras orationis : hæc quoties vera sunt, non sunt in ea forma, de qua nunc loquimur; sed assimulata, et arte composita, procul dubio *schemata* sunt existimanda : quod idem dictum sit de oratione libera, quam Cornificius *licentiam* vocat, Græci παρρησίαν : quid enim minus figuratum, quam vera libertas ? Sed frequenter sub hac facie latet adulatio : nam Cicero quum dicit pro Ligario, *Suscepto bello, Cæsar, gesto jam etiam ex*

vous prier de n'écouter dans son jugement ni la prévention ni la faveur.

La *permission* est une figure qui dérive à peu près de la même source que la communication. C'est par elle que nous abandonnons aux juges eux-mêmes, et quelquefois à notre partie adverse, le soin d'apprécier certaines prétentions. C'est ainsi que Calvus dit à Vatinius : *Payez d'effronterie, et soutenez, si vous l'osez, que vous étiez plus digne de la préture que Caton.*

Quant aux figures qui ont pour objet d'exciter fortement les passions, elles consistent principalement dans l'art de feindre ce qu'on n'éprouve pas. Ainsi, nous feignons la colère, la joie, la crainte, l'étonnement, la douleur, l'indignation, le désir et autres sentimens semblables : de là ces traits oratoires : *Me voilà donc délivré ! je respire. — Tout succède à mes vœux. — Quel égarement, quelle folie ! — O temps, ô mœurs ! — Malheureux que je suis ! je ne puis pleurer, et la douleur me perce l'âme ! — O terre, entr'ouvre-toi !* C'est ce que quelques-uns appellent *exclamation*, et qu'ils relèguent, en conséquence, parmi les figures de diction ; mais c'est une erreur : sans doute, toutes les fois que ces mouvemens sont naturels et vrais, ils ne sont pas figurés dans le sens dont nous parlons ; mais lorsqu'ils sont le produit de l'imagination et de l'art, ils sont, sans aucun doute, de véritables figures de pensées. Il en est de même de ce langage libre que les Grecs appellent παῤῥησία, et que Cornificius désigne sous le nom de *licence*. Quoi de moins figuré que la vraie liberté ? et pourtant la plus fine adulation peut se cacher sous son voile. Quand Cicéron dit en plaidant pour Ligarius : *Oui, César, la guerre une fois entreprise, et déjà en grande partie*

parte magna, nulla vi coactus, consilio ac voluntate mea ad ea arma profectus sum, quæ erant sumpta contra te, non solum ad utilitatem Ligarii respicit, sed magis laudare victoris clementiam non potest. In illa vero sententia, *Quid autem aliud agimus, Tubero, nisi ut, quod hic potest, nos possemus?* admirabiliter utriusque partis facit bonam causam, sed hoc eum demeretur, cujus mala fuerat.

Illa adhuc audaciora, et majorum, ut Cicero existimat, laterum, fictiones personarum, quæ προσωποποιίαι dicuntur : mire namque quum variant orationem, tum excitant. His et adversariorum cogitationes, velut secum loquentium protrahimus : quæ tamen ita demum a fide non abhorreant, si ea locutos finxerimus, quæ cogitasse eos non sit absurdum : et nostros cum aliis sermones, et aliorum inter se credibiliter introducimus, et *suadendo, objurgando, querendo, laudando, miserando*, personas idoneas damus. Quin deducere deos in hoc genere dicendi, et inferos excitare, concessum est; urbes etiam populique vocem accipiunt : ac sunt quidam, qui has demum προσωποποιίας dicant, in quibus et corpora et verba fingimus; sermones hominum assimulatos dicere διαλόγους malunt, quod Latinorum quidam dixerunt, *sermocinationem*. Ego, jam recepto more, utrumque eodem modo appellavi : nam certe

commencée, sans qu'aucune violence m'y contraignît, de moi-même et de ma propre volonté, j'ai été me ranger sous des étendards qui étaient levés contre vous. Non-seulement, en parlant ainsi, il a en vue l'intérêt de Ligarius, mais pouvait-il s'y prendre plus adroitement pour louer la clémence du vainqueur? Et quand il dit dans un autre endroit : *Qu'avons-nous cherché autre chose, Tubéron, qu'à pouvoir par nous-mêmes ce que peut aujourd'hui César?* ne justifie-t-il pas les deux partis, tout en gagnant les bonnes grâces de César, dont la cause était la mauvaise?

Il est une figure plus hardie encore, et qui, de l'avis de Cicéron, exige de plus grandes forces, c'est la *prosopopée* ou fiction de personnes : aussi est-elle merveilleuse pour jeter de la variété et du mouvement dans le discours. A l'aide de cette figure, nous dévoilons les pensées les plus intimes de nos adversaires, comme s'ils se les communiquaient ouvertement, et peu s'en faut qu'on ne croie les entendre eux-mêmes, pourvu que nous leur prêtions un langage qui s'accorde avec leur situation. C'est avec le même degré de vraisemblance que nous nous créons des interlocuteurs, ou que nous faisons parler les autres entr'eux, ou que nous introduisons des personnages dans la bouche desquels paraissent mieux placés les conseils, les reproches, les plaintes, les éloges, les accens de la pitié. Cette figure se permet plus encore : elle fait intervenir les dieux, elle évoque les morts de leurs tombeaux; par elle, les villes, les nations ont une voix. Quelques rhéteurs cependant ne reconnaissent pour de véritables prosopopées que celles qui animent et font parler certains êtres imaginaires; quant à ces conversations que les orateurs se plai-

sermo fingi non potest, ut non personæ sermo fingatur : sed in his, quæ natura non permittit, hoc modo mollior fit figura : *Etenim si mecum patria, quæ mihi vita mea multo est carior, si cuncta Italia, si omnis respublica sic loquatur* : *M. Tulli, quid agis?* Illud audacius genus : *Quæ tecum, Catilina, sic agit, et quodammodo tacita loquitur* : *Nullum jam aliquot annis facinus exstitit, nisi per te.*

Commode etiam aut nobis aliquas ante oculos esse rerum, personarum, vocum imagines fingimus, aut eadem adversariis, aut judicibus non accidere miramur: qualia sunt, *Videtur mihi*, et, *Nonne videtur tibi?* Sed magna quædam vis eloquentiæ desideratur : falsa enim et incredibilia natura necesse est aut magis moveant, quia supra vera sunt, aut pro vanis accipiantur, quia vera non sunt.

Ut dicta autem quædam, ita scripta quoque fingi solent : quod facit Asinius pro Liburnia, *Mater mea, quæ mihi tum carissima, tum dulcissima fuit, quæque mihi vixit, bisque eodem die vitam dedit*, et reliqua; deinde, *exheres esto* : hæc quum per se figura est, tum duplicatur, quoties, sicut in hac causa, ad imitationem

sent à feindre, ils aiment mieux les appeler διαλόγους, ce que quelques Latins ont traduit par *sermocinationem.* Pour moi je m'autorise de l'usage en donnant le nom de *prosopopées* à ces deux genres de fictions, car on ne peut supposer un entretien, sans supposer aussi des interlocuteurs. Si pourtant la prosopopée choque par trop la vérité, c'est le cas d'adoucir la figure, comme l'a fait Cicéron dans ce passage : *Admettons que la patrie, qui m'est beaucoup plus chère que la vie, admettons que toute l'Italie, que la république entière m'adresse ces mots : Cicéron, que faites-vous?* etc. Voici qui est d'un genre plus hardi : *C'est cette même patrie qui vous parle, c'est elle qui vous dit : Depuis quelques années, Catilina, il n'est pas un crime, pas un forfait, dont vous n'ayez été l'âme ou le complice!*

Quelquefois aussi il est fort à propos de feindre qu'on voit certains objets, certaines personnes, qu'on les entend même, et de s'étonner que nos adversaires ou les juges ne partagent pas cette illusion. C'est alors que nous disons : *Il me semble voir.... ne voyez-vous pas?* Mais cela demande une grande magie d'éloquence; car, il n'y a pas de milieu, tout ce qui est outré et incroyable de sa nature doit frapper vivement l'esprit, en allant au delà du vrai, ou doit paraître puéril et froid, parce qu'il n'est pas vrai.

Si l'on feint des paroles, on peut feindre aussi des écrits. C'est ce qu'a fait Asinius, plaidant pour Liburnie. Il suppose un testament ainsi conçu : *Ma mère m'ayant sans cesse donné des témoignages d'affection auxquels j'ai répondu par ma tendresse, ma mère s'étant sacrifiée pour moi, à qui elle a donné la vie deux fois en un même jour,* etc., *je* LA DÉSHÉRITE. C'est bien là

alterius scripturæ componitur : nam contra recitabatur testamentum, *P. Novanius Gallio, cui ego omnia meritissimo volo et debeo, pro ejus animi in me summa voluntate,* et adjectis deinceps aliis, *heres esto :* incipit esse quodammodo παρῳδή, quod nomen ductum a canticis ad aliorum similitudinem modulatis, abusive etiam in versificationis ac sermonum imitatione servatur.

Sed formas quoque fingimus sæpe, ut *Famam* Virgilius, ut *Voluptatem ac Virtutem* (quemadmodum a Xenophonte traditur) Prodicus, ut *Mortem ac Vitam,* quas contendentes in satura tradit Ennius.

Est et incertæ personæ ficta oratio : *Hic aliquis;* et, *Dicat aliquis :* est et jactus sine persona sermo,

Hic Dolopum manus, hic sævus tendebat Achilles.

Quod fit mixtura figurarum, quum προσωποποιΐα accedit illa, quæ est orationis per detractionem; detractum est enim, quis diceret.

Vertitur interim προσωποποιΐα in speciem narrandi: unde apud historicos reperiuntur obliquæ allocutiones: ut in T. Livii primo statim, *Urbes quoque, ut cætera, ex infimo nasci : deinde, quas sua virtus ac dii juvent, magnas opes sibi magnumque nomen facere.*

une véritable figure; elle est même double, ici, car la fiction d'Asinius est la contre-partie d'un testament tout différent où on lisait : *P. Novanius Gallio m'ayant toujours rendu de grands services, et voulant lui en témoigner ma reconnaissance*, par ce motif et en considération *de son extrême attachement pour moi, je* L'IN-STITUE MON HÉRITIER. C'est, en effet, une espèce de *parodie*, nom qui signifie proprement des airs faits à l'imitation d'autres airs, et qu'on a transporté abusivement à la même imitation de vers ou de prose.

On donne aussi un corps à des objets qui ne tombent point sous les sens. Virgile en a donné un à la renommée, Prodicus à la volupté et à la vertu, au rapport de Xénophon, et Ennius à la mort et à la vie, dans la satire où il les met toutes deux aux prises.

Quelquefois on fait parler un tiers, mais sans le désigner : *Quelqu'un dira peut-être;* quelquefois, ce sont des paroles qu'on jette sans les attribuer à personne :

Là campait le Dolope et là le fier Achille. VIRG.

Ce qui se fait par le mélange de deux figures, puisqu'à la prosopopée (figure de pensée) se joint le retranchement ou *ellipse* (figure de diction), car Virgile ne dit point qui tenait ce langage.

La prosopopée se glisse aussi dans les narrations; de là ces allocutions indirectes qu'on trouve dans les historiens, comme celle-ci qu'on lit dans le premier livre de Tite-Live : *Vous direz que les villes, comme toutes les autres choses de ce monde, ont de faibles commencemens; mais que, dans la suite, celles qui se distinguent par leur courage et qui s'attirent la protection des dieux, parviennent à un haut degré de puissance et se font un grand nom.*

Aversus quoque a judice sermo, qui dicitur ἀποστροφὴ, mire movet, sive adversarios invadimus, *Quid enim tuus ille, Tubero, in acie pharsalica?* sive ad invocationem aliquam convertimur, *Vos enim jam ego, Albani tumuli atque luci;* sive ad invidiosam implorationem, *O leges Porciæ, legesque Semproniæ.*

Sed illa quoque vocatur *aversio*, quæ a proposita quæstione abducit audientem,

> Non ego cum Danais Trojanam exscindere gentem
> Aulide juravi. . . . . .

Quod fit et multis et variis figuris, quum aut aliud exspectasse nos, aut majus aliquid timuisse simulamus, aut plus videri posse ignorantibus : quale est procemium pro Cœlio.

Illa vero, ut ait Cicero, *sub oculos subjectio* tum fieri solet, quum res non gesta indicatur, sed, ut sit gesta, ostenditur ; nec universa, sed per partes ; quem locum proximo libro subjecimus *evidentiæ;* et Celsus hoc nomen isti figuræ dedit; ab aliis ὑποτύπωσις dicitur, proposita quædam forma rerum ita expressa verbis, ut cerni potius videatur, quam audiri : *Ipse, inflammatus scelere ac furore, in forum venit : ardebant oculi : toto*

L'apostrophe qui consiste à s'adresser à un autre qu'au juge, est une figure d'un puissant effet, soit pour interpeller notre adversaire lui-même : *Dites-nous, Tubéron, que faisait votre épée dans les champs de Pharsale ?* soit pour nous livrer à quelque invocation : *O vous que j'atteste, tombeaux révérés, bois sacrés des Albains !* ou bien, c'est le passé qu'on implore pour accuser le présent : *Qu'êtes-vous devenues, lois de Porcius et de Sempronius ?*

On comprend aussi sous cette figure, toute diversion quelconque à l'objet principal qu'a en vue celui qui nous écoute :

>Je n'ai point, en Aulide, à leurs fureurs en proie,
>Juré de renverser les murailles de Troie*.

Ce qui a lieu par une infinité de figures variées, lorsque, par exemple, nous feignons ou de nous être attendus à un résultat plus considérable, ou d'en avoir appréhendé un plus sérieux, ou enfin lorsque nous supposons que tel fait a été jugé plus grave, parce qu'il n'était pas bien connu. C'est là-dessus que roule tout l'exorde du plaidoyer pour Cœlius.

A l'égard de la figure, qui, comme le dit Cicéron, place les objets mêmes sous nos yeux, elle s'emploie non pour indiquer qu'un fait s'est passé, mais pour faire voir de quelle manière il s'est passé; non pour en présenter l'ensemble, mais pour le détailler dans toutes ses parties. J'en ai traité dans le dernier livre, en parlant de l'*évidence*, car c'est le nom que Celsus a donné à cette figure. D'autres l'appellent *hypotypose*, ὑποτύπωσις,

---

* C'est entr'autres choses ce que Didon charge sa sœur Anne de dire à Énée pour le fléchir. (*Én.*, liv. IV.)

ex ore crudelitas eminebat. Nec solum, quæ facta sint, aut fiant, sed etiam, quæ futura sint, aut futura fuerint, imaginamur : mire tractat hoc Cicero pro Milone, quæ facturus fuerit Clodius, si præturam invasisset.

Sed hæc quidem translatio temporum, quæ proprie μετάστασις dicitur, in διατυπώσει verecundior apud priores fuit : præponebant enim talia, *Credite vos intueri*: ut Cicero, *Hæc, quæ non vidistis oculis, animis cernere potestis.* Novi vero, et præcipue declamatores audacius, nec mehercule sine motu quodam imaginantur: ut et Seneca ista in controversia cujus summa est, quod pater filium et novercam, inducente altero filio, in adulterio deprehensos occidit : *Duc, sequor : accipe hanc senilem manum, et quocunque vis imprime :* et post paulo, *Aspice, inquit, quod diu non credidisti : ego vero non video, nox oboritur, et crassa caligo.* Habet hæc figura manifestius aliquid : non enim narrari res, sed agi videtur.

c'est-à-dire représentation si vive des objets par la parole, qu'on croit plutôt les voir qu'en entendre le récit. *Bientôt Verrès lui-même, enflammé de fureur et ne respirant que le crime, s'avance sur la place publique; ses yeux étaient étincelans, une joie féroce brillait sur son visage.* On ne se borne pas dans cette figure à peindre ce qui est ou ce qui fut, mais ce qui arrivera ou serait arrivé. Cicéron en a fait un usage admirable dans son oraison pour Milon, quand il dépeint ce qu'aurait fait Clodius, s'il se fût emparé de la préture.

Cette transposition de temps est ce qu'on appelle proprement *métastase*. Au surplus les anciens étaient plus timides que nous dans l'emploi de l'hypotypose; ils avaient soin de l'adoucir : *Imaginez-vous voir*..... comme dans Cicéron : *Ce que vous n'avez pas vu de vos yeux, vous pouvez vous le figurer en idée.* Tels étaient les correctifs dont ils usaient. Les orateurs d'aujourd'hui, et particulièrement les déclamateurs, ont une imagination plus hardie, et en vérité ils dépassent quelquefois le but, comme a fait Sénèque dans la controverse suivante : un père avait deux fils d'un premier lit; l'un d'eux le conduit dans un lieu où il surprend en adultère son autre fils avec sa belle-mère. Il les tue l'un et l'autre. Sénèque fait dire au père : *Conduis-moi, mon fils, je te suis; prends cette main que l'âge a glacée, et diriges-en les coups à ton gré;* quelques instans après, *Mon père, me dit-il, vous voyez enfin ce que vous avez si long-temps refusé de croire. — Moi! je ne vois rien, un nuage épais couvre mes yeux, une nuit profonde m'enveloppe.* Cette figure n'a-t-elle pas quelque chose de trop crument palpable, et ne dirait-on pas plutôt d'une action, que d'un récit?

Locorum quoque dilucida et significans descriptio eidem virtuti assignatur a quibusdam; alii τοπογραφίαν dicunt.

Εἰρωνείαν, inveni, qui *dissimulationem* vocarent: quo nomine quia parum totius hujus figurae vires videntur ostendi, nimirum sicut in plerisque, erimus graeca appellatione contenti: igitur εἰρωνεία, quae est *schema*, ab illa, quae est tropus, genere ipso nihil admodum distat : in utroque enim *contrarium ei, quod dicitur*, intelligendum est: species vero prudentius intuenti diversas esse facile est deprehendere. Primum, quod tropus apertior est; et, quamquam aliud dicit ac sentit, non aliud tamen simulat : nam et omnia circa fere recta sunt, ut illud in Catilinam; *A quo repudiatus, ad sodalem tuum, virum optimum M. Marcellum demigrasti* : in duobus demum verbis est ironia, ergo etiam brevior est tropus. At in figura totius voluntatis fictio est, apparens magis, quam confessa : ut illic verba sint verbis diversa, hic sensus sermonis voci, et tota interim causae conformatio, quum etiam vita universa ironiam habere videatur; qualis est visa Socratis: nam ideo dictus εἴρων, agens imperitum, et admirator aliorum tamquam sapientium : ut, quemadmodum ἀλληγορίαν facit continua μεταφορὰ, sic hoc schema faciat troporum ille contextus.

Quelques rhéteurs rangent aussi parmi les hypotyposes la description fidèle et détaillée des lieux, d'autres en font une figure particulière sous le nom de *topographie*, τοπογραφία.

Ce que les Grecs appellent εἰρωνεία, ironie, se trouve, chez quelques auteurs, traduit par *dissimulation*. Ce nom n'exprimant qu'imparfaitement, à mon avis, toutes les ressources de cette figure, je m'en tiendrai, ainsi que je l'ai fait pour la plupart, à la dénomination grecque. L'ironie donc qui est une figure de pensée, diffère peu, quant au genre, de l'ironie considérée comme trope, puisque, dans l'une comme dans l'autre, il faut entendre le contraire de ce qui se dit. Mais si l'on veut descendre aux espèces, et les examiner avec attention, il sera facile d'y saisir des différences. Et d'abord le trope se montre plus à découvert, et quoiqu'il exprime un sens et en sous-entende un autre, le véritable n'y est point déguisé; presque tout y est clair et direct, comme ce trait contre Catilina : *Repoussé par celui-ci, vous vous retirâtes auprès de votre camarade M. Marcellus, cet homme de bien par excellence.* L'ironie ne consiste ici que dans ces mots : *cet homme de bien par excellence.* Le trope a donc aussi plus de brièveté. Dans la figure, au contraire, il règne un dessein de feindre qu'on n'avoue pas, mais qui est apparent. Là ce sont des mots qui remplacent des mots, ici c'est un sens continu qu'on substitue à un autre sens. Quelquefois toute une cause est fondée sur cette figure : que dis-je? la vie entière d'un homme peut n'être qu'une ironie, comme parut l'être celle de Socrate; aussi l'appelait-on l'ironique, parce qu'il contrefaisait l'ignorant, et faisait semblant d'admirer les autres comme des sa-

Quædam vero genera hujus figuræ nullam cum tropis habent societatem : ut illa statim prima, quæ dicitur a negando, quam nonnulli ἀντίφρασιν vocant; *Non agam tecum jure summo; non dicam quod forsitan obtinerem* : et, *Quid ego istius decreta, quid rapinas, quid hereditatum possessiones datas, quid ereptas proferam?* et, *Mitto illam primam libidinis injuriam* : et, *Ne illa quidem testimonia recito, quæ dicta sunt de sestertiorum septingentis millibus* : et, *Possum dicere.* Quibus generibus per totas interim quæstiones decurrimus, ut Cicero, *Hoc ego si sic agerem, tamquam mihi crimen esset diluendum, hæc pluribus dicerem.*

Εἰρωνεία est et, quum similes imperantibus, vel permittentibus sumus,

I, sequere Italiam ventis. . . . . . .

Et, quum ea, quæ nolumus videri in adversariis esse, concedimus eis : id acrius fit, quum eadem in nobis sunt, et in adversariis non sunt :

. . . . Meque timoris
Argue tu, Drance, quando tot cædis acervos
Teucrorum tua dextra dedit.

ges. Ainsi, et pour me résumer, une succession d'ironies qui, prises isolément, formeraient autant de *tropes*, constitue la *figure* de l'ironie, comme une suite de métaphores constitue l'allégorie.

Il y a cependant certains genres de cette figure qui n'ont rien de commun avec le trope; par exemple, celle qui a lieu sous la forme négative et que quelques auteurs appellent *antiphrase* : *Je n'agirai pas avec vous dans toute la rigueur du droit, et je n'insisterai pas sur des choses qu'on m'accorderait peut-être.* — *Parlerai-je de ses arrêts concussionnaires, de ses rapines, des successions qu'il a captées, de celles qu'il a envahies?* — *Je passe sur cette première injure née de la débauche.* — *Je ne lirai pas même ces témoignages écrits au sujet des 700,000 sesterces.* — *Je pourrais dire,* etc. On peut parcourir tous ces genres d'ironie, en traitant des questions, comme a fait Cicéron : *Si j'envisageais cela en homme qui veut détruire une accusation, j'en dirais bien davantage.*

C'est encore un genre d'ironie, quand nous avons l'air d'ordonner ou de permettre ce qui est le plus contraire à nos désirs :

Va, pars, cours sur les flots chercher ton Italie!
Del., *Énéid.*

Lorsque nous concédons à nos adversaires des qualités que nous serions bien fâchés qu'on leur reconnût; ce qui devient plus sanglant encore, quand c'est nous qui possédons ces qualités, et non pas eux :

Eh bien! parlez, tonnez, insultez à ma peur,
Vous Drancès, dont nos camps admirent la valeur!
Del., *Idem.*

Quod idem contra valet, quum aut ea, quæ a nobis absunt, aut etiam, quæ in adversarios recidunt, quasi fatemur :

Me duce Dardanius Spartam expugnavit adulter?

Nec in personis tantum, sed et in rebus versatur hæc contraria dicendi, quam quæ intelligi velis, ratio, ut totum pro Quincto Ligario prooemium, et illæ elevationes, *Videlicet, O dii boni!*

Scilicet is superis labor est.

Et ille pro Oppio locus, *O amorem mirum! o benevolentiam singularem!*

Non procul absunt ab hac simulatione res inter se similes, *Confessio nihil nocitura,* qualis est, *Habes igitur, Tubero, quod est accusatori maxime optandum, confitentem reum* : et *Concessio,* quum aliquid etiam iniquum videmur causæ fiducia pati, *Metum virgarum navarchus nobilissimæ civitatis pretio redemit; humanum* : et pro Cluentio de invidia, *Dominetur in concionibus, jaceat in judiciis* : tertia *Consensio,* ut pro eodem, *judicium esse corruptum.* Hæc evidentior figura est, quum alicui rei assentimur, quæ est futura pro nobis; verum id accidere sine adversarii vitio non potest.

Ou, au contraire, quand nous feignons de prendre sur notre compte des reproches que nous ne méritons pas et qui ne retombent que sur eux :

> C'est donc moi que l'on vit, par d'indignes secours,
> Dans Sparte protéger d'adultères amours ?
> Del., *Énéide*.

Enfin, cette manière de faire entendre tout l'opposé de ce qu'on dit, a lieu pour les choses comme pour les personnes. Tel est l'exorde de l'oraison pour Ligarius; telles sont certaines exclamations ironiques : *Oh! oui vraiment! Dieux justes!*

> Dignes soins, en effet, de ces maîtres du monde!
> Del., *Idem*.

Et tout ce passage de l'oraison pour Oppius : *O l'admirable tendresse! ó la rare bienveillance!*

Il est encore certains procédés oratoires assez semblables entr'eux, et qui se rapprochent beaucoup de l'ironie; par exemple, lorsqu'on fait un aveu qui ne peut d'ailleurs porter aucun préjudice, comme celui-ci : *Vous avez, Tubéron, ce qu'il y a de plus souhaitable pour un accusateur, un accusé qui confesse tout* : lorsque, fort de la bonté de sa cause, on a l'air de passer à son adversaire des faits qui sont graves par eux-mêmes : *Un capitaine de vaisseau, d'une cité illustre, se soustrait au supplice des verges, moyennant une somme d'argent, c'est tout naturel*; et dans l'oraison pour Cluentius : *Que l'envie règne dans les assemblées du peuple, j'y consens, mais qu'elle se taise dans le sanctuaire de la justice!* Enfin, quand on convient de certains faits à charge, comme dans ce même plaidoyer pour Cluentius, où Cicéron tombe d'accord sur

Quædam etiam velut laudamus, ut Cicero in Verrem circa crimen Apollonii Drepanitani, *Gaudeo etiam, si quid ab eo abstulisti : et abs te nihil rectius factum esse dico.* Interim augemus crimina, quæ ex facili aut diluere possimus, aut negare, quod est frequentius, quam ut exemplum desideret : interim hoc ipso fidem detrahimus illis, quod sint tam gravia : ut pro Roscio Cicero, quum immanitatem parricidii, quamquam per se manifestam, tamen etiam vi orationis exaggerat.

Ἀποσιώπησις, quam idem Cicero *reticentiam*, Celsus *obticentiam*, nonnulli *interruptionem* appellant, et ipsa ostendit aliquid affectus, vel iræ, ut,

Quos ego.... sed motos præstat componere fluctus :

vel sollicitudinis, et quasi religionis, *An hujus ille legis, quam Clodius a se inventam gloriatur, mentionem facere ausus esset vivo Milone, non dicam consule? de nostrum enim omnium.... non audeo totum dicere :* cui simile est in procemio pro Ctesiphonte Demosthenis:

ce point, *qu'il y a eu corruption de juges*. Cette dernière figure est plus frappante encore, si ce à quoi nous acquiesçons doit en définitive tourner à notre avantage; mais cela n'arrive guère que par la maladresse de notre adversaire.

C'est aussi une espèce d'ironie, que les éloges qu'on donne à certaines actions. Cicéron, dans son plaidoyer contre Verrès, lui dit, à propos de la spoliation d'Apollonius* de Drepan** : *Si vous lui avez enlevé quelque chose, je m'en réjouis avec vous; c'est peut-être ce que vous avez fait de mieux dans votre vie.* Quelquefois encore nous exagérons une accusation qu'il nous serait facile de détruire ou de nier, et cela se voit si souvent qu'il n'est pas besoin d'en donner d'exemples. Souvent même c'est en raison de la gravité qu'on donne à certains actes, qu'on les rend moins vraisemblables. C'est ainsi que, dans l'oraison pour Roscius, Cicéron emploie les couleurs les plus vives pour peindre l'énormité du parricide, déjà si odieux par lui-même.

La figure que ce même orateur appelle *réticence*, Celsus *obticence*, et quelques-uns *interruption* (en grec ἀποσιώπησις), cette figure, dis-je, trahit différentes affections de l'âme. Tantôt c'est la colère :

Je devrais..... mais des flots il faut calmer la rage.
Del., *Énéide.*

tantôt c'est l'inquiétude et une sorte de scrupule : *Croit-on que si Milon eût été, je ne dis pas consul, mais seu-*

---

* Cet Apollonius était le complice de Verrès. Cicéron dit : « Non objicio tibi quod *dignissimum tuis moribus*, etc., omni argento spoliasti ac depeculatus es. »

** Aujourd'hui Trapani.

vel alio transeundi gratia, *Cominius autem.... tametsi ignoscite mihi, judices :* in quo est et illa, si tamen inter schemata numerari debet, quum aliis etiam pars causæ videatur, *digressio :* abit enim causa in laudes Cn. Pompeii : idque fieri etiam sine ἀποσιωπήσει potuit. Nam brevior illa, ut ait Cicero, a re digressio plurimis fit modis : sed hæc exempli gratia sufficient : *Tum C. Varenus, is qui a familia Anchariana occisus est : hoc, quæso, judices, diligenter attendite :* et pro Milone, *Et aspexit me illis quidem oculis, quibus tum solebat, quum omnibus omnia minabatur.*

Est alia non quidem reticentia, quæ sit imperfecti sermonis, sed tamen præcisa, velut ante legitimum finem, oratio : ut illud, *Nimis urgeo, commoveri videtur adolescens :* et, *Quid plura ? ipsum adolescentem dicere audistis.*

Imitatio morum alienorum, quæ ἠθοποιΐα, vel, ut alii malunt, μίμησις dicitur, jam inter leniores affectus numerari potest : est enim posita fere in eludendo : sed versatur et in *factis* et in *dictis :* in factis, quod est ὑπο-

lement vivant, il eût osé parler devant lui de cette loi dont Clodius se vante d'être l'auteur? quant à nous, Messieurs.... je n'ose tout dire. Il y a un pareil exemple de réticence dans l'exorde de Démosthène pour Ctésiphon. Tantôt enfin, cette figure sert à passer d'un sujet à un autre : *Or, Cominius.... cependant, Messieurs, permettez que....* etc. Là se trouve une véritable *digression*, si toutefois la digression peut être comptée parmi les figures, car d'autres la regardent comme une des parties de la cause; en effet tout le plaidoyer se résout dans l'éloge de Pompée, ce qui aurait pu se faire, sans recourir à l'*interruption*. Quant à l'interruption proprement dite, c'est-à-dire à ces petites digressions, comme les appelle Cicéron, cela se fait de plusieurs manières; deux exemples suffiront : *Alors C. Varenus, celui-là même qui fut tué par les gens d'Ancharius, remarquez attentivement ce point, Messieurs, je vous prie....* et dans l'oraison pour Milon : *Il me regarda avec des yeux, comme il était habitué à en faire à ceux qu'il menaçait de toute sa colère.*

Il y a aussi une autre sorte d'interruption, qui n'est pas précisément une réticence, puisqu'elle ne laisse pas le discours inachevé, mais qui cependant le coupe pour ainsi dire avant sa fin naturelle; par exemple : *Mais je presse trop ce pauvre jeune homme, je crois m'apercevoir qu'il se trouble;* ou bien : *Que vous dirai-je de plus? vous l'avez entendu vous-mêmes.*

Vient ensuite l'éthopée, ἠθοποιΐα, ou, suivant d'autres, μίμησις, c'est-à-dire l'imitation des mœurs d'autrui, qui peut être rangée parmi les figures qui conviennent à des sentimens doux et tranquilles, car elle consiste presque uniquement à éluder : mais elle se rapporte aux actions

τυπώσει vicinum : in dictis, quale est apud Terentium,

> At ego nesciebam, quorsum tu ires. Parvula
> Hinc est abrepta, eduxit mater pro sua,
> Soror dicta est : cupio abducere, ut reddam suis.

Sed nostrorum quoque dictorum factorumque similis imitatio est per *relationem*, nisi quod frequentius asseverat, quam eludit : *Dicebam habere eos actorem Q. Cœcilium.*

Sunt et illa jucunda, et ad commendationem, quum varietate, tum etiam ipsa natura, plurimum prosunt, quæ simplicem quamdam, et non præparatam ostendendo orationem, minus nos suspectos judici faciunt. Hinc est quasi *pœnitentia dicti* : ut pro Cœlio, *Sed quid ego ita gravem personam introduxi?* et quibus utimur vulgo, *Imprudens incidi* : vel quum quærere nos, quid dicamus, fingimus, *Quid reliquum est?* et, *Num quid omisi?* et quum ibidem invenire, ut ait Cicero, *Unum etiam mihi reliquum hujusmodi crimen est* : et, *Aliud ex alio succurrit mihi.*

Unde etiam venusti transitus fiunt; non, quia transitus ipse sit schema : ut Cicero, narrato Pisonis exemplo, qui annulum sibi cudi ab aurifice in tribunali suo

et aux paroles; quand c'est aux actions, elle a beaucoup d'analogie avec l'*hypotypose;* quand c'est aux paroles, elle s'y prend comme dans ce passage de l'*Eunuque* de Térence : *Je ne savais, en vérité, où vous vouliez en venir avec ce discours :* « *Cette petite fille fut amenée ici même, il y a quelques années : ma mère en prit soin comme de son enfant; on l'appelait ma sœur : je veux la retirer pour la rendre à sa famille.* » Nous transportons cette imitation à ce que nous avons dit et fait nous-mêmes, en forme de récit, avec cette différence que c'est plutôt pour affirmer que pour éluder : *Je disais qu'ils avaient pour accusateur Q. Cécilius.*

Il est aussi des manières agréables de s'exprimer qui préviennent en notre faveur et dont la variété produit un bon effet, en ce qu'elles n'ont rien d'étudié et donnent au discours un air de simplicité qui nous rend moins suspects au juge; par exemple, quand nous feignons de nous repentir de ce que nous avons dit, comme dans l'oraison pour Cœlius : *Mais à quoi donc ai-je songé, en introduisant un personnage si grave?* ou quand nous nous taxons nous-mêmes d'étourderie; ou quand nous avons l'air de chercher ce que nous dirons : *Que reste-t-il encore? — N'ai-je rien oublié?* ou quand une circonstance paraît nous en remettre une autre en mémoire; tel est ce que dit Cicéron dans une de ses Verrines : *J'ai encore à vous exposer, Messieurs, un crime de cette espèce;* et ailleurs : *Ce fait m'en rappelle un autre.*

Voilà la source des belles transitions, quoique par elles-mêmes les transitions ne soient point des figures. Cicéron, après avoir rapporté l'exemple de Pison, qui, siégeant sur son tribunal, avait ordonné à un orfèvre de

jusserat, velut hoc in memoriam inductus adjecit, *Hic modo me commonuit Pisonis annulus, quod totum effluxerat. Quam multis istum putatis hominibus honestis de digitis annulos aureos abstulisse?* et quum aliqua velut ignoramus, *Sed earum rerum artificem, quem? quemnam? recte admones, Polycletum esse dicebant.* Quod quidem non in hoc tantum valet : quibusdam enim, dum aliud agere videmur, aliud efficimus : sicut hic Cicero consequitur, ne, quum morbum in signis atque tabulis objiciat Verri, ipse quoque earum rerum studiosus esse credatur : et Demosthenes jurando per interfectos in Marathone et Salamine id agit, ut minore invidia cladis apud Chæroneam acceptæ laboret.

Faciunt illa quoque jucundam orationem, aliqua mentione habita *differre* et deponere apud memoriam judicis, et *reposcere* quæ deposueris, et *separare* quædam schemate aliquo (non enim est ipsa per se iteratio schema), et *excipere* aliqua, et dare actioni varios velut vultus : gaudet enim res varietate : et sicut oculi diversarum aspectu rerum magis detinentur; ita semper animis præstat, in quod se velut novum intendant.

Est *emphasis* etiam inter figuras, quum ex aliquo dicto latens aliquid eruitur, ut apud Virgilium,

lui fabriquer un anneau d'or, ajoute, comme si cette action le remettait sur la voie : *Mais l'anneau de Pison me fait ressouvenir d'une chose qui m'était entièrement échappée : à combien d'honnêtes gens, Messieurs, croyez-vous que Verrès ait escroqué des anneaux d'or ?* Quelquefois on affecte l'ignorance : *Mais quel était l'artiste auteur de ces statues ? son nom ? Vous faites bien de m'en avertir ; on disait que c'était Polyclète.* On arrive par là à plus d'une fin ; car souvent on masque ainsi son véritable but. C'est ce que fait ici Cicéron, en témoignant peu de connaissances dans les arts, afin qu'on ne le soupçonne pas atteint du goût effréné qu'il reproche à Verrès pour les statues et les tableaux. Lorsque Démosthène, dans son plaidoyer pour Ctésiphon, jure par les mânes des héros tués à Marathon et à Salamine, son véritable dessein est de diminuer la fâcheuse impression de la bataille perdue à Chéronée.

Un autre moyen de donner de l'agrément au discours, c'est, après avoir dit un mot de certaines circonstances, de les laisser là, en les confiant à la mémoire du juge ; puis d'y revenir et de les traiter séparément, ce qui est une espèce de figure de pensée qu'il ne faut pas confondre avec l'*itération*, qui, par elle-même, n'en est pas une ; de s'attacher ensuite particulièrement à quelques points, et de varier ainsi la physionomie d'un plaidoyer : car rien ne plaît autant que la variété ; et comme les yeux sont plus récréés par l'aspect de différens objets qui se succèdent, ainsi l'esprit s'arrange mieux de ce qui aiguillonne et renouvelle son attention.

L'emphase compte aussi parmi les figures, quand il y a un sens caché sous les paroles ; en voici un exemple dans Virgile. Lorsque Didon s'écrie :

> Non licuit thalami expertem sine crimine vitam
> Degere more feræ?.....

Quamquam enim de matrimonio queritur Dido, tamen huc erumpit ejus affectus, ut sine thalamis vitam non hominum putet, sed ferarum : aliud apud Ovidium genus, apud quem Zmyrna nutrici amorem patris sic confitetur,

> ......O, dixit, felicem conjuge matrem!

Huic vel confinis, vel eadem est, qua nunc utimur plurimum : jam enim ad id genus, quod et frequentissimum est, et exspectari maxime credo, veniendum est : in quo per quamdam suspicionem, quod non dicimus, accipi volumus : non utique contrarium, ut in εἰρωνείᾳ, sed aliud latens, et auditori quasi inveniendum : quod, ut supra ostendi, jam fere solum *schema* a nostris vocatur, et unde controversiæ *figuratæ* dicuntur. Ejus triplex usus est; unus, si dicere palam parum tutum est; alter, si non decet; tertius, qui venustatis modo gratia adhibetur, et ipsa novitate ac varietate magis, quam si relatio sit recta, delectat.

Ex his, quod est primum, frequens in scholis est: nam et pactiones deponentium imperium tyrannorum, et post civile bellum senatus consulta finguntur, et ca-

> Que n'ai-je pu, grands dieux! dans un chaste veuvage,
> Conserver de mon cœur la rudesse sauvage!
> Del., *Énéide.*

Quoiqu'elle se plaigne du mariage, on voit, à travers l'explosion de ses sentimens, qu'elle considère cet état comme seul digne d'embellir les destinées de l'homme. En voici un d'un autre genre dans Ovide, lorsque Zmyrna fait confidence à sa nourrice de l'amour dont elle brûle pour son propre père, et lui dit :

> Auprès d'un tel époux, que ma mère est heureuse!

C'est à cela que se rapporte, si ce n'est la même chose, la figure dont nous nous servons le plus aujourd'hui; car il est temps de satisfaire l'impatience de mes lecteurs, et d'aborder enfin ce genre dont on est devenu si prodigue et qui consiste, au moyen de certaines insinuations, à vouloir faire entendre ce qu'on ne dit point; remarquez que ce n'est pas le contraire de ce qu'on dit, comme dans l'ironie, mais quelque chose de caché et qu'on laisse à deviner à la pénétration de l'auditeur. Voilà ce que nos beaux-esprits décorent presque exclusivement du nom de *figure de pensée*, et de là ces controverses appelées *figurées*. Or, on en fait usage dans l'un de ces trois cas : lorsqu'il n'y a pas *sûreté à s'expliquer ouvertement,* ou lorsque *la bienséance s'y oppose,* ou enfin *à titre de beauté oratoire,* et pour relever par un tour neuf et piquant, ce qu'aurait de trop monotone un langage simple et direct.

Le premier cas se présente souvent dans les écoles, où l'on introduit fictivement des tyrans se démettant de la souveraine puissance à certaines conditions, où l'on suppose des décrets d'amnistie rendus par le sénat

pitale est objicere anteacta : ut, quod in foro non expedit, illic nec liceat : sed schematum conditio non eadem est; quamlibet enim apertum, quod modo et aliter intelligi possit, in illos tyrannos bene dixeris, quia periculum tantum, non etiam offensa vitatur. Quod si ambiguitate sententiæ possit eludi, nemo non illi furto favet.

Vera negotia nunquam adhuc habuerunt hanc silentii necessitatem; sed aliam huic similem, verum multo ad agendum difficiliorem, quum personæ potentes obstant, sine quarum reprehensione teneri causa non possit. Ideoque parcius et circumspectius faciendum est, quia nihil interest, quomodo offendas : et aperta figura perdit hoc ipsum, quod figura est; ideoque a quibusdam tota res repudiatur, sive intelligatur, sive non intelligatur : sed licet modum adhibere : inprimis, ne sint manifestæ : non erunt autem, si non ex verbis dubiis et quasi duplicibus petentur: ut in suspecta nuru, *Duxi uxorem, quæ patri placuit :* aut, quod est multo ineptius, compositionibus ambiguis; ut in illa controversia : in qua infamis amore filiæ virginis pater raptam eam interrogat, a quo vitiata sit, *Quis te,* inquit, *rapuit? tu, pater, nescis?*

après des guerres civiles; et comme, alors, c'est un crime capital de revenir sur le passé, ce qu'on se garde bien de faire au barreau, comme dangereux, on se l'interdit aussi aux écoles comme défendu. Mais l'emploi des figures n'est pas le même pour l'orateur et pour le déclamateur : celui-ci peut se permettre tout ce qui lui plaît contre les tyrans, pourvu que ce qu'il dit puisse s'interpréter d'une autre manière, car l'essentiel pour lui c'est d'éviter l'écueil, et non l'offense ; s'il y parvient par l'ambiguité de ses pensées, on applaudit à son artifice.

Dans les affaires, on n'a pas encore été astreint à un silence rigoureux, mais on y est quelquefois forcé à quelque chose d'aussi gênant et qui présente, dans le plaidoyer, les plus grandes difficultés, quand, par exemple, on ne peut gagner sa cause sans blesser des personnages puissans qui ont des intérêts opposés. C'est alors qu'il faut beaucoup de mesure et de circonspection ; car si vous offensez, peu importe comment, et si la figure que vous employez se fait deviner, elle cesse par cela même d'être une figure. Voilà pourquoi quelques rhéteurs rejettent entièrement ce moyen, soit qu'on se fasse entendre, soit qu'on ne se fasse pas entendre. Il y a pourtant un milieu à garder. Et d'abord il faut avant tout que ces figures ne décèlent pas évidemment la pensée ; or, pour être à l'abri de ce reproche, elles ne reposeront pas sur des expressions équivoques et offrant un double sens, comme cette réponse au sujet d'une bru soupçonnée d'avoir eu des liaisons avec son beau-père (c'est le fils qui parle) : *J'ai pris pour épouse celle qui fut du goût de mon père;* ou, ce qui est plus ridicule encore, sur une contexture ambiguë, comme dans le sujet de controverse suivant. Un père accusé d'avoir déshonoré sa propre

Res ipsæ perducant judicem ad suspicionem, et amoliamur cætera, ut hoc solum supersit; in quo multum etiam affectus juvant, et interrupta silentio dictio, et cunctationes; sic enim fiet, ut judex quærat illud nescio quid ipse, quod fortasse non crederet, si audiret : et ei, quod a se inventum existimat, credat.

Sed ne si optimæ quidem sint, esse debent frequentes : nam densitate ipsa figuræ aperiuntur, nec offensæ minus habent, sed auctoritatis; nec pudor videtur, quod non palam objicias, sed diffidentia : in summa, sic maxime judex credit figuris, si nos putat nolle dicere.

Equidem et in personas incidi tales, et in rem quoque, quod est magis rarum, quæ obtineri, nisi hac arte, non posset. Ream tuebar, quæ subjecisse dicebatur mariti testamentum, et dicebantur chirographum marito exspiranti heredes dedisse : et verum erat : nam, quia per leges institui uxor non poterat heres, id fuerat actum, ut ad eam bona per hoc tacitum fideicommissum pervenirent : et caput quidem tueri facile erat, si hoc diceremus palam : sed peribat hereditas : ita ergo fuit nobis agendum, ut judices illud intelligerent factum,

fille, ose lui demander qui l'a séduite : *qui vous a fait cette violence, ma fille? — Vous, mon père, ne le savez vous pas?*

Laissons donc aux faits eux-mêmes à éveiller les soupçons du juge ; écartons tout le reste, et ne visons qu'à cela. C'est à quoi nous aideront beaucoup les passions habilement maniées, les phrases entrecoupées, les hésitations, les réticences ; car alors le juge s'évertuera à chercher ce je ne sais quoi, qu'il n'aurait pas cru si on le lui eût dit, et quand il croira l'avoir trouvé, rien ne l'en fera démordre.

Au reste, ces figures, fussent-elles le mieux imaginées possible, ne doivent pas être trop prodiguées, car elles se trahissent par leur multiplicité, et manquent leur effet, sans être moins hostiles. Il semble alors que, si vous n'attaquez pas votre adversaire de front, c'est moins par pudeur que par défiance. En un mot, le juge ne se laisse prendre aux figures que là où il ne croit point en voir.

J'ai quelquefois eu de ces rôles embarrassans, et j'ai plaidé, ce qui est plus rare, une cause qui ne pouvait se gagner que par cet artifice. Je défendais une femme accusée d'avoir supposé un testament de son mari : on disait que les héritiers institués par ce testament avaient remis une obligation au mari, avant sa mort*; et le fait était vrai. En effet, les lois s'opposant à ce que cette femme fût instituée héritière, on avait agi de la sorte, pour qu'au moyen de cette espèce de fidéicommis, les biens lui fussent dévolus. Il était facile de la justifier sur le point capital de l'accusation, en expliquant sans détour ce qui s'était passé ; mais alors l'héritage était

---

* C'était un écrit par lequel ils s'engageaient à rendre à la femme du testateur les biens qui leur étaient légués.

delatores non possent apprehendere ut dictum : et contigit utrumque : quod non inseruissem, veritus opinionem jactantiæ, nisi probare voluissem in foro quoque esse his figuris locum.

Quædam etiam, quæ probare non possis, figura potius spargenda sunt : hæret enim nonnunquam telum illud occultum, et hoc ipso, quod non apparet, eximi non potest; si idem dicas palam, et defenditur, et probandum est.

Quum autem obstat nobis *personæ reverentia*, quod secundum posuimus genus, tanto cautius dicendum est, quanto validius bonos inhibet pudor, quam metus : hic vero tegere nos judex, quod sciamus, et verba vi quadam veritatis erumpentia credat coercere : nam quanto minus aut ipsi, in quos dicimus, aut judices, aut assistentes oderint hanc maledicendi lasciviam, si velle nos credant? Aut quid interest, quomodo dicatur, quum et res et animus intelligitur? Quid dicendo denique proficimus, nisi ut palam sit, facere nos, quod ipsi sciamus non esse faciendum?

Atqui præcipue prima, quibus præcipere cœperam, tempora hoc vitio laborarunt : dicebant enim libenter tales controversias, quæ difficultatis gratia placent, quum

perdu. Il me fallut donc plaider de manière que les juges comprissent le fait, sans que les dénonciateurs pussent tirer avantage de ce que je disais, et j'atteignis ce double but. Je n'aurais pas fait mention de cette cause, dans la crainte d'être taxé de vanité, si je n'eusse tenu à faire voir que le barreau offre aussi l'occasion de recourir à ces figures.

Quant à ce que vous ne pouvez pas prouver, le meilleur parti à prendre c'est de l'insinuer figurément : c'est comme un trait lancé dans l'ombre, qui pénètre et qu'on a d'autant plus de peine à arracher qu'on ne le voit pas. Que si, au contraire, vous parlez sans déguisement, on vous contredit, et vous êtes forcé de prouver.

Est-ce *la bienséance* qui nous arrête, à cause du caractère de la personne, ce qui est le second cas dont j'ai parlé? C'est alors que nous ne pouvons user de trop de réserve, car pour un honnête homme la décence est un frein plus puissant que la crainte. Que le juge donc soit amené à croire que nous taisons à regret ce que nous savons, et que nous nous faisons violence pour retenir la vérité prête à nous échapper. Car ceux mêmes que nous accusons, ou les juges, ou les assistans, détesteront-ils moins notre envie de médire, s'ils croient que c'est là notre mobile? Qu'importe de quelle manière nous parlons, si la chose et l'intention se devinent? A quoi aboutissent enfin toutes nos paroles, sinon à mettre en évidence que nous faisons ce que nous savons bien ne pas devoir se faire?

C'était là le défaut dominant des écoles, dans le temps que je commençais à donner des leçons de rhétorique : on s'attachait de préférence à ces controverses, dont la difficulté faisait tout le charme, quoiqu'au fond elles soient

sint multo faciliores. Nam rectum genus approbari nisi maximis viribus non potest : hæc deverticula et anfractus suffugia sunt infirmitatis : ut qui cursu parum valent, flexu eludant : quum hæc, quæ affectatur, ratio sententiarum non procul a ratione jocandi abhorreat: adjuvat etiam, quod auditor gaudet intelligere, et favet ingenio suo, et alio dicente se laudat.

Itaque non solum, si persona obstaret rectæ orationi (quo in genere sæpius modo quam figuris opus est), decurrebant ad schemata, sed faciebant illis locum etiam, ubi inutiles ac nefariæ essent : ut si pater, qui infamem in matrem filium secreto occidisset, reus malæ tractationis, jacularetur in uxorem obliquis sententiis. Nam quid impurius, quam retinuisse talem ? quid porro tam contrarium, quam eum, qui accusetur, quia summum nefas suspicatus de uxore videatur, confirmare id ipsa defensione, quod diluendum est? at, si judicum sumerent animum, scirent, quam ejusmodi actionem laturi non fuissent : multoque etiam minus, quum in parentes abominanda crimina spargerentur.

Et quatenus huc incidimus, paulo plus scholis demus:

plus faciles. Car plus ce qu'on dit est simple et naturel, plus on a besoin, pour se faire goûter, de toutes les ressources de l'éloquence; au lieu que les faux-fuyans et les détours sont des refuges pour la médiocrité : celui qui ne sait pas bien courir cherche à se sauver par des circuits. Joignez à cela que ces controverses figurées touchent de près à la plaisanterie, et qu'enfin on est soutenu par l'auditeur, qui, charmé d'entendre à demi-mot, s'applaudit de sa pénétration, et trouve dans ce qu'un autre dit, matière à se louer lui-même.

Voilà pourquoi nos déclamateurs ne manquaient jamais de recourir au genre figuré, non-seulement lorsque les égards dus à la personne leur interdisaient un langage direct, auquel cas il faut plutôt user de ménagement que de figures, mais même lorsque ces figures étaient inutiles ou atroces. Par exemple, *un père a tué secrètement son fils qui avait un commerce incestueux avec sa propre mère ; celle-ci le cite en justice pour mauvais traitemens. Le père accusé lance mille traits équivoques contre sa femme.* Cela n'est pas supportable. Car, quelle honte à lui d'avoir gardé une pareille femme! et l'ayant gardée, quoi de plus contraire à ses intérêts, étant accusé précisément parce qu'il paraît avoir soupçonné sa femme d'un grand crime, que de confirmer, par sa défense, le point qu'il doit s'attacher à détruire? Certes, si ces déclamateurs se mettaient un instant à la place des juges, ils sentiraient combien un plaidoyer de cette sorte doit leur être à charge. Qu'est-ce surtout lorsque ce sont les enfans mêmes qui répandent sur leurs parens d'odieuses insinuations?

Mais puisque nous voici sur ce chapitre, arrêtons-

nam et in his educatur orator : et in eo, quomodo declamatur, positum est etiam, quomodo agatur : dicendum ergo de iis quoque, in quibus non asperas figuras, sed palam contrarias causæ plerique fecerunt : *Tyrannidis affectatæ damnatus torqueatur, ut conscios indicet : accusator ejus optet, quod volet. Patrem qui damnavit optat, ne is torqueatur : pater ei contradicit.* Nemo se tenuit agens pro patre, quin figuras in filium faceret, tamquam illum conscium in tormentis nominaturus : quo quid stultius? nam quum hoc judices intellexerint, aut non torquebitur, quum ideo torqueri velit : aut torto non credetur. At credibile est hoc eum velle : fortasse : dissimulet ergo, ut efficiat : *Sed nobis* (declamatoribus dico) *quid proderit hoc intellexisse, nisi dixerimus?* Ergo si vere ageretur, similiter consilium illud latens prodidissemus ? quid si neque utique verum est, et habere alias hic damnatus contradicendi causas potest, vel quod legem conservandam putet, vel quod nolit accusatori debere beneficium, vel, quod ego maxime sequerer, ut innocentem se in tormentis pertendat ? Quare ne illud quidem semper succurret sic dicentibus, *Patrocinium hoc voluit, qui controversiam finxit :* fortasse enim noluit : sed esto, voluerit : continuone, si ille stulte cogitavit, nobis quoque stulte dicendum est ? at ego in

nous-y un peu en faveur des écoles; car, après tout, c'est aux écoles que l'orateur se forme, et c'est à ce qu'il fait comme déclamateur, qu'on peut juger de ce qu'il fera un jour comme avocat. Parlons donc de ces controverses où ce ne sont plus des figures choquantes qu'on emploie, mais des figures évidemment contraires à l'esprit de la cause. *Quiconque aura affecté la tyrannie, sera mis à la torture, pour faire connaître ses complices. L'accusateur pourra faire telle option qu'il lui plaira. Un fils qui avait accusé son père, pour ce fait, opte pour qu'il ne soit pas torturé; le père s'y refuse.* Il n'est pas un déclamateur qui, représentant le personnage du père, se fasse faute d'insinuer que si son fils désire le soustraire à la torture, c'est dans la crainte qu'il ne le nomme parmi ses complices. Quoi de plus insensé cependant? car si les juges s'en aperçoivent, ou ils ne feront pas appliquer le père à la question, sachant dans quelle vue il la demande, ou ils n'auront aucune foi dans ses aveux, s'il est torturé. C'est pourtant très-probablement là ce que veut le père, dira-t-on; soit. Qu'il dissimule donc pour y parvenir. *Mais*, disent nos déclamateurs, *à quoi nous servira d'avoir deviné sa pensée, si nous ne la faisons pas connaître?* Je réponds: s'il s'agissait d'une cause sérieuse, laisseriez-vous percer un pareil dessein? Qui vous assure d'ailleurs que ce soit le véritable? l'accusé ne peut-il avoir d'autres motifs pour décliner l'option de son fils? ne serait-ce pas par respect pour la loi, ou parce qu'il ne veut rien devoir à son accusateur, ou enfin, et c'est là surtout à quoi je m'attacherais, pour soutenir son innocence au milieu des tortures? Vous n'avez donc pas même ici à alléguer cette excuse bannale, *que celui qui a donné le*

causis agendis frequenter non puto intuendum, quid litigator velit.

Est et ille in hoc genere frequens error, ut putent aliud quosdam dicere, aliud velle : præcipue quum in themate est, aliquem, ut sibi mori liceat, postulare : ut in illa controversia : *Qui aliquando fortiter fecerat, et alio bello petierat, ut militia vacaret ex lege, quod quinquagenarius esset, adversante filio ire in aciem coactus, deseruit. Filius, qui fortiter eodem prœlio fecerat, incolumitatem ejus optat: contradicit pater. Non enim*, inquiunt, *mori vult, sed invidiam filio facere.* Equidem rideo, quod illi sic timent, tamquam ipsi morituri, et in consilium suos metus ferunt, obliti tot exemplorum circa voluntariam mortem, causarum quoque, quas habet factus ex viro forti desertor.

Sed in una controversia sequi contrarium supervacuum est : ego in universum neque oratoris puto esse unquam prævaricari, neque litem intelligo, in qua pars utraque

sujet, a voulu qu'il fût traité ainsi; car d'abord il n'est pas certain qu'il l'ait voulu, et ensuite, l'eût-il voulu, si c'est une sotte idée, est-ce une raison pour l'exécuter sottement? Quant à moi, je suis persuadé au contraire que très-souvent au barreau il ne faut pas envisager sa cause, comme le voudrait la partie.

Une erreur assez fréquente encore dans ce genre de controverse, c'est de supposer que certains personnages, tout en disant une chose, en ont une autre en vue, surtout dans ces sujets de déclamation où quelqu'un demande à mourir volontairement, comme dans celui-ci : *Un homme qui s'était toujours comporté en vaillant soldat, étant appelé à une nouvelle guerre, veut s'en exempter d'après la loi, se disant quinquagénaire; son fils l'ayant pris à partie, il est forcé de se rendre à l'armée et déserte. Le fils fait une action d'éclat et obtient pour récompense de faire telle option qu'il voudra; il opte pour que son père ait la vie sauve : le père refuse sa grâce.* Ce n'est pas, disent encore ici nos déclamateurs, qu'il se soucie de mourir, c'est qu'il veut rendre son fils odieux. Je ris, en vérité, de leurs alarmes, comme si c'étaient eux qui dussent mourir, et j'admire comme ils prennent conseil de leur propre timidité. Oublient-ils donc tant d'exemples de gens qui se sont dévoués à une mort volontaire? ignorent-ils par combien de motifs peut y être poussé un brave que la fatalité a rendu déserteur?

Mais à quoi bon m'attacher à une controverse particulière pour signaler cette contradiction? j'aime mieux faire cette remarque générale, que l'orateur ne doit jamais trahir les intérêts qui lui sont confiés; et que je ne

idem velit; neque tam stultum quemquam, qui, si vivere vult, mortem potius male petat, quam omnino non petat.

Non tamen nego esse controversias hujusmodi figuratas : ut est illa, *Reus parricidii, quod fratrem occidisset, damnatum iri videbatur : pater pro testimonio dixit, eum se jubente fecisse : absolutum abdicat* : nam neque in totum filio parcit, nec, quod priore judicio affirmavit, mutare palam potest, et ut non durat ultra poenam abdicationis, ita abdicat tamen : et alioqui figura in patre plus facit, quam licet, in filio minus.

Ut autem nemo contra id, quod vult, dicit, ita potest melius aliquid velle, quam dicit : quo modo ille *abdicatus, qui a patre, ut filium expositum et ab eo educatum solutis alimentis recipiat, postulat*, revocari fortasse mavult : non tamen, quod petit, non vult.

Est latens et illa significatio, qua, quum jus asperius petitur a judice, fit tamen spes aliqua clementiæ, non palam, ne paciscamur, sed per quamdam credibilem suspicionem; ut in multis controversiis, sed in hac quo-

conçois pas de procès là où les deux parties sont d'accord. Je ne conçois pas non plus qu'un homme soit assez dépourvu de sens, s'il tient à la vie, pour demander maladroitement la mort, au lieu de ne la pas demander du tout.

Je ne nie pas cependant qu'il y ait des controverses figurées de ce genre, comme la suivante : *Un homme accusé de parricide pour avoir tué son frère, était sur le point d'être condamné. Son père appelé en témoignage déclare que le meurtre a eu lieu par ses ordres ; le fils est absous : plus tard, son père le déshérite.* En effet ici le père ne pardonne pas tout-à-fait à son fils, et, d'un autre côté, il ne peut pas donner ouvertement un démenti à son premier témoignage devant la justice; enfin, si son ressentiment ne va pas au delà d'une abdication, il ne laisse pas néanmoins de déshériter son fils : remarquez d'ailleurs que ces attaques figurées, quand elles sont dirigées contre un père, font toujours un plus fâcheux effet que quand elles s'adressent à un fils.

On ne dit jamais le contraire de ce qu'on veut, mais on peut vouloir quelque chose de mieux que ce qu'on dit. Par exemple, *ce fils déshérité qui prie son père de recevoir un autre de ses enfans abandonné, et que lui déshérité avait nourri, sauf à lui rembourser ses frais de nourriture;* ce fils, dis-je, aimerait mieux sans doute être rétabli dans ses droits : on ne peut pas dire pourtant qu'il ne désire pas ce qu'il demande.

C'est par une sorte d'insinuation figurée qu'on donne à entendre quelque chose qu'on ne dit point, comme lorsque l'on invoque auprès du juge toute la rigueur de son droit, et qu'on lui laisse entrevoir qu'on s'en relâchera quelque peu, non pas en termes explicites, dans la

que : *Raptor, nisi intra trigesimum diem, et raptæ patrem et suum exoraverit, pereat : qui exorato raptæ patre suum non exorat, agit cum eo dementiæ.* Nam si promittat hic pater, lis tollitur : si nullam spem faciat, ut non demens, crudelis certe videatur, et a se judicem avertat : Latro igitur optime, *Occides ergo? si potero:* remissius, et pro suo ingenio, pater Gallio, *Dura, anime, dura : here fortior fuisti.*

Confinia sunt his celebrata apud Græcos schemata, per quæ res asperas mollius significant : nam Themistocles suasisse existimatur Atheniensibus, ut *urbem apud deos deponerent,* quia durum erat dicere, *ut relinquerent* : et, qui Victorias aureas in usum belli conflari volebat, ita declinavit, *victoriis utendum esse :* totum autem allegoriæ simile est, aliud dicere, aliud intelligi velle.

Quæsitum etiam est, quomodo responderi contra

crainte de paraître transiger, mais à l'aide de quelque soupçon probable. Cela se voit dans beaucoup de controverses ; telle est celle-ci : *Tout ravisseur qui, dans l'espace de trente jours, n'aura pas désarmé le père de la personne enlevée et son propre père, sera puni de mort.* C'est la loi. *Un ravisseur qui avait obtenu sa grâce du père de celle qu'il avait enlevée, ne pouvant l'obtenir de son propre père, l'accuse de démence.* Dans cette espèce, si le père se laisse fléchir, il n'y a plus de procès ; si, au contraire, il ne donne aucun espoir d'adoucissement, bien que cela ne fasse pas préjuger l'état de démence, il passera pour cruel et s'aliènera le juge. Aussi le rhéteur Latro se tira-t-il très-adroitement de ce pas, en faisant dire au fils : *Eh ! quoi, mon père, vous me feriez mourir ?* A quoi le père répond : *Oui, si je le puis.* Gallion père (autre rhéteur), naturellement doux et modéré, faisait tenir à un père placé dans la même circonstance, un langage conforme à son caractère : *Allons, ferme, mon cœur, point de faiblesse ; tu fus hier plus courageux.*

Cette espèce de figure se rapproche beaucoup de celles que les Grecs emploient si heureusement pour adoucir certaines idées désagréables. Thémistocle conseilla, dit-on, aux Athéniens de *mettre leur ville sous la garde des dieux,* au lieu de leur dire de *l'abandonner,* ce qui eût été trop dur. Un autre qui voulait qu'on payât les frais de la guerre avec des statues d'or massif représentant la Victoire, fit passer sa proposition en disant qu'il fallait *profiter de ces victoires.* Or, tout cela rentre dans l'allégorie, qui dit une chose et en fait entendre une autre.

On a agité aussi la question de savoir comment il

figuras oporteret; et quidam, semper ex diverso aperiendas putaverunt, sicut latentia vitia rescinduntur : idque sane frequentissime faciendum est : aliter enim dilui objecta non possunt, utique quum quæstio in eo consistit, quod figuræ petunt : at quum maledicta sunt tantum, et non intelligere interim bonæ conscientiæ est. Atque etiam si fuerint crebriores figuræ, quam ut dissimulari possint, postulandum est, nescio quid illud, quod adversarii obliquis sententiis significare voluerint, si fiducia sit, objiciant palam; aut certe non exigant, ut, quod ipsi non audent dicere, id judices non modo intelligant, sed etiam credant.

Utilis etiam aliquando dissimulatio est, ut in eo (nota enim fabula est), qui, quum esset contra eum dictum, *Jura per patroni tui cineres*, paratum se esse respondit: et judex conditione usus est, clamante multum advocato schemata de rerum natura tolli : ut protinus etiam præceptum sit, ejusmodi figuris utendum temere non esse.

Tertium est genus, in quo sola melius dicendi petitur occasio; ideoque id Cicero non putat esse positum in contentione : tale est illud, quo idem utitur in Clodium, *Quibus iste, qui omnia sacrificia nosset, facile ab se deos placari posse arbitrabatur.*

convenait de répondre à ces figures, et quelques rhéteurs ont pensé que le devoir de la partie adverse était toujours de déchirer le voile qui les couvre, comme on pénètre jusqu'à la racine d'un mal caché, pour l'extirper. Sans doute c'est ainsi qu'on en doit très-souvent user : autrement on ne pourrait pas détruire les objections de son adversaire, surtout quand la question réside dans le point même où tendent indirectement ces figures; mais si ce ne sont que des traits de malignité, il est quelquefois d'une bonne conscience de ne pas y faire attention. Que si ces figures sont tellement prodiguées que l'intention ne puisse plus s'en dissimuler, c'est le cas alors de demander à ses adversaires qu'ils disent ouvertement, s'ils l'osent, ce ne sais quoi qu'ils enveloppent de tant d'ambiguités, ou qu'au moins ils n'aient pas la prétention de faire comprendre aux juges, et encore moins de leur faire croire, ce qu'eux-mêmes craignent d'articuler.

Quelquefois aussi on rétorque ces figures, en feignant de les prendre à la lettre. On connaît le trait de ce plaideur à qui son adversaire disait : *Jurez-en par les cendres de votre patron.* Je suis prêt à le faire, repondit-il; et le juge admit le serment. Sur quoi l'avocat se récria beaucoup, prétendant que c'était interdire l'usage des expressions figurées prises dans la nature. C'en est assez, au reste, pour recommander de ne pas trop se permettre ces hardiesses.

Venons au troisième genre de figures, qui se borne à saisir l'occasion de s'exprimer d'une manière plus piquante, et que Cicéron juge par cela même étranger à la controverse. En voici un exemple dans ce que dit notre orateur lui-même contre Clodius : *Comme il était fort*

Ironia quoque in hoc genere materiæ frequentissima est: sed eruditissimum longe, si per aliam rem alia intelligetur : ut adversus tyrannum, qui sub pacto abolitionis dominationem deposuerat, agit competitor, *Mihi in te dicere non licet, tu in me dic, et potes: Nuper te volui occidere.*

Frequens illud est, nec magnopere captandum, quod petitur a jurejurando : ut pro exheredato, *Ita mihi contingat herede filio mori* : nam et in totum jurare, nisi ubi necesse est, gravi viro parum convenit : et est a Seneca dictum eleganter, *non patronorum hoc esse, sed testium* : nec meretur fidem, qui sententiolæ gratia jurat; nisi si potest tam bene, quam Demosthenes, ut supra dixi. Levissimum autem longe genus ex verbo, etiamsi est apud Ciceronem in Clodiam, *Præsertim quam omnes amicam omnium, potius quam cujusquam inimicam putaverunt.*

Comparationem equidem video figuram non esse, quum sit interim probationis, interim etiam causæ genus : et sit talis ejus forma, qualis est pro Murena, *Vigilas tu de nocte, ut tuis consultoribus respondeas; ille, ut, quo contendit, mature cum exercitu perveniat: te*

expert en toutes sortes de sacrifices, il croyait qu'il pourrait facilement apaiser les dieux*.

L'ironie est très-fréquente aussi dans ce genre de figure, mais ce qui surtout la rend remarquable, c'est lorsqu'à l'aide d'une chose on en rappelle une autre. Un tyran avait déposé la souveraine puissance, avec amnistie pour le passé ; son compétiteur, plaidant contre lui, dit : *Il ne m'est pas permis de vous accuser ; quant à vous, parlez hardiment contre moi, vous le pouvez : j'ai voulu tout récemment vous tuer.*

Quelquefois aussi les sermens ne sont que des figures déguisées, mais c'est un genre auquel il ne faut pas trop s'adonner. Un avocat plaidant pour un fils déshérité, lui fait dire, sous forme de serment : *Puissé-je ainsi mourir, en laissant mes biens à mon fils!* Car, en général, il sied peu à un homme qui se respecte, de jurer, à moins qu'il n'y ait nécessité de le faire, et Sénèque a dit élégamment à ce sujet, que *c'était le fait des témoins et non des avocats.* D'ailleurs, quand on jure pour montrer de l'esprit, on ne mérite guère d'être cru, à moins qu'on ne s'en tire comme Démosthène dans le beau serment dont j'ai parlé plus haut. C'est un genre bien plus frivole encore, quand la figure ne joue que sur les mots. J'en trouve à regret un exemple dans Cicéron, lorsqu'il dit, en parlant de Clodia, *Qu'elle était plutôt l'amie de tous les hommes, que l'ennemie d'un seul.*

Quant à la *comparaison*, je ne crois pas que ce soit une figure, car tantôt c'est une espèce de preuve, tantôt

---

* Cicéron faisait allusion à l'audace de Clodius, qui s'était furtivement introduit aux mystères de la Bonne Déesse, où les femmes seules avaient leur entrée.

Gallorum, illum buccinarum cantus exsuscitat, et cetera : nescio an orationis potius quam sententiæ sit : id enim solum mutatur, quod non universa universis, sed singula singulis opponuntur ; et Celsus tamen, et non negligens auctor Visellius in hac eam parte posuerunt; Rutilius quidem Lupus in utroque genere, idque ἀντίθετον vocat.

Præter illa vero, quæ Cicero inter lumina posuit sententiarum, multa alia et idem Rutilius, Gorgiam secutus, non illum Leontinum, sed alium sui temporis, cujus quatuor libros in unum suum transtulit; et Celsus, videlicet Rutilio accedens, posuerunt *schemata;* consummationem, quam Græcus διαλλαγὴν vocat, quum plura argumenta ad unum effectum deducuntur; *consequens*, ille ἐπακολούθησιν, de quo nos in argumentis diximus; *collectionem*, qui apud illum est συλλογισμός· *minas*, idem κατάπληξιν· *exhortationem*, παραινετικόν· quorum nihil non rectum est, nisi quum aliquam ex his, de quibus locuti sumus, figuram accipit.

Præter hæc Celsus, *excludere, asseverare, detrectare, excitare judicem, proverbiis uti, et versibus, et joco, et invidia, et invocatione, intendere crimen*, quod est

même c'est un genre de cause, et sa forme est le plus souvent telle que dans ce passage de l'oraison pour Muréna : *Vous veillez la nuit pour préparer des réponses à ceux qui vous consultent ; lui, pour arriver de bonne heure avec ses troupes au rendez-vous qu'il a marqué. C'est le chant du coq qui vous réveille ; lui, c'est le son des trompettes*, etc. : je ne sais même s'il n'y aurait pas là figure de diction plutôt que de pensée, car l'opposition est moins dans le sens que dans les mots. Cependant Celsus, et Visellius, auteur assez exact, ont rangé la comparaison parmi les figures de pensées. Il est vrai que Rutilius Lupus la fait participer aux deux genres, et l'appelle antithèse (ἀντίθετον).

Quoi qu'il en soit, outre toutes les figures que Cicéron regarde comme donnant de l'éclat aux pensées, ce même Rutilius en admet beaucoup d'autres, et en cela il suit Gorgias, non le Léontin, mais un autre Gorgias de son temps dont il a transporté les quatre livres dans le sien. Celsus à cet égard ne fait que copier Rutilius : ces deux rhéteurs donc comptent encore parmi les figures de pensées, la *consommation*, que le rhéteur grec appelle διαλλαγή, et qui consiste à réunir plusieurs argumens pour concourir au même effet ; l'induction ou *conséquence*, qu'il appelle ἐπακολούθησις, dont nous avons parlé à propos des argumens ; la *collection*, ou, selon lui, le syllogisme, συλλογισμός ; la *menace*, κατάπληξις ; l'*exhortation*, παραινετικόν : or, tout cela est du langage direct, à moins, comme je l'ai dit, qu'il ne s'y joigne un tour figuré.

Celsus va plus loin encore : *exclure, affirmer, refuser, animer le juge, citer des proverbes, des vers, employer la raillerie, jeter de la défaveur sur son adver-*

δείνωσις, *adulari, ignoscere, fastidire, admonere, satisfacere, precari, corripere,* figuras putat; *partitionem* quoque, et *propositionem,* et *divisionem,* et *rerum duarum cognationem*, quod est, ut idem valeant, quæ videntur esse diversa; ut non is demum sit veneficus, qui vitam abstulit data potione, sed etiam qui mentem; quod est in parte finitionis.

Rutilius, sive Gorgias, ἀναγκαῖον, ἀνάμνησιν, ἀνθυποφοράν, ἀντίρρησιν, παραύξησιν, προέκθησιν, quod est dicere, quid fieri oportuerit, deinde quid factum sit: ἐναντιότητα, unde sint enthymemata, κατ' αἰτίασιν μετάληψιν etiam, quo statu Hermagoras utitur.

Visellius, quamquam paucissimas faciat figuras, ἐνθύμημα tamen, quod *commentum* vocat, et *rationem* appellans ἐπιχείρημα, inter eas habet. Quod quidem recipit quodammodo et Celsus: nam, *consequens* an epichirema sit, dubitat. Visellius adjicit et *sententiam.* Invenio, qui aggregent his διασκευὰς, ἀπαγορεύσεις, παραδιηγήσεις. Sed ut hæc non sunt schemata, sic alia

saire, *recourir aux invocations, aggraver le crime* (en grec δείνωσις), *flatter, user d'indulgence, dédaigner, admonester, condescendre, prier, réprimander* : tout cela, selon lui, constitue autant de figures ; il en voit même dans la *partition*, la *proposition*, la *division*, et dans l'*affinité de deux choses entr'elles*, c'est-à-dire lorsqu'on établit que, malgré leur diversité apparente, ces deux choses ont le même résultat : ainsi, on dira qu'un empoisonneur n'est pas seulement celui qui ôte la vie, au moyen d'un breuvage, mais encore celui qui fait perdre l'esprit par le même moyen ; ce qui rentre évidemment dans la définition.

Rutilius, ou plutôt Gorgias, présente comme figures certaines opérations de l'esprit, telles que de démontrer la nécessité d'une chose, ἀναγκαῖον, ou d'en rappeler le souvenir, ἀνάμνησιν, ou de se répondre à soi-même, ἀνθυποφοράν, ou de réfuter son adversaire, ἀντίρρησιν, ou d'amplifier, παραύξησιν, ou d'exposer ce qu'il aurait fallu faire et ce qui a été fait, προέκθησιν ; puis les contraires, ἐναντιότητα, d'où naissent les enthymèmes ; l'accusation, κατ' αἰτίασιν, et jusqu'à la métalepse, dont Hermagore fait un état de question oratoire.

Visellius, beaucoup plus sobre de figures, y range cependant l'enthymème, qu'il appelle *commentum*, invention, et l'épichérème, qu'il appelle *rationem*, raisonnement ; à quoi semble se conformer Celsus, puisqu'il paraît douter si l'induction, *consequens*, n'est pas ce qu'on entend par épichérème. Visellius ajoute encore la *sentence*. Enfin j'en vois qui renchérissent sur cette nomenclature et y ajoutent les préparations διασκευᾶς, les prohibitions, ἀπαγορεύσεις, les récits incidens, παρα-

vel sint forsitan, ac nos fugerint, vel etiam nova fieri adhuc possint, ejusdem tamen naturæ, cujus sunt ea, de quibus dictum est.

CAPUT III.

De figuris verborum.

Verborum vero figuræ et mutatæ sunt semper, et, utcunque valuit consuetudo, mutantur. Itaque si antiquum sermonem nostro comparemus, pæne jam, quidquid loquimur, figura est : ut, *huic rei invidere*, non, ut omnes veteres, et Cicero præcipue, *hanc rem* : et *incumbere illi*, non *in illum* : et, *plenum vino*, non *vini* : et, *huic*, non *hunc adulari*, jam dicitur, et mille alia : utinamque non pejora vincant.

Verum schemata λέξεως duorum sunt generum : alterum loquendi rationem vocant, alterum collocatione maxime exquisitum est. Quorum tametsi utrumque convenit orationi, tamen possis illud *grammaticum*, hoc *rhetoricum* magis dicere.

Prius fit iisdem generibus, quibus vitia : esset enim orationis *schema* vitium, si non peteretur, sed accideret. Verum auctoritate, vetustate, consuetudine plerumque defenditur, sæpe etiam ratione quadam; ideoque, quum

διηγήσεις. Mais de même que je ne reconnais pas tout cela pour des figures, il se pourrait qu'il y en eût d'autres qui m'eussent échappé, comme il se pourrait qu'on en découvrît de nouvelles, qui, au reste, rentreront toujours dans la nature de celles que j'ai définies.

CHAPITRE III.

Des figures de diction.

Les figures de diction ont toujours été sujettes à de nombreuses variations et en subissent encore au gré de la mode. Si nous comparons le langage d'autrefois à celui d'aujourd'hui, presque toutes nos locutions actuelles sont figurées. Ainsi nous disons *invidere huic rei*, et non comme les anciens, et particulièrement Cicéron, *invidere hanc rem*; *incumbere illi*, non *in illum*; *plenum vino*, non *vini*; *huic*, et non *hunc adulari*, et mille autres. Trop heureux si, dans ces changemens, le mal ne l'emporte pas sur le bien!

On distingue deux sortes de figures à l'égard des mots, l'une qui n'est proprement qu'une façon de s'exprimer, et l'autre, beaucoup plus relevée, qui s'applique à l'arrangement et à la composition. Quoique toutes deux conviennent à l'art oratoire, on peut dire néanmoins que la première est plus du ressort de la grammaire, et que la seconde appartient davantage à la rhétorique.

Les premières de ces figures ont une certaine affinité avec les vices du langage, car ce seraient de véritables fautes, si, au lieu d'être employées à dessein, elles échappaient par inadvertance. Elles passent cependant à la faveur de l'autorité, de l'ancienneté, de l'usage, et sou-

sit a simplici rectoque loquendi genere deflexa, virtus est, si habet probabile aliquid, quod sequatur. Una tamen in re maxime utilis, ut quotidiani ac semper eodem modo formati sermonis fastidium levet, et nos a vulgari dicendi genere defendat. Qua si quis parce, et quum res poscet, utetur, velut asperso quodam condimento jucundior erit : at qui nimium affectaverit, ipsam illam gratiam varietatis amittet.

Quamquam sunt quaedam figurae ita receptae, ut paene jam hoc ipsum nomen effugerint; quae etiamsi fuerint crebriores, consuetas aures minus ferient. Nam secretae, et extra vulgarem usum positae, ideoque magis nobiles, ut novitate excitant, ita copia satiant : nec se obvias fuisse dicenti, sed conquisitas, et ex omnibus latebris extractas congestasque declarant.

Fiunt ergo et circa genus figurae in nominibus: nam et *oculis capti talpae*, et *timidi damae* dicuntur a Virgilio : sed subest ratio, quia sexus uterque altero significatur : tamque mares esse *talpas damas*que quam feminas, certum est : et in verbis, ut, *fabricatus est gladium*, et, *inimicum punitus est.* Quod mirum minus est, quod in natura verborum est, et, quae facimus, patiendi modo saepe dicere; ut *arbitror, suspicor* : et contra faciendi, quae patimur, ut *vapulo* : ideoque frequens permutatio est, et pleraque utroque modo effe-

vent aussi, grâce à quelque raison particulière : et comme elles dévient des règles ordinaires de la langue, elles deviennent des beautés, si elles se fondent sur des motifs avoués par le goût. Elles ont surtout cet avantage, de diversifier le style, et de rompre la monotonie d'un langage trop simple et trop uniforme : pour qui sait en user avec sobriété et à propos, c'est un assaisonnement qui rend le discours plus agréable ; mais en ce genre, trop d'affectation détruit le charme même de la variété.

Il y a de ces figures qui sont tellement rebattues qu'elles en ont presque perdu le nom ; aussi on a beau les prodiguer, à peine l'oreille en est-elle frappée. Quant à celles qui sont moins connues, mieux choisies et par conséquent plus nobles, autant elles réveillent l'attention par leur nouveauté, autant elles fatiguent et rassasient, si on les multiplie trop ; et au lieu de révéler d'heureuses inspirations chez l'orateur, elles attestent seulement la peine qu'il s'est donnée pour aller les déterrer bien loin, et les entasser sans discernement.

Or, ces figures ont lieu, tantôt dans les noms par rapport au genre : ainsi Virgile a dit *oculis capti talpæ*, et *timidi damæ*, se fondant sur ce motif que cette appellation s'appliquait aux deux sexes, puisqu'il est évident que, sous les noms de *talpæ* et *damæ*, on a compris les mâles et les femelles ; tantôt dans les verbes, comme *fabricatus est gladium*, il a fabriqué le glaive, et *inimicum punitus est*, il a puni son ennemi : ce qui surprendra peu, si l'on fait attention qu'il est dans la nature des verbes de donner la voix passive à une signification active, comme *arbitror*, je crois, *suspicor*, je soupçonne, et la voix active à une signification passive, comme *vapulo*, je suis battu,

runtur, *luxuriatur, luxuriat; fluctuatur, fluctuat; assentior, assentio.* Est figura et in numero, vel quum singulari pluralis subjungitur, *gladio pugnacissima gens Romani; gens* enim ex multis : vel ex diverso,

> . . . . .Qui non risere parentes,
> Nec deus hunc mensa, dea nec dignata cubili est.

Ex illis enim, *qui* non risere, hic quem non dignata. In Satura,

> . . . . .Et nostrum istud vivere triste
> Aspexi. . . . .

quum infinito verbo sit usus pro appellatione : *nostram* enim *vitam* vult intelligi : utimur et verbo pro participio,

> . . . . . . .Magnum dat ferre talentum,

tamquam *ferendum* : et participio pro verbo, *volo datum.* Interim etiam dubitari potest, cui vitio simile sit schema, ut in hoc,

> Virtus est vitium fugere. . . . . .

aut enim partes orationis mutat, ex illo, *virtus est fuga vitiorum;* aut casus, ex illo, *virtutis est vitium fugere:* multo tamen hoc utroque excitatius : junguntur interim

Aussi la permutation est-elle fréquente, et beaucoup de verbes ont-ils les deux modes : *luxuriatur, luxuriat; fluctuatur, fluctuat; assentior, assentio.* Il y a aussi figure dans le nombre, soit lorsqu'un pluriel est gouverné par un singulier, comme : *gladio pugnacissima gens, Romani,* les Romains, cette nation si puissante à la guerre, parce que le mot *gens*, nation, est un mot collectif qui équivaut à un nombre indéfini; soit lors qu'un singulier se rapporte à un pluriel, comme dans Virgile :

> . . . . . . *Qui* non risere parentes,
> Nec deus *hunc* mensa, dea nec dignata cubili est.

C'est-à-dire *parmi ceux* qui n'ont pas souri à leurs parens, n'est pas *celui* qu'un dieu ait jugé digne, etc. Quelquefois c'est l'infinitif qui tient lieu de substantif. Perse a dit :

> . . . . Et nostrum istud vivere triste
> Aspexi. . . . . . .

or, par *nostrum vivere*, il faut entendre *nostram vitam* : ou bien c'est l'infinitif qu'on met pour le participe :

> . . . . . . Magnum dat *ferre* talentum.

au lieu de *ferendum;* et le participe pour l'infinitif : *volo datum,* au lieu de *dare.* On peut aussi être embarrassé quelquefois de savoir avec quel défaut la figure a de l'affinité, comme ici : *virtus est vitium fugere,* c'est une vertu que de fuir le vice : car, ou il y a changement dans les parties de l'oraison, en substituant le verbe au nom, *virtus est fuga vitiorum,* ou il y a changement de cas, en mettant *virtus* au lieu de *virtutis.* Il y a néanmoins quelque chose de plus hardi encore, c'est lorsqu'on emploie deux figures à la fois, comme ici : *Sthenelus*

schemata, *Sthenelus sciens pugnæ* : est enim, *scitus Sthenelus pugnandi.*

Transferuntur et tempora, *Timarchides negat esse ei periculum a securi* (præsens enim pro præterito positum est), et status,

> Hoc Ithacus velit. . . . .

et, ne morer, per omnia genera, per quæ fit *solœcismus.* Hæc quoque est, quam ἑτέρωσιν vocant: cui non dissimilis ἐξαλλαγὴ dicitur : ut apud Sallustium, *neque ea res falsum me habuit* : et, *duci probare* : ex quibus fere præter novitatem brevitas etiam peti solet : unde eousque processum est, ut *non pœniturum*, pro non acturo pœnitentiam : et *visuros*, ad videndum missos idem auctor dixerit. Quæ ille quidem fecerit *schemata*, an idem vocari possint, videndum, quia recepta sint : nam receptis etiam vulgo auctore contenti sumus : ut nunc evaluit *rebus agentibus*, quod Pollio in Labieno damnat : et, *contumeliam fecit*, quod a Cicerone reprehendi notum est : *affici enim contumelia* dicebant.

Alia commendatio vetustatis, cujus amator unice Virgilius fuit,

> Vel quum se pavidum contra mea jurgia jactat:

sciens pugnæ, Sthenelus savant dans le combat, pour dire *Sthenelus scitus pugnandi*, Sthenelus habile à combattre.

On change aussi les temps : *Timarchides va trouver le jeune homme, et lui dit qu'à la vérité il n'a point à craindre la mort....* Ici le présent est mis pour le passé. Ou bien c'est un mode qu'on met pour un autre :

Hoc Ithacus velit........ [pour *vult.*]

En un mot, il y a autant de manières de s'exprimer par figure, qu'il y a de genres de solécismes. C'est encore une figure que de dénaturer certaines expressions, pour leur donner un tour extraordinaire. Salluste a dit : *neque ea res falsum me habuit*, au lieu de *me fefellit*; il a dit aussi : *duci probare*. Dans ces figures, outre la nouveauté, c'est la brièveté qu'on recherche ordinairement, à tel point que le même auteur n'a pas craint de dire *non pœniturum* pour *non acturum pœnitentiam*, et *visuros* pour *ad videndum missos*. Reste à savoir si ces locutions qui sont des figures dans Salluste, en sont encore aujourd'hui, que l'usage les a consacrées; car il suffit d'un écrivain, même vulgaire, pour donner cours à certaines expressions : c'est ainsi qu'a prévalu *rebus agentibus*, que Pollion condamne dans Labienus, et *contumeliam fecit*, que Cicéron a blâmé, comme on le sait, parce qu'on disait, de son temps, *affici contumelia*.

Une autre recommandation pour ces figures, c'est l'antiquité, dont Virgile s'est montré amateur exclusif, comme on peut le voir dans les vers suivans :

Vel quum se pavidum contra mea jurgia jactat*:* *
Æn., lib. xi, v. 406.

* Il y a dans Virgile *fingit*.

> Progeniem sed enim trojano a sanguine duci
> Audierat.......

Quorum similia apud veteres tragicos comicosque sunt plurima; illud et in consuetudine remansit, *enimvero.* His amplius apud eumdem :

> Nam quis te juvenum confidentissime......

quo sermonis initium fit : et,

> Tam magis illa tremens, et tristibus effera flammis,
> Quam magis effuso crudescunt sanguine pugnæ.

Quod est versum ex illo, *Quam magis ærumna urget, tam magis ad malefaciendum viget.* Pleni talibus antiqui : sicut initio Eunuchi Terentius, *Quid igitur faciam?* inquit : *Allusit tandem leno* : Catullus in epithalamio,

> .....Dum innupta manet, dum cara suis est,

quum prius *dum* significet *quoad*, sequens *usque eo.* Ex Græco vero translata vel Sallustii plurima, quale est, *vulgus amat fieri* : vel Horatii (nam is maxime probat hoc) :

> .....Nec ciceris, nec longæ invidit avenæ.

vel Virgilii,

> ....Tyrrhenum navigat æquor.

Et jam vulgatum actis quoque, *saucius pectus.*

Progeniem *sed enim* trojano a sanguine duci
Audierat..... (*Æn.*, lib. 1, v. 19.)

Ce n'est que chez les anciens tragiques et comiques qu'on trouve des particules et des conjonctions ainsi placées; et de là sans doute est venu notre *enimvero*. Le même poète offre encore quelque chose de plus fort, car il commence ainsi un discours :*

Nam quis te juvenum confidentissime.....

et ces vers du VIIe livre de l'*Enéide***,

Tum magis illa tremens, et tristibus effera flammis,
Quam magis effuso crudescunt sanguine pugnæ.

ne sont qu'une inversion de ces mots en prose : QUAM MAGIS *ærumna urget*, TAM MAGIS *ad malefaciendum viget*. Les anciens sont pleins de ces façons de parler. Voyez le début de l'Eunuque dans Térence : *Quid* IGITUR *faciam?* et dans un autre comique : *Allusit* TANDEM *leno*. Catulle a dit, dans un épithalame,

.....Dum innupta manet, dum cara suis est,

le premier *dum* signifie *pendant que*, et le second veut dire *jusque là*. Il y a dans Salluste beaucoup d'expressions empruntées aux Grecs; telle est celle-ci : *vulgus amat fieri*. On change aussi les cas à leur imitation, comme Horace dans le vers suivant :

.....Nec ciceris, nec longæ invidit avenæ.

et Virgile :

........Tyrrhenum navigat æquor.

Il s'est même glissé des hellénismes dans des actes publics, comme celui-ci : *saucius pectus*.

* C'est le début de ce que dit Protée à Aristée (*Géorg.*, liv. IV).
** A propos de la chimère placée sur le casque de Turnus (vers 445).

Ex eadem parte figurarum *additio* et *abjectio* est; illaque prior videri potest supervacua, sed non sine gratia est :

Nam neque Parnasi vobis juga, nam neque Pindi.

Potest enim deesse alterum *nam* : et apud Horatium illud,

. . . . .Fabriciumque,
Hunc, et intonsis Curium capillis.

Et detractiones, quæ in complexu sermonis, aut *vitium* habent, aut *figuram*, ut, *accede ad ignem : jam calesces plus satis : plus* enim *quam satis* est. Nam de altera, quæ *detractione*, pluribus adjiciendum est.

Utimur vulgo et comparativis pro absolutis, ut se quis *infirmiorem* esse dicet : duo inter se comparativa committimus, *Si te, Catilina, comprehendi, si interfici jussero, credo, erit verendum mihi, ne non hoc potius omnes boni serius a me, quam quisquam crudelius factum esse dicat*. Sunt et illa non similia solœcismo quidem, sed tamen numerum mutantia, quæ et tropis assignari solent, ut de uno pluraliter dicamus,

Sed nos immensum spatiis confecimus æquor:

et de pluribus singulariter,

L'*addition* et le *retranchement* rentrent encore dans cette partie des figures. L'addition peut paraître superflue, cependant elle ne manque pas de grâce :

Nam neque Parnasi vobis juga, *nam* neque Pindi.

A la rigueur on pouvait se passer du second *nam ;* il en est de même de ce vers d'Horace :

. . . . .Fabriciumque,
Hunc, et intonsis Curium capillis.

Le retranchement qu'on opère dans la contexture de la phrase est ou un défaut ou une figure, comme : *accede ad ignem, jam calesces plus satis,* c'est-à-dire *plus quam satis est.* Il n'y a là que le mot *quam* d'omis. Il est un autre genre de retranchement auquel on ne supplée qu'à l'aide de plusieurs mots.

C'est encore figurément qu'on a l'usage d'employer le *comparatif* pour le *positif*, comme si quelqu'un disait de lui-même, *esse infirmiorem* pour *infirmum.* On oppose aussi deux comparatifs entre eux : *Si te, Catilina, comprehendi, si interfici jussero, credo, erit verendum mihi, ne non hoc potius omnes boni* SERIUS *a me, quam quisquam* CRUDELIUS *factum esse dicat.* Il y a d'autres figures qui n'ont, à la vérité, rien de commun avec le solécisme, et qui pourtant dénaturent le nombre : aussi les range-t-on d'ordinaire parmi les tropes. C'est ainsi que, tantôt on s'exprime au pluriel, quoiqu'il ne s'agisse que d'une seule personne :

Nous venons de fournir une immense carrière,

dit Virgile dans ses *Géorgiques ;* tantôt, à propos de

Haud secus ac patriis acer Romanus in armis.

Specie diversa, sed genere eadem et hæc sunt,

Neve tibi ad solem vergant vineta cadentem.

Ne mihi tum molles sub divo carpere somnos,
Neu dorso nemoris libeat jacuisse per herbas:

non enim nescio cui alii prius, nec postea sibi uni, sed omnibus præcipit : et de nobis loquimur tamquam de aliis, *Dicit Servius.... Negat Tullius* : et nostra persona utimur pro aliena, et alios pro aliis fingimus : utriusque rei exemplum pro Cæcina : Pisonem, adversæ partis advocatum, alloquens Cicero dicit, *Restituisse te dixti, Nego me ex edicto prætoris restitutum esse* : verum enim illud *restituisse* Æbutius dixit; Cæcina, *nego me ex edicto prætoris restitutum esse* : et ipsum *dixti*, excussa syllaba, figura in verbo.

Illa quoque ex eodem genere possunt videri : unum quod *interpositionem*, vel *interclusionem* dicimus, Græci

plusieurs, on se sert du singulier : le même poète dit, en parlant de nos soldats :

> Tel le vaillant Romain, sous sa charge pesante,
> Marche d'un pas léger.....

Voici d'autres figures d'une espèce différente, mais appartenant au même genre :

> N'attends rien d'une vigne exposée au couchant.
> *Géorg.*, Del.
> Me préservent les dieux d'aller dans les forêts
> Goûter le doux sommeil ou respirer le frais !
> *Idem.*

Ce n'est pas à un tiers que Virgile s'adresse dans ce premier vers, ce n'est pas lui seul qu'il a en vue dans les deux suivans; ce sont des préceptes qu'il donne à tout le monde. Quelquefois c'est de nous-mêmes que nous parlons, en nous servant de la troisième personne : *Servius affirme.... Cicéron nie;* ou nous prenons pour notre compte ce qui regarde autrui, ou nous faisons parler une personne au lieu d'une autre. Je trouve ce double exemple dans le plaidoyer pour Cécina. Cicéron interpellant Pison, avocat de sa partie adverse : *Vous avez avancé,* lui dit-il, *que vous m'aviez remis en possession, et moi je nie que j'aie été remis en possession, conformément au texte de l'édit du préteur.* Or, c'est réellement Ébutius qui a avancé ce fait, et c'est Cécina qui l'a nié. Dans ce que je viens de citer, l'orateur romain se sert du mot *dixti* pour *dixisti,* en retranchant une syllabe, ce qui est encore une figure de diction (la syncope).

On peut aussi rapporter à ce genre de figures, premièrement l'*interposition* ou *interclusion*, qui est la pa-

παρένθεσιν vocant, dum continuationi sermonis medius aliquis sensus intervenit, *Ego quum te (mecum enim saepissime loquitur) patriae reddidissem :* cui adjiciunt *hyperbaton*, quod inter tropos esse noluerunt : alterum, quod est ejus figurae sententiarum, quae ἀποστροφή dicitur, simile, sed non sensum mutat, verum formam eloquendi:

> .... Decios, Marios, magnosque Camillos,
> Scipiadas duros bello, et te, maxime Caesar.

Acutius, adhuc in Polydoro :

> Fas omne abrumpit, Polydorum obtruncat, et auro
> Vi potitur. Quid non mortalia pectora cogis,
> Auri sacra fames? ....

Ii qui tam parva momenta nominibus discreverunt, μετάβασιν vocant, quam et aliter fieri putant :

> Quid loquor ? aut ubi sum ? ....

Conjunxit autem παρένθεσιν et ἀποστροφήν Virgilius illo loco,

> Haud procul inde citae Metium in diversa quadrigae
> Distulerant (at tu dictis, Albane, maneres),
> Raptabatque viri mendacis viscera Tullus.

Haec *schemata*, aut his similia, quae erunt *per mutationem, adjectionem, detractionem, ordinem,* et convertunt in se auditorem, nec languere patiuntur subinde aliqua notabili figura excitatum : et habent quamdam ex illa vitii similitudine gratiam, ut in cibis interim acor ipse jucundus est; quod continget, si neque supra mo-

renthèse des Grecs, lorsqu'au milieu d'une période, on intercale un sens quelconque, comme ici : *Après, disait-il (car il me parle très-souvent), après vous avoir rendu à la patrie*, etc. ; à quoi on ajoute l'hyperbate, qu'on ne veut pas compter parmi les tropes; secondement, une autre figure qui tient de l'apostrophe, et qui, sans changer le sens, change la forme de l'expression :

> Les braves Scipions, les généreux Camilles,
> *Toi surtout, toi, César!* (Géorg., Del.)

Cette figure est surtout pleine de force dans ce passage de l'*Énéide* où Virgile décrit la mort de Polydore :

> L'intérêt étouffa la pitié dans son âme,
> Il tua Polydore et saisit son trésor.
> *Que ne peut sur les cœurs l'ardente soif de l'or!*

Ceux qui aiment à distinguer par des noms les plus petites choses, appellent métabase, μετάβασις, cette forme de langage : *Que dis-je? Où suis-je?* Virgile a réuni la parenthèse et l'apostrophe dans le passage qui suit :

> Non loin de là, pour prix de son lâche artifice,
> Metius expirait dans un affreux supplice,
> (Chef des Albains pourquoi faussais-tu tes sermens?)
> Et Tullus dispersait ses membres palpitans.

Ces figures et autres semblables qui ont lieu par changement et addition, retranchement ou transposition, ont le mérite de captiver l'attention de l'auditeur par l'attrait de la nouveauté, sans jamais la laisser languir : car cette affinité même qu'elles ont avec les vices, est comme ce petit goût acide que nous aimons à rencontrer dans nos mets; et pour cela, il faut qu'elles ne soient ni multipliées à l'excès, ni de même espèce, ni

dum multæ fuerint, nec ejusdem generis aut junctæ, aut frequentes : quia satietatem, ut varietas earum, ita raritas effugit.

Illud est acrius genus, quod non tantum in ratione positum est loquendi, sed ipsis sensibus quum gratiam, tum etiam vires accommodat.

E quibus primum sit, quod fit *per adjectionem* : plura sunt genera : nam et verba geminantur, vel amplificandi gratia : ut, *Occidi, occidi, non Sp. Mælium*; alterum est enim, quod indicat, alterum, quod affirmat : vel miserandi, ut,

Ah Corydon, Corydon!......

Quæ eadem figura nonnunquam per *ironiam* ad elevandum convertitur; similis geminationis post aliquam interjectionem repetitio est, sed paulo etiam vehementior, *Bona, miserum me! (consumptis enim lacrymis tamen infixus animo hæret dolor) bona, inquam, Cn. Pompeii acerbissimæ voci subjecta præconis ; vivis, et vivis non ad deponendam, sed ad confirmandam audaciam.*

Et ab iisdem verbis plura acriter et instanter incipiunt, *Nihilne te nocturnum præsidium palatii, nihil urbis vigiliæ, nihil timor populi, nihil consensus bonorum omnium, nihil hic munitissimus habendi senatus locus, nihil horum ora vultusque moverunt?* et in iisdem desinunt, *Quis eos postulavit? Appius; quis pro-*

trop rapprochées : soyons-en donc sobres, et varions-les, pour qu'elles ne produisent pas la satiété.

Passons maintenant à celles qui sont d'un genre plus élevé, en ce qu'elles ne consistent pas seulement à modifier le langage, mais à donner plus de force ou de grâce à nos pensées.

Je mets d'abord au premier rang la figure qui s'obtient par addition. Il y en a de plusieurs sortes : tantôt on répète les mots pour amplifier, *j'ai tué, oui, j'ai tué, non un Spurius Mélius....* Le premier *j'ai tué* indique le fait, le second l'affirme. Tantôt on les répète pour accroître la pitié :

Ah! Corydon, Corydon!......

Quelquefois aussi on tourne cette figure en ironie pour atténuer. Quand la répétition se fait après quelque interjection, elle a un peu plus de force : *Les biens.... malheureux que je suis! (je ne puis plus pleurer, et cependant la douleur me perce l'âme) les biens, dis-je, du grand Pompée mis à l'encan par un crieur public!* — *Tu vis néanmoins, Catilina, tu vis, non pour abjurer, mais pour confirmer ton audace.*

La répétition est encore plus pressante et plus vive, soit au commencement des incises d'une phrase, soit à la fin. Au commencement : *Quoi!* NI *la garde nocturne du mont Palatin,* NI *celle qui veille dans Rome,* NI *l'effroi du peuple,* NI *l'indignation de tous les gens de bien,* NI *ce lieu fortifié où le sénat s'assemble,* NI *le visage irrité des sénateurs eux-mêmes, rien ne sera capable de t'émouvoir?* A la fin : *Qui les a demandés?*

duxit? Appius : quamquam hoc exemplum ad aliud quoque schema pertinet, cujus et initia inter se et fines iidem sunt, *quis* et *quis, Appius* et *Appius :* quale est, *Qui sunt, qui fœdera sæpe ruperunt? Carthaginienses; qui sunt, qui crudelissime bellum gesserunt? Carthaginienses; qui sunt, qui Italiam deformarunt? Carthaginienses; qui sunt, qui sibi ignosci postulant? Carthaginienses.*

Etiam in contrapositis, vel comparativis solet respondere primorum verborum alterna repetitio, quod modo hujus esse loci potius dixi : *Vigilas tu de nocte, ut tuis consultoribus respondeas; ille, ut eo, quo intendit, mature cum exercitu perveniat : te gallorum, illum buccinarum cantus exsuscitat : tu actionem instituis; ille aciem instruit : tu caves, ne consultores tui; ille, ne urbes, aut castra capiantur.* Sed hac gratia non fuit contentus orator, vertit in contrarium eamdem figuram : *Ille tenet et scit, ut hostium copiæ, tu, ut aquæ pluviæ arceantur : ille exercitatur in propagandis finibus, tu in regendis.*

Possunt media quoque respondere vel primis; ut,

Te nemus Anguitiæ, vitrea te Fucinus unda :

vel ultimis, *Hæc navis onusta præda Siciliensi, quum ipsa quoque esset ex præda :* nec quisquam dubitabit

Appius. *Qui les a produits ?* Appius. Mais ce dernier exemple appartient plus particulièrement à cette autre figure (la symploce) qui commence et qui finit toujours de la même manière : *Qui* et *qui ? Appius* et *Appius*. Tel est le passage suivant : Quels *sont ceux qui ont si souvent rompu les traités ?* Les Carthaginois. Quels *sont ceux qui ont fait une guerre inhumaine en Italie ?* Les Carthaginois. Quels *sont ceux qui ont dévasté ce pays ?* Les Carthaginois. Quels *sont ceux qui demandent qu'on les ménage ?* Les Carthaginois.

Dans les antithèses même et dans les comparaisons, on répète les premiers mots qui se répondent alternativement, ce qui m'a fait dire que c'était plutôt une figure de diction que de pensée : *Vous vous levez de grand matin pour donner vos consultations ; lui, pour arriver de bonne heure avec ses troupes au rendez-vous qu'il a fixé ; vous êtes tous les jours éveillé par le chant du coq ; lui, par le son du clairon ; vous vous entendez fort bien à disposer une cause ; lui, à ranger une armée en bataille ; vous veillez aux intérêts de vos cliens ; lui veille à la sûreté de nos villes et de nos camps.* C'est peu de cette beauté, l'orateur poursuit la même figure en renversant les termes de la comparaison : *Il sait à merveille comment on arrête l'ennemi ; vous, comment on retient les eaux pluviales ; il est expert dans l'art d'étendre nos frontières ; vous, dans l'art de fixer les limites d'un champ entre voisins.*

On fait aussi correspondre le milieu, soit avec le commencement, comme ici :

Te nemus Anguitiæ, vitrea *te* Fucinus unda.

soit avec la fin, comme dans cette phrase : *Ce vaisseau*

idem fieri posse iteratis utrinque mediis : respondent primis et ultima, *Multi et graves dolores inventi parentibus, et propinquis multi.* Est et illud repetendi genus, quod semel proposita iterat et dividit,

> Iphitus et Pelias mecum, quorum Iphitus ævo
> Jam gravior, Pelias et vulnere tardus Ulixi.

ἐπάνοδος dicitur græce, nostri *regressionem* vocant. Nec solum in eodem sensu, sed etiam in diverso eadem verba contra : *Principum dignitas erat pœne par, non par fortasse eorum, qui sequebantur :* interim variatur casibus hæc et generibus iteratio, *Magnus est labor dicendi, magna res est* : et apud Rutilium longa περίοδοις : sed hæc initia sententiarum sunt, *Pater hic tuus? patrem hunc appellas? patri tu filius es?*

Fit casibus modo hoc schema, quod πολύπτωτον vocant : constat et aliis etiam modis; ut pro Cluentio, *Quod autem tempus veneni dandi? illo die? in illa frequentia? per quem porro datum? unde sumptum? quæ porro interceptio poculi? cur non de integro autem datum?* Hanc rerum conjunctam diversitatem Cæcilius μεταβολὴν vocat: qualis est pro Cluentio locus in Oppianicum, *Illum tabulas publicas Larini censorias corrupisse, decuriones universi judicaverunt : cum illo nemo rationem, nemo*

chargé de VOLS *commis sur les Siciliens, faisait lui-même partie de ces* VOLS. Point de doute qu'on ne puisse aussi répéter les mots qui sont au milieu. Quelquefois, c'est la fin qui répond au commencement : QUE DE TOURMENS *imaginés contre les parens*, contre *les proches* QUE DE TOURMENS! Il y a un autre genre de répétition qui reproduit ce dont on a parlé, pour le diviser :

 Iphite et Pélias sont foulés avec moi;
 Iphite, de qui l'âge enchaîne la vaillance,
 Et Pélias, qu'Ulysse a blessé de sa lance. (*Énéide*, DEL.)

c'est ce que les Grecs appellent ἐπάνοδος que nous traduisons par *regressio*, c'est-à-dire l'action de revenir sur ses pas. La répétition a lieu soit que les mêmes mots présentent un sens pareil, soit qu'ils en aient un différent : *Principum dignitas erat pæne par, non par fortasse eorum, qui sequebantur.* Elle varie même les genres et les cas; les genres : *Magnus est labor dicendi, magna res est;* les cas : en voici un exemple dans une longue période de Rutilius, dont je ne citerai que le commencement, *Pater hic tuus ? patrem hunc appellas ? Patri tu filius es ?*

C'est dans le changement de cas que réside spécialement la figure appelée *polyptote;* cependant elle se fait aussi de plusieurs autres manières, comme dans ce passage de l'oraison pour Cluentius : *Quod autem tempus veneni dandi? illo die? in illa frequentia? per quem porro datum? unde sumptum? quæ porro interceptio poculi? cur non de integro autem datum?* Ce sont tous ces changemens réunis que Cécilius appelle *métabole*, μεταβολὴ; tel est ce passage contre Oppianicus dans l'oraison que je viens de citer : *Illum tabulas publicas Larini censorias corrupisse, decuriones universi judi-*

rem ullam contrahebat : nemo illum ex tam multis cognatis et affinibus tutorem unquam liberis suis scripsit, et deinceps adhuc multa. Ut hæc in unum congeruntur, ita contra illa dispersa sunt, quæ a Cicerone *dissipata* dici puto,

> Hic segetes, illic veniunt felicius uvæ,
> Arborei fœtus alibi;

et deinceps.

Illa vero apud Ciceronem mira figurarum mixtura deprehenditur, in qua et primo verbo longo post intervallo redditum est ultimum, et media primis, et mediis ultima congruunt : *Vestrum jam hic factum deprehenditur, Patres conscripti, non meum : ac pulcherrimum quidem factum : verum, ut dixi, non meum, sed vestrum.* Hanc frequentiorem repetitionem πλοκὴν vocant, quæ fit ex permixtis figuris, ut supra dixi, utque se habet epistola ad Brutum, *Ego quum in gratiam redierim cum Appio Claudio, et redierim per Cn. Pompeium, et ego ergo quum redierim.* Et in iisdem sententiis crebrioribus mutata declinationibus iteratione verborum : ut apud Persium,

> . . . . Usque adeone
> Scire tuum nihil est, nisi te scire hoc sciat alter?

Et apud Ciceronem, *Neque enim poterat indicio et his damnatis, qui indicabantur.* Sed sensus quoque toti,

caverunt : cum illo nemo rationem, nemo rem ullam contrahebat : nemo illum ex tam multis cognatis et affinibus tutorem unquam liberis suis scripsit, et le reste. Ici, tous les objets sont accumulés; voici un exemple où ils sont dispersés, ce que Cicéron appelle, je crois, *dissipata* :

> Hic segetes, illic veniunt felicius uvæ,
> Arborei fœtus alibi, etc.

Je trouve dans Cicéron un mélange agréable de ces diverses figures, où, après un long intervalle, le dernier mot répond au premier, le milieu au commencement, et la fin au milieu : *Vestrum jam hic factum deprehenditur, Patres conscripti, non meum : ac pulcherrimum quidem factum : verum, ut dixi, non meum, sed vestrum*. Cette répétition fréquente qui a lieu, comme je l'ai dit ci-dessus, au moyen du mélange de plusieurs figures, s'appelle πλοκὴ, *complication*; c'est ce qu'on remarque dans l'épître à Brutus : *Ego quum in gratiam redierim cum Appio Claudio, et redierim per Cn. Pompeium, et ego ergo quum redierim.* Cette figure se fait aussi lorsque les mots répétés sont employés avec des inflexions diverses, comme dans ce passage de Perse, *Sat.* 1, v. 27 :

> . . . . Usque adeone
> Scire tuum nihil est, nisi te scire hoc sciat alter?

et dans Cicéron : *Neque enim poterat indicio et his damnatis, qui indicabantur.* Quelquefois encore, le sens

quemadmodum coeperunt, desinent : *Venit ex Asia, hoc ipsum quam bonum? Trib. pleb. venit ex Asia :* in eadem tamen periodo et verbum ultimum primo refertur, tertium jam sermone adjectum est, *verumtamen venit :* interim sententia quidem repetitur, sed eodem verborum ordine, *Quid Cleomenes facere potuit? non enim possum quemquam insimulare falso; quid, inquam, Cleomenes magnopere facere potuit?* Prioris sententiae verbum ultimum, ac sequentis primum frequenter est idem : quo quidem schemate utuntur poetae saepius,

    Pierides, vos haec facietis maxima Gallo,
    Gallo, cujus amor tantum mihi crescit in horas.

Sed ne oratores quidem raro : *Hic tamen vivit : vivit? immo vero etiam in senatum venit.*

Aliquando, sicut in geminatione verborum diximus, initia quoque et clausulae sententiarum aliis, sed non alio tendentibus verbis, inter se consonant : initia hoc modo, *Dediderim periculis omnibus, obtulerim insidiis, objecerim invidiae :* rursus clausulae : ibidem statim, *Vos enim statuistis, vos sententiam dixistis, vos judicastis :* hoc alii συνωνυμίαν, alii *disjunctionem* vocant, utrumque, etiamsi est diversum, recte : nam est nominum idem significantium separatio : congregantur quoque verba idem significantia ; *Quae quum ita sint, Catilina, perge*

entier de la phrase finit comme il a commencé : *Venit ex Asia, hoc ipsum quam bonum ? Tribunus plebis venit ex Asia :* dans cette période, le dernier mot répond au premier, et cependant on le répète une troisième fois, *verumtamen venit.* Quelquefois, les mots se reproduisent dans le même ordre : *Quid Cleomenes facere potuit? non enim possum quemquam insimulare falso; quid, inquam, Cleomenes magnopere facere potuit ?* Souvent le dernier mot de la première période devient le premier de la seconde, ce qui est fréquent chez les poètes :

Pierides, vos hæc facietis maxima *Gallo,*
Gallo, cujus amor tantum mihi crescit in horas.

Les orateurs en usent aussi : *Et cependant, il vit. Il vit! que dis-je? il ose se présenter au sénat!*

Quelquefois, ainsi que nous l'avons déjà dit au sujet de la répétition des mots, les membres d'une période commencent ou se terminent par des termes qui diffèrent seulement de nature, mais qui ont la même consonnance : DEDIDERIM *periculis omnibus,* OBTULERIM *insidiis,* OBJECERIM *invidiæ;* voilà pour le commencement : *Vos enim* STATUISTIS, *vos sententiam* DIXISTIS, *vos* JUDICASTIS; voilà pour la fin. C'est ce que les uns appellent *synonymie,* et les autres *disjonction;* et ces deux dénominations sont exactes quoique contradictoires, puisque ce n'est que la séparation de mots qui au fond signifient la même chose. Quelquefois, au lieu

quo cœpisti : egredere aliquando ex urbe : patent portæ : proficiscere. Et in eumdem alio libro, *Abiit, excessit, erupit, evasit:* hoc Cæcilio πλεονασμὸς videtur, id est, abundans super necessitatem oratio : sicut illa, *Vidi oculos ante ipse meos :* in illo enim *vidi* inest *ipse;* verum id, ut alio quoque loco dixi, quum supervacua oneratur adjectione, vitium est : quum auget manifestam sententiam, sicut hic, virtus : *Vidi, ipse, ante oculos,* totidem sunt affectus. Cur tamen hæc proprie nomine tali notarit, non video : nam et geminatio, et repetitio, et qualiscunque adjectio, πλεονασμὸς videri potest.

Nec verba modo, sed sensus quoque idem facientes, acervantur : *Perturbatio istum mentis, et quædam scelerum offusa caligo, et ardentes furiarum faces excitarunt.* Congeruntur et diversa : *Mulier, tyranni sæva crudelitas, patris amor, ira præceps, temeritas, dementia,* et apud Ovidium,

<blockquote>
Sed grave Nereidum numen, sed corniger Ammon,
Sed quæ visceribus veniebat bellua ponti
Exsaturanda meis. . . . .
</blockquote>

Inveni, qui et hoc πλοκὴν vocaret : *Quæro ab inimicis, sintne hæc investigata, comperta, patefacta, sublata, deleta, extincta per me?* cui non assentior, quum sint unius figuræ et mixtæ quoque, et idem et diversum significantia, quod et ipsum διαλλαγὴν vocant; *Investigata,*

de les séparer, on les accumule : *Cela étant ainsi, Catilina, poursuivez vos projets, sortez de la ville; les portes vous sont ouvertes; allez, partez.* Et dans un autre endroit : *Il est enfin parti, il a fui, il a disparu!* Cécilius trouve dans cet exemple un pléonasme, c'est-à-dire une abondance inutile de mots, ainsi que dans cette phrase : *J'ai vu moi-même, de mes yeux vu;* mais, comme je l'ai remarqué ailleurs, quand la redondance est vaine, c'est défaut; quand elle ajoute à la pensée, c'est beauté, comme ici, où chaque mot est une peinture : *J'ai vu moi-même, de mes yeux vu.* Je ne m'explique donc pas pourquoi Cécilius traite cela de pléonasme; car, à ce compte, tout redoublement, toute répétition, toute adjonction quelconque pourrait passer pour pléonasme.

On n'accumule pas seulement les mots, mais encore les pensées, soit qu'elles se confondent en une seule, comme dans cet exemple : *Le trouble de son âme, l'aveugle égarement du crime, la sombre agitation des furies, voilà ce qui l'a entraîné dans l'abîme;* soit qu'elles soient différentes, comme dans cet autre exemple : *C'est cette femme, c'est la farouche cruauté du tyran, c'est l'amour de son père, la colère, la témérité, la démence qui l'ont conduit là;* et dans Ovide : *Non ce n'est point ce prince qui vous l'a enlevée, mais le courroux redoutable des Néréides, mais ce cruel oracle d'Ammon, mais ce monstre affreux qui en la dévorant allait déchirer mes entrailles*[*], etc...* c'est ce que quelques personnes appellent une complication de figures, πλοκὴ, et ils en trouvent le caractère dans ce passage

---

[*] Discours de Céphée en faveur de Persée son gendre, libérateur d'Andromède. *Voyez* les *Métamorphoses* d'Ovide, liv. v, v. 17.

comperta, patefacta, aliud ostendunt; *sublata, deleta, exstincta,* sunt inter se similia, sed non etiam prioribus.

Et hoc autem exemplum, et superius, aliam quoque efficiunt figuram, quæ, quia conjunctionibus caret, *dissolutio* vocatur; apta, quum quid instantius dicimus: nam et singula inculcantur, et quasi plura fiunt : ideoque utimur hac figura non in singulis modo verbis, sed sententiis etiam : ut Cicero dicit contra concionem Metelli, *Qui indicabantur, eos vocari, custodiri, ad senatum adduci jussi; in senatu sunt positi* : et totus hic locus; hoc genus βραχυλογίαν vocant, quæ potest esse *copulata dissolutio* : contrarium id est schema, quod conjunctionibus abundat. Illud ἀσύνδετον, hoc πολυσύνδετον, dicitur : hoc est vel iisdem sæpius repetitis, ut,

.... *Tectumque, laremque,*
Armaque, Amyclæumque canem, Cressamque pharetram:

vel diversis, *Arma virumque,... Multum ille et terris,... Multa quoque.* Adverbia quoque et prænomina variantur, *Hic illum vidi juvenem ,... Bis senos cui nostra*

de Cicéron : *Je demande à mes ennemis, si ce n'est pas par moi que ces complots ont été suivis, découverts, mis dans tout leur jour, étouffés, détruits, anéantis?* Mais je ne suis point de cet avis; je ne vois là qu'une seule figure, mélangée d'expressions dont les unes disent la même chose et les autres ont un sens différent, ce qu'on appelle *diallage*. En effet, ces mots *suivis, découverts, mis dans tout leur jour,* ont une signification différente, et ceux-ci, *étouffés, détruits, anéantis,* sont presque synonymes, mais n'ont rien de commun avec les premiers.

Ce dernier exemple et l'un de ceux que j'ai cités avant*, offrent une autre figure qu'on appelle *asyndète* ou *dissolution*, parce qu'on en bannit les particules conjonctives; elle donne plus d'énergie à ce que nous disons, grave, pour ainsi dire, chaque chose dans l'esprit, et multiplie ainsi les objets. On s'en sert avec avantage, non-seulement dans les mots pris un à un, mais dans les membres de phrases qui ont leur sens complet. C'est ce qu'a fait Cicéron dans son oraison contre Metellus : *A mesure qu'on m'indiquait des complices, je les faisais venir, on les gardait à vue, on les conduisait au sénat,* et tout ce passage : ce qui rentre dans ce genre de figure, nommé *brachylogie*. La figure opposée qu'on appelle *polysyndète*, affecte de répéter les conjonctions :

. . . . Tectumque, laremque,
Armaque, Amyclæumque canem, Cressamque pharetram :

elle en varie aussi les formes :

    Arma virumque. . . . . . .
    Multum ille et terris. . . . .
    Multa quoque. . . . . . .

* *C'est cette femme*, etc.

dies,... Hic mihi responsum primus dedit ille petenti: sed utrumque *coacervatio*, et tantum juncta, aut dissoluta. Omnibus scriptores sua nomina dederunt, sed varia, et ut cuique fingenti placuit : fons quidem unus, quia acriora facit et instantiora, quæ dicimus, et vim quamdam præ se ferentia, velut sæpius erumpentis affectus.

Gradatio, quæ dicitur κλῖμαξ, apertiorem habet artem, et magis affectatam, ideoque esse rarior debet. Est autem ipsa quoque adjectionis ; repetit enim, quæ dicta sunt : et, priusquam ad aliud descendat, in prioribus resistit : ejus exemplum ex græco notissimo transferatur, *Non enim dixi quidem, sed non scripsi : nec scripsi quidem, sed non obii legationem : nec obii quidem, sed non persuasi Thebanis.* Sit tamen tradita et latina : *Africano virtutem industria, virtus gloriam, gloria æmulos comparavit :* et Calvi, *Non ergo magis pecuniarum repetundarum, quam majestatis, neque majestatis magis, quam Plautiæ legis ; neque Plautiæ legis magis, quam ambitus ; neque ambitus magis, quam omnium legum judicia perierunt.* Invenitur apud poetas

elle multiplie les adverbes et les pronoms :

> Hic illum vidi juvenem. . . . . . .
> Bis senos cui nostra dies. . . . . . .
> Hic mihi responsum primus dedit ille petenti.

Au demeurant, ces deux figures ne sont qu'un entassement de mots avec ou sans liaison. Ceux qui ont écrit sur la rhétorique ont donné des noms à ces diverses combinaisons, et ces noms ont varié suivant le caprice des auteurs ; mais ces figures ont une même origine et tendent à une même fin, c'est-à-dire à rendre nos pensées plus vives, plus pressantes, et à leur donner ce degré de force qui décèle la passion.

Dans la figure appelée *gradation*, κλῖμαξ, l'art se montre plus à découvert, et il faut en être d'autant plus sobre, qu'elle est plus voisine de l'affectation. C'est aussi une figure d'addition, car elle répète ce qui a déjà été dit et s'arrête comme sur des marches pour descendre d'un point à un autre. Voici un exemple tiré d'un auteur grec très-connu[*] : *Je n'ai point dit cela, je ne l'ai pas même écrit, et non-seulement je ne l'ai point écrit, mais je ne suis point allé en ambassade ; et loin d'aller en ambassade, je n'ai rien persuadé aux Thébains.* Passons à des exemples pris dans nos auteurs : *Scipion l'Africain est parvenu par son application à un haut degré de vertu, sa vertu lui a procuré de la gloire, sa gloire lui a fait des envieux.* Et dans Calvus : *Ce n'est pas seulement la loi contre les concussions qui a péri, c'est celle de lèse-majesté ; et non-seulement celle de lèse-majesté, mais la loi Plautia ; et non-seule-*

[*] Démosthène, *pro Corona*.

quoque, ut apud Homerum de sceptro, quod a Jove ad Agamemnonem usque deducit : et apud nostrum etiam tragicum,

> Jove propagatus est, ut perhibent, Tantalus,
> Ex Tantalo ortus Pelops, ex Pelope autem satus
> Atreus, qui nostrum porro propagat genus.

At quæ *per detractionem* fiunt figuræ, brevitatis novitatisque maxime gratiam petunt : quarum una est ea, quam libro proximo in figuras ex συνεκδοχῇ distuli, quum subtractum verbum aliquod satis ex cæteris intelligitur : ut Cælius in Antonium, *Stupere gaudio Græcus* : simul enim auditur, *cœpit* : Cicero ad Brutum, *Sermo nullus scilicet, nisi de te : quid enim potius ? Tum Flavius,* Cras, *inquit*, tabellarii, *et ego ibidem has inter cœnam exaravi.* Cui similia sunt illa, meo quidem judicio, in quibus verba decenter pudoris gratia subtrahuntur,

> Novimus et qui te, transversa tuentibus hircis,
> Et quo, sed faciles nymphæ risere, sacello.

Hanc quidam *aposiopesin* putant, frustra : nam, illa quid taceat, incertum est, aut certe longiore sermone explicandum ; hic unum verbum, et manifestum quidem,

ment celle-ci, mais toutes celles contre les brigues; et non-seulement celles contre les brigues, mais généralement toutes les lois*. On en trouve aussi des exemples chez les poètes. Homère fait descendre le sceptre depuis Jupiter jusqu'à Agamemnon ; et je vois dans un de nos tragiques : *Tantale, dit-on, doit le jour à Jupiter, Pélops est issu de Tantale, lequel a donné naissance à la race d'Atrée dont je descends.*

Les figures qui se font par *retranchement* tirent principalement leur attrait de la brièveté et de la nouveauté. La première est la synecdoche, dont j'avais parlé dans le livre qui précède celui-ci, mais que j'ai réservée ensuite pour les figures, et qui, en supprimant un mot, le fait deviner par les autres, comme a fait Célius dans son oraison contre Antoine : *Et le Grec de se pâmer de joie*, où il est clair qu'il faut sous-entendre *commença*. On lit dans une épître de Cicéron à Brutus : *Nul bruit que de vous, car de quoi s'entretiendrait-on ? — A demain les courriers, dit alors Flavius, et moi de vous tracer cette lettre à la hâte et pendant mon souper.* C'est à cette figure que doivent se rapporter, selon moi, ces mots que l'on supprime à dessein pour ne pas effaroucher la pudeur, comme dans ces vers de Virgile, *Ecl.* III :

> On sait.... les boucs jaloux près de la grotte obscure
> Te lançaient de travers un regard de courroux,
> Et les nymphes dans l'ombre en riaient comme nous.
> (*Trad. de* M. DE LANGEAC.)

Quelques rhéteurs appellent cette figure, aposiopèse ou *réticence*, mais à tort, ce me semble; car dans la réticence l'objet dissimulé est incertain ou ne peut s'expliquer qu'à l'aide d'une périphrase; ici, il ne manque

desideratur : quæ si *aposiopesis* est, nihil non, in quo deest aliquid, idem appellabitur. Ego ne illud quidem *aposiopesin* semper voco, in quo res quæcunque relinquitur intelligenda, ut ea, quæ in epistolis Cicero, *Data Lupercalibus, quo die Antonius Cæsari* : non enim obticuit, aut lusit, quia nihil hic aliud intelligi poterat, quam hoc, *diadema imposuit*.

Altera est *per detractionem* figura, de qua modo dictum, cui conjunctiones eximuntur.

Tertia, quæ dicitur.συνεζευγμένον, in qua unum ad verbum plures sententiæ referuntur, quarum unaquæque desideraret illud, si sola poneretur : id accidit, aut præposito verbo, ad quod reliqua respiciant : *Vicit pudorem libido, timorem audacia, rationem amentia;* aut illato, quo plura cluduntur : *Neque enim is es, Catilina, ut te aut pudor unquam a turpitudine, aut metus a periculo, aut ratio a furore revocaverit*. Medium quoque potest esse, quod et prioribus et sequentibus sufficiat : jungit autem et diversos sexus, ut quum marem feminamque *filios* dicimus; et singularia pluralibus miscet. Sed hæc adeo sunt vulgaria, ut sibi artem figurarum asserere non possint; illud plane figura est, qua diversa sermonis forma conjungitur,

．．．．．．Sociis tunc arma capessant
Edico, et dira bellum cum gente gerendum;

qu'un mot et ce mot se devine aisément. Que si c'est là une réticence, il faudra donner ce nom à toute période où il y aura le moindre retranchement. Pour moi, je ne vois pas même de réticence partout où il y a quelque chose à sous-entendre, comme dans ce passage d'une lettre de Cicéron : *Le jour où Antoine offrit à César...* Il n'y a là en effet ni réticence ni jeu de mot, car il est clair qu'il s'agit du *diadème*.

La seconde figure qui a lieu par retranchement est celle dont j'ai parlé naguère, qui consiste à supprimer les conjonctions.

La troisième, qui s'appelle συνεζευγμένον, *adjonction*, ramène à un seul mot plusieurs pensées dont chacune, si elle était exprimée seule, réclamerait le même mot. Cela se fait, soit en plaçant en tête le verbe auquel se rapportent tous les autres membres de la phrase : Vicit *pudorem libido, timorem audacia, rationem amentia;* soit en le rejetant à la fin pour clore plusieurs propositions : *Neque enim is es, Catilina, ut te aut pudor unquam a turpitudine, aut metus a periculo, aut ratio a furore* REVOCAVERIT ; ou enfin, on le place au milieu, et il régit à la fois ce qui précède et ce qui suit. C'est par une extension de la même figure, que nous disons *filios* pour exprimer les enfans des deux sexes. Elle mêle aussi les singuliers aux pluriels; mais tout cela est si commun qu'il mérite à peine d'être compté parmi les figures. Ce qui en est véritablement une, c'est de donner à un verbe différens régimes, ainsi que Virgile l'a fait dans ces vers :

..........*Sociis tunc arma capessant*
Edico, et dira bellum cum gente gerendum;

quamvis enim pars *bello* posterior participio insistat, utrique convenit illud *edico.*

Non utique detractionis gratia factam conjunctionem συνοικείωσιν vocant, quæ duas res diversas colligat : *Tam deest avaro, quod habet, quam quod non habet.* Huic diversam volunt esse distinctionem, cui dant nomen παραδιαστολὴν, qua similia discernuntur: *Quum te pro astuto sapientem appelles, pro confidente fortem, pro illiberali diligentem* : quod totum pendet ex finitione, ideoque, an figura sit, dubito : cui contraria est ea, quæ ex vicinia transit ad diversa ut similia,.... *Brevis esse laboro, Obscurus fio,* et quæ sequuntur.

Tertium est genus figurarum, quod aut similitudine aliqua vocum, aut paribus, aut contrariis convertit in se aures, et excitat : hinc est παρονομασία, quæ dicitur *annominatio* : ea non uno modo fieri solet, sed ex vicinia quadam prædicti nominis ducta, casibus declinatur; ut Domitius Afer pro Cloantilla, *Mulier omnium rerum imperita, in omnibus rebus infelix* : et quum verbo idem verbum plus significanter subjungitur, *Quando homo, hostis homo;* quibus exemplis sum in aliud usus : sed in uno facilis est geminatio : παρονομασίᾳ ei contrarium est, quod eodem verbo quasi falsum arguitur, *Quæ lex privatis hominibus esse lex non videbatur.* Cui confinis est ἀντανάκλασις, ejusdem verbi contraria significatio : quum

où le mot *edico* gouverne également et le subjonctif *capessant* et le mot *bellum*, qui est suivi d'un participe.

Quand un même verbe régit deux choses contraires, on appelle cette jonction συνοικείωσις, comme dans cette sentence : *L'avare manque autant de ce qu'il a, que de ce qu'il n'a pas* : ce qui est différent, selon les rhéteurs, de la *distinction*, παραδιαστολὴ, qui consiste à discerner ce qui se ressemble en apparence, et à ne pas confondre, par exemple, la sagesse avec la ruse, le courage avec la présomption, l'économie avec l'avarice; mais cela rentre, si je ne me trompe, dans la définition, et n'a, par conséquent, rien de figuré. La figure qui lui est opposée présente, à raison de la proximité, des idées différentes, comme semblables : *Je tâche d'être bref et je deviens obscur*, et ce qui suit.

Il y a un troisième genre de figures qui saisit la ressemblance, la parité ou la diversité de certains mots pour frapper l'oreille et éveiller l'attention. De ce nombre est la *paronomase*, en latin *annominatio*, qui se fait de plus d'une manière. Tantôt elle a lieu en reproduisant le même mot qu'on décline sur différens cas, comme dans ce passage du plaidoyer de Domitius Afer pour Cloantilla : *Mulier omnium rerum imperita, in omnibus rebus infelix;* tantôt on répète le même mot, en y ajoutant quelque chose qui le rend plus significatif : *Quando homo, hostis homo.* Je me suis servi de ces exemples*, dans une autre occasion; au surplus rien de plus facile que d'obtenir une figure par ce moyen. Le contraire de cette *paronomase* est quand à l'aide du

---

* Probablement dans un autre ouvrage, car ils ne sont pas dans celui-ci. Au reste, tout ce passage, sur la *paronomase*, a été visiblement altéré; il est d'une obscurité presque impénétrable.

Proculeius quereretur de filio, quod is mortem suam *exspectaret*, et ille dixisset, *se vero non exspectare:* *Immo*, inquit, *rogo exspectes* : non ex eodem, sed ex diverso, vicinum accipitur, quum *supplicio* afficiendum dicas, quem *supplicatione* dignum judicaris. Aliter quoque voces aut eaedem diversa in significatione ponuntur, aut productione tantum, vel correptione mutatae : quod etiam in jocis frigidum, equidem tradi inter praecepta miror; eorumque exempla vitandi potius, quam imitandi gratia, pono : *Amari jucundum est, si curetur, ne quid insit amari; Avium dulcedo ad avium ducit;* et apud Ovidium ludentem,

Cur ego non dicam, Furia, te furiam?

Cornificius hanc *traductionem* vocat, videlicet alterius intellectus ad alterum : sed elegantius, quod est positum in distinguenda rei proprietate : *Hanc reipublicae pestem paulisper reprimi, non in perpetuum comprimi posse;* et quae praepositionibus in contrarium mutantur, *Non emissus ex urbe, sed immissus in urbem esse vi-*

même mot on démontre qu'une chose est fausse : *Une loi qui n'oblige pas même les particuliers, ne saurait être une loi.* Une figure pareille, c'est l'*antanaclase*, qui donne au même mot une signification différente. Proculeius reprochait à son fils d'*attendre* sa mort; celui-ci s'en défendait en disant qu'il ne l'*attendait* nullement : *Mais si fait*, lui répliqua son père, *je veux, moi, que vous l'*ATTENDIEZ. Quelquefois, on rapproche non pas le même mot, mais deux mots qui ont de l'analogie, pour faire ressortir la différence de leurs acceptions, comme si vous dites que quelqu'un est plus digne de *supplices* que de *supplications**. Il est encore une autre manière d'employer les mêmes mots dans une signification différente, ou de changer cette signification, en faisant longues ou brèves les syllabes dont ils se composent; mais tout cela est froid, même en plaisantant, et j'admire qu'on ait réduit ces niaiseries en préceptes. Aussi, j'en donne des exemples plutôt pour engager à les fuir qu'à les imiter : AMARI *jucundum est, si curetur ne quid insit* AMARI; — AVIUM *dulcedo ad* AVIUM *ducit;* et dans Ovide :

Cur ego non dicam, FŪRIA, te FŬRIAM?

C'est ce que Cornificius appelle *traduction*, c'est-à-dire le passage d'un sens à un autre. Cette figure, au reste, ne manque pas d'une certaine élégance, quand elle sert à mieux caractériser les choses : *Hanc reipublicæ pes-*

---

* C'est un jeu de mots qui n'a de valeur qu'en latin, où le mot *supplicium* signifie, dans les anciens auteurs, supplication, prière. Salluste a dit : *Non suppliciis muliebribus auxilia deorum parantur : agendo, vigilando, bene consulendo, prospere omnia cedunt.*

deatur; melius atque acrius, quod quum figura jucundum est, tum etiam sensu valet, *Emit morte immortalitatem.* Illa leviora, *Non Pisonum, sed pistorum;* et, *Ex oratore arator;* pessimum vero, *Ne patres conscripti videantur circumscripti; Raro evenit, sed vehementer venit :* sic contingit, ut aliquis sensus vehemens et acer venustatem aliquam, non eodem ex verbo non dissonam, accipiat. Et cur me prohibeat pudor uti domestico exemplo? Pater meus contra eum, qui se legationi immoriturum dixerat, deinde vix paucis diebus insumptis, re infecta redierat, *Non exigo, ut immoriaris legationi, immorare;* nam et valet sensus ipse, et in verbis tantum distantibus jucunde consonat vox, præsertim non captata, sed velut oblata; quum altero suo sit usus, alterum ab adversario acceperit.

Magnæ veteribus curæ fuit gratiam dicendi e paribus contrariis acquirere : Gorgias in hoc immodicus; copiosus, ætate prima utique, Isocrates fuit; delectatus est his etiam M. Tullius, verum et modum adhibuit non ingratæ, nisi copia redundet, voluptati, et rem, alioqui levem, sententiarum pondere implevit : nam per se fri-

tem paulisper REPRIMI, *non in perpetuum* COMPRIMI *posse.* Quelquefois, ce sont de simples prépositions qui changent le sens des mots, *non* EMISSUS *ex urbe, sed* IMMISSUS *in urbem esse videatur.* Mais ce qui vaut mieux, ce qui produit plus d'effet, c'est quand la figure, agréable par elle-même, fait encore valoir la pensée : *Sa mort lui a valu l'immortalité.* Voici qui n'est que frivole : *Non Pisonum, sed pistorum* ; et, *Ex oratore arator.* Voici qui est détestable : *Ne patres conscripti videantur circumscripti ; Raro evenit, sed vehementer venit.* Il peut arriver pourtant que le rapprochement de deux mots qui sonuent à peu près de même à l'oreille, offre un sens qui ne soit pas dépourvu de force ou d'agrément ; et pourquoi une fausse modestie m'empêcherait-elle d'en rapporter un exemple domestique? Un homme avait dit qu'il mourrait dans son ambassade, et au bout de peu de jours il revint sans avoir rien fait. *Je n'exige pas,* lui dit mon père, *que vous* MOURIEZ *dans votre ambassade, mais que vous y* DEMEURIEZ*. Il y a là une rencontre de mots assez piquante qui n'altère en rien le sens et qui plaît parce qu'elle a l'air de s'être présentée naturellement à l'esprit ; ajoutez que des deux expressions dont se servait mon père, l'une lui était fournie par son adversaire lui-même.

Les anciens affectionnaient beaucoup l'emploi des mots pareils ayant un sens différent. Gorgias s'y est livré avec excès et Isocrate s'y complut trop dans sa jeunesse. Cicéron lui-même n'a pas résisté à ce plaisir qui, après tout, n'a mauvaise grâce que lorsqu'on en abuse ; mais il a su y mettre de la mesure, et chez lui le poids

---

* Ce jeu de mots qui roule sur la consonnance des mots latins *immoriaris* et *immorare*, perd tout son sel en français.

gida et inanis affectatio, quum in acres incidit sensus, innata videtur esse, non arcessita.

Similium fere quadruplex ratio est : nam est primum, quoties verbum verbo simile, aut non dissimile valde quæritur; ut,

. . . . .Puppesque tuæ, pubesque tuorum;

et, *Sic in hac calamitosa fama, quasi in aliqua perniciosissima flamma;* et, *Non enim tam spes laudanda, quam res est;* aut certe par est extremis syllabis consonans, *Non verbis, sed armis*. Et hoc quoque, quoties in sententias acres incidit, pulchrum est : *Quantum possis, in eo semper experire, ut prosis* : hoc est πάρισον, ut plerisque placuit : Cleosteleus πάρισον existimat, quod sit e membris non dissimilibus.

Secundum, ut clausula similiter cadat, vel iisdem in ultimam partem collatis, ὁμοιοτέλευτον, similem duarum sententiarum, vel plurium finem : *Non modo ad salutem ejus exstinguendam, sed etiam gloriam per tales viros infringendam;* ex quibus fere fiunt, non tamen ut semper ultimis consonent, quæ τρίκωλα dicunt : *Vicit pudorem libido, timorem audacia, rationem amentia:* sed in quaternas quoque ac plures hæc ratio ire sententias potest : fit etiam singulis verbis : *Hecuba, hoc dolet, pudet, piget;* et, *Abiit, excessit, erupit, evasit.*

de la pensée rachète la légèreté de la forme; car ce qui n'est en soi qu'une vaine et froide affectation, prend la couleur d'une saillie naturelle, quand le sens y gagne en énergie.

Il y a quatre manières de jouer sur les mots. La première, quand on cherche à en accoupler qui sont pareils ou à peu près, comme :

.......Puppesque tuæ, pubesque tuorum.

et, *Sic in hac calamitosa* FAMA, *quasi in aliqua perniciosissima* FLAMMA; et, *Non enim tam* SPES *laudanda, quam* RES *est;* ou quand les mots se terminent par des syllabes qui ont une désinence semblable, *non verbis, sed armis.* Remarquez que cela même a de la grâce, quand la pensée est ingénieuse : *Quantum* POSSIS, *in eo semper experire ut* PROSIS. C'est ce qu'il a plu à quelques-uns d'appeler πάρισον, pareil; mais Cleosteleus veut que ce nom de πάρισον s'applique aux membres d'une période et non aux mots.

La seconde, lorsqu'on ferme deux ou plusieurs périodes par des mots qui ont la même terminaison : *Non modo ad salutem ejus* EXTINGUENDAM, *sed etiam gloriam per tales viros* INFRINGENDAM : c'est ce qu'on appelle ὁμοιοτέλευτον, *similiter desinens,* désinence semblable. Il en est de même, à cela près qu'il n'y a pas consonnance dans la terminaison, des périodes à trois membres, τρίκωλα ; *vicit pudorem libido, timorem audacia, rationem amentia.* Enfin cela peut s'étendre à quatre incises et même davantage. Quelquefois chaque membre est d'un seul mot : *Hecuba, hoc dolet, pudet, piget;* et, *Abiit, excessit, erupit, evasit.*

Tertium est, quod in eosdem casus cadit, ὁμοιόπτωτον dicitur : sed neque, quod finem habet similem, est ὁμοιόπτωτον· et utique in eumdem venit finem ὁμοιοτέλευτον; quia ὁμοιόπτωτον est tantum casu simile, etiamsi dissimilia sint, quæ declinentur; nec tantum in fine deprehenditur, sed respondet vel primis inter se, vel mediis, vel extremis; vel etiam permutatis his, ut media primis, et summa mediis accommodentur, et quocunque modo accommodari potest. Neque enim semper paribus syllabis constat; ut est apud Afrum, *Amisso nuper infelicis aulæ, si non præsidio inter pericula, tamen solatio inter adversa* : ejus fere videntur optima, in quibus initia sententiarum et fines consentiunt; ut hic, *præsidio, solatio;* et ut pæne similia sint verbis, et paribus cadant, et eodem modo desinant.

Etiam ut sint, quod est quartum, membris æqualibus, quod ἰσόκωλον dicitur : *Si, quantum in agro locisque desertis audacia potest, tantum in foro atque judiciis impudentia valeret* : ἰσόκωλον est, et ὁμοιόπτωτον habet. *Non minus nunc in causa cederet Aulus Cæcina Sexti Æbutii impudentiæ, quam tum in vi facienda cessit audaciæ;* ἰσόκωλον, ὁμοιόπτωτον, ὁμοιοτέλευτον· accedit et ex illa figura gratia, qua nomina dixi mutatis casibus repeti, *Non minus cederet, quam cessit:* adhuc ὁμοιοτέλευτον et παρονομασία est, *Neminem alteri posse*

La troisième, qui s'attache à faire usage des mêmes cas, s'appelle ὁμοιόπτωτον, *similiter cadens*, ce qu'il ne faut pas confondre avec la figure qui emploie les mêmes désinences ὁμοιοτέλευτον, car l'homoptote se reconnaît à l'emploi des mêmes cas, quand même leurs terminaisons seraient différentes, et elle ne se remarque pas seulement à la fin des périodes, elle fait correspondre le commencement, le milieu ou la fin; quelquefois même elle intervertit l'ordre, de manière que le milieu répond au commencement, et la fin au milieu, en un mot, elle s'arrange de toutes les combinaisons. Il n'est pas non plus nécessaire qu'elle se compose du même nombre de syllabes, comme dans cet exemple de Domitius Afer : *Amisso nuper infelicis aulæ; si non præsidio inter pericula, tamen solatio inter adversa.* Dans ce genre de figures, les meilleures sont celles qui font correspondre le commencement ou la fin des périodes, comme ici : *Præsidio, solatio*, et où les mots presque semblables sont aux mêmes cas et avec les mêmes désinences.

La quatrième enfin consiste à partager une période en membres égaux, ce qu'on nomme ἰσόκωλον : *Si quantum in agro locisque desertis audacia potest, tantum in foro atque judiciis impudentia valeret :* voilà deux membres égaux, ἰσόκωλον, avec des cas semblables ὁμοιόπτωτον· *Non minus tunc in causa cederet Aulus Cæcina Sexti Ebutii impudentiæ, quam tum in vi facienda cessit audaciæ :* il y a là égalité de membres, emploi des mêmes cas et désinences pareilles, ἰσόκωλον, ὁμοιόπτωτον, ὁμοιοτέλευτον. Cette figure a aussi la grâce que j'ai dit qui s'attachait aux mots quand on change les cas, *Non minus cederet, quam cessit.* Voici

dare in matrimonium, nisi penes quem sit patrimonium.

Contrapositum autem, vel, ut quidam vocant, *contentio* (ἀντίθετον dicitur) non uno fit modo : nam et, si singula singulis opponuntur, ut in eo, quod modo dixi, *Vicit pudorem libido, timorem audacia;* et bina binis, *Non nostri ingenii, vestri auxilii est;* et sententiæ sententiis, *Dominetur in concionibus, jaceat in judiciis.* Cui commodissime subjungitur et ea species, quam *distinctionem* diximus, *Odit populus romanus privatam luxuriam, publicam magnificentiam diligit;* et, quæ sunt, simili casu, dissimili sententia, in ultimo locata, ut, *Quod in tempore mali fuit, nihil obsit, quin, quod in causa boni fuit, prosit.*

Nec semper contrapositum subjungitur, ut in hoc, *Est igitur, judices, non scripta, sed nata lex :* verum, sicut Cicero dicit, de singulis rebus propositis refertur ad singula, ut in eo, quod sequitur, *Quam non didicimus, accepimus, legimus, verum ex natura ipsa arripuimus, hausimus, expressimus.* Nec semper, quod adversum est, contraponitur; quale est apud Rutilium, *Nobis primis dii immortales fruges dederunt; nos, quod soli accepimus, in omnes terras distribuimus.*

un exemple où la *paronomase* se joint à la conformité des désinences : *Neminem alteri posse dare in* MATRIMONIUM, *nisi penes quem sit* PATRIMONIUM.

L'antithèse (ἀντίθετον), que quelques-uns appellent *contentio*, a lieu de plus d'une façon. Tantôt on oppose un mot à un autre, comme dans l'exemple que j'ai déjà cité : *La débauche a triomphé de la pudeur, l'audace de la timidité, vicit pudorem libido, timorem audacia;* ou deux mots à deux autres mots : *Ce n'est pas par notre génie, mais par votre secours.* Tantôt, c'est une pensée qu'on oppose à une autre pensée : *Que l'animosité règne dans les assemblées du peuple, soit; mais qu'elle se taise devant les tribunaux.* On peut joindre à cela l'espèce d'antithèse appelée *distinction* : *Le peuple romain hait le luxe chez les particuliers, il aime la magnificence dans l'État;* et lorsqu'on place à la fin un mot qui a la même chute, mais qui présente un sens différent, comme : *Quod in tempore mali fuit, nihil* OBSIT, *quin, quod in causa boni fuit,* PROSIT.

L'antithèse ne vient pas toujours immédiatement après son corrélatif, ainsi que dans l'exemple suivant : *Ce n'est pas, Messieurs, une loi* ÉCRITE, *c'est une loi* NÉE AVEC NOUS; mais, comme dit Cicéron, quelquefois elle est rejetée à la fin, de sorte que chaque terme de proposition a son antithèse; telle est la suite de ce que je viens de citer : *Loi que nous n'avons pas apprise, qui ne nous a pas été notifiée, que nous n'avons pas lue, mais que la nature elle-même nous a inculquée, qu'elle a gravée en nous, que nous avons puisée dans son sein.* Enfin l'opposition n'est pas toujours sous la forme de l'antithèse, témoin ce passage de Rutilius : *Nous sommes les premiers à qui les dieux immortels aient donné les*

Fit etiam assumpta illa figura, qua verba declinata repetuntur, quod ἀντιμεταϐολὴ dicitur, *Non, ut edam, vivo; sed, ut vivam, edo;* et quod apud Ciceronem conversum ita est, ut, quum mutationem casus habeat, etiam similiter desinat, *Ut et sine invidia culpa plectatur, et sine culpa invidia ponatur :* quod et eodem cluditur verbo; ut quod dicit de Roscio, *Etenim, quum artifex ejusmodi sit, ut solus dignus videatur esse, qui scenam introeat; tum vir ejusmodi sit, ut solus videatur dignus, qui eo non accedat;* est et in nominibus ex diverso collocatis sua gratia, *Si consul Antonius, Brutus hostis; si conservator reipublicae Brutus, hostis Antonius.* Olim plura de figuris, quam necesse erat; et adhuc erit, qui putet esse figuram, *Incredibile est, quod dico, sed verum;* ἀνθυποφορὰν vocant; et, *Aliquis hoc semel tulit, nego bis, ego ter,* διέξοδον· et, *Longius evectus sum, sed redeo ad propositum,* ἄφοδον.

Quaedam verborum figurae paulum figuris sententiarum declinantur, ut *dubitatio :* nam quum est in re, priori parti assignanda est; quum in verbo, sequenti : *Sive me malitiam, sive stultitiam dicere oportet :* item correctionis eadem ratio est : nam quod illic dubitat, hic

biens de la terre, et ce que nous avions reçu seuls, nous en avons fait part au monde entier.

C'est aussi une antithèse que cette figure appelée antimétabole, ἀντιμεταϐολὴ, où il y a conversion et répétition de mots : *Je ne vis pas pour manger, mais je mange pour vivre;* ou bien lorsque la désinence reste la même, quoiqu'il y ait changement de cas, comme dans cette phrase de Cicéron : *Ut et sine invidia culpa plectatur, et sine culpa invidia ponatur;* ou encore lorsque la période se termine par une répétition, comme dans ce passage de notre orateur sur Roscius : *C'est un si grand acteur, qu'il semble qu'il n'appartienne qu'à lui de monter sur un théâtre ; c'est un si honnête homme, qu'il serait le dernier qu'on voulût y voir monter.* L'opposition des noms n'est pas non plus sans grâce : *Si Antoine est consul, Brutus est l'ennemi de la patrie; si Brutus est le conservateur de la république, Antoine en est le fléau.* Autrefois on multipliait les figures outre mesure, et il y a encore des rhéteurs qui s'obstinent à en voir dans les locutions suivantes : *Ce que je dis paraît incroyable et pourtant est vrai* (ils appellent cela ἀνθυποφορὰ); *Quelqu'un a pu subir ce traitement une fois, personne ne l'a subi deux fois, il m'était réservé de l'éprouver trois fois* (c'est ce qu'ils nomment διέξοδος); *Je me suis éloigné de mon sujet, mais j'y reviens* (c'est ce qu'ils appellent ἄφοδος).

Parmi les figures de mots, il en est quelques-unes qui diffèrent peu des figures de pensées, comme l'*hésitation*; car elle appartient à l'un ou à l'autre de ces genres de figures, suivant qu'elle tombe sur la chose ou sur le mot, comme : *Dois-je nommer cela méchanceté ou folie?* Il en est de même de la *correction*, car

emendat. Etiam in personæ fictione accidere quidam idem putaverunt, ut in verbis esset hæc figura, *Crudelitatis mater est avaritia;* et apud Sallustium in Ciceronem, *O Romule Arpinas;* quale est et apud Menandrum, *OEdipus Thriasius.*

Hæc omnia copiosius sunt exsecuti, qui non ut partem operis transcurrerunt, sed proprie libros huic operi dedicaverunt, sicut Cæcilius, Dionysius, Rutilius, Cornificius, Visellius, aliique non pauci; sed non minor erit eorum, qui vivunt, gloria. Ut fateor autem verborum quoque figuras posse plures reperiri a quibusdam, ita iis, quæ ab auctoribus claris traduntur, meliores, non assentior: nam inprimis M. Tullius multas in tertio De Oratore libro posuit, quas in Oratore, postea scripto, transeundo videtur ipse damnasse : quarum pars est, quæ sententiarum potius, quam verborum sit, ut *imminutio, improvisum, imago, sibi ipsi responsio, digressio, permissio, contrarium* (hoc enim puto, quod dicitur ἐναντιότης), *sumpta ex adverso probatio.* Quædam omnino non sunt figuræ, sicut *ordo, dinumeratio, circumscriptio;* sive hoc nomine significatur comprehensa breviter sententia, sive finitio : nam et hoc Cornificius atque Rutilius schema λέξεως putant; verborum autem *concinna transgressio, id est hyperbaton,* quod Cæci-

on se reprend, ainsi qu'on hésite, sur des mots comme sur des pensées. Quelques-uns ont cru que la même alternative existait à l'égard de la *prosopopée*, et que, par exemple, la figure tombait sur les mots dans cette sentence : *L'avarice est mère de la cruauté;* dans cette apostrophe de Salluste contre Cicéron : *O Romule Arpinas!* et dans ce qu'on lit chez Ménandre, *OEdipus Thriasius.*

Tout cela a été traité dans le plus grand détail par des rhéteurs qui ne se sont pas contentés d'effleurer cette matière, en passant, mais qui lui ont consacré des ouvrages spéciaux, tels que Cécilius, Denys d'Halicarnasse, Rutilius, Cornificius, Visellius, et beaucoup d'autres, sans compter ceux qui vivent encore et dont la renommée ne sera pas moindre. Tout en convenant, au surplus, qu'en fait même de figures de mots, on en peut trouver un plus grand nombre, je n'accorde pas qu'elles valent mieux que celles qui nous sont enseignées par les grands écrivains; et pour commencer par Cicéron, il en a compris beaucoup dans son traité *de Oratore*, qu'il semble condamner lui-même, en ne les mentionnant pas dans son livre intitulé *Orator*, qu'il a écrit depuis. En effet, quelques-unes sont plutôt des figures de pensées que de mots, comme celles qu'on appelle *imminutio, improvisum, imago, sibi ipsi responsio, digressio, permissio, contrarium* qui répond, je crois, à ἐναντιότης, *sumpta ex adverso probatio*. D'autres ne sont nullement des figures, comme l'*ordre*, l'*énumération*, la *circonscription*, soit qu'on entende par ce dernier mot une pensée renfermée dans un tour vif et concis, soit qu'on entende la *définition*, que Cornificius et Rutilius rangent parmi les figures de diction. Quant à la *trans-*

lius quoque putat *schema*, a nobis est inter tropos posita. Et *mutatio*, et si ea est, quam Rutilius ἀλλοίωσιν vocat, dissimilitudinem ostendit hominum, rerum, factorum; quæ si latius fiat, figura non est; si angustius, in ἀντίθετον cadet; si vero hæc appellatio significat ὑπαλλαγὴν, satis de ea dictum est. Quod vero schema est, *ad propositum subjecta ratio?* utrum, quod Rutilius αἰτιολογίαν vocat? nam de illo dubitari possit, an *schema* sit distributis subjecta ratio, quod apud eumdem primo loco positum est. Προσαπόδοσιν dicit, quæ ut maxime servetur, sane in pluribus propositis; quia aut singulis statim ratio subjiciatur, ut est apud C. Antonium, *Sed neque accusatorem eum metuo, qui sum innocens; neque competitorem vereor, qui sum Antonius; neque consulem spero, qui est Cicero*: aut positis duobus, vel tribus, eodem ordine singulis continua reddatur; quale apud Brutum de dictatura Cn. Pompeii, *Præstat enim nemini imperare, quam alicui servire : sine illo enim vivere honeste licet, cum hoc vivendi nulla conditio est.* Sed et uni rei multiplex ratio subjungitur, ut apud Virgilium,

Sive inde occultas vires, et pabula terræ
Pinguia concipiunt, sive illis omne per ignem

position élégante des mots, c'est-à-dire à l'*hyperbate*, que Cécilius regarde aussi comme une figure, nous l'avons placée parmi les tropes. Pour la figure appelée *mutatio*, en admettant que ce soit ce que Rutilius nomme ἀλλοίωσις, son objet est de faire voir en quoi diffèrent certains hommes, certains objets, certaines actions : or, si cette démonstration est étendue, ce n'est plus une figure; si elle est courte, elle revient à l'antithèse. Que si cette appellation signifie l'*hypallage*, nous en avons suffisamment parlé. Mais qu'est-ce que cette figure *ad propositum subjecta ratio?* est-ce ce que Rutilius appelle αἰτιολογία? Du moins est-il permis de douter qu'un raisonnement qui se déduit de diverses propositions soit une figure, et c'est pourtant ce que Rutilius traite en premier lieu sous le nom de *prosapodose*. Il est certain que la *prosapodose* exige plusieurs propositions, puisqu'elle consiste soit à réfuter immédiatement, l'une après l'autre, chaque proposition, comme dans ce passage d'Antoine : *Je ne le crains point comme accusateur, parce que je suis innocent; je ne le redoute point comme compétiteur, parce que je suis Antoine; je n'attends rien de lui comme consul, parce qu'il est Cicéron :* soit à établir deux ou trois propositions de suite, et à y répondre dans le même ordre, comme ce que dit Brutus, au sujet de la dictature de Pompée : *Il vaut mieux ne commander à personne, que de dépendre d'un seul. Dans la première condition, on peut vivre honorablement; dans la seconde, la vie n'est pas supportable.* Souvent aussi, on déduit plusieurs raisons d'une seule et même proposition, comme dans ces vers de Virgile :

> Soit que les sels heureux d'une cendre fertile
> Deviennent pour la terre un aliment utile;

Excoquitur vitium. . . . .
Seu plures calor ille vias. . . . . . .
Seu durat magis. . . . .

et totus locus. *Relationem* quid accipi velit, non liquet mihi : nam si ὑπαλλαγὴν, aut ἐπάνοδον, aut ἀντιμεταβολὴν dicit, de omnibus locuti sumus : sed quidquid id est, neque hoc, neque superiora in Oratore repetit : sola est in eo libro posita pariter inter figuras verborum *exclamatio*, quam sententiæ potius puto : affectus enim est ; et cæteris omnibus consentio. Adjicit his Cæcilius περίφρασιν, de qua dixi ; Cornificius *interrogationem, ratiocinationem, subjectionem, transitionem, occultationem ;* præterea *sententiam, membrum, articulum, interpretationem, conclusionem :* quorum priora alterius generis sunt schemata ; sequentia schemata omnino non sunt. Item Rutilius præter ea, quæ apud alios quoque sunt, παρομολογίαν, ἀναγκαῖον, ἠθοποιίαν, δικαιολογίαν, πρόληψιν, χαρακτηρισμὸν, βραχυλογίαν, παρασιώπησιν, παρρησίαν· de quibus idem dico.

Nam eos quidem auctores, qui nullum prope finem fecerunt exquirendis nominibus, præteribo ; qui etiam, quæ sunt argumentorum, figuris adscripserunt. Ego illud de iis etiam, quæ vere sunt, adjiciam breviter, sicut ornent orationem opportune positæ, ita ineptissimas

Soit que le feu l'épure et chasse le venin
Des funestes vapeurs qui dorment dans son sein ;
Soit qu'en la dilatant par sa chaleur active,
Soit qu'enfin , etc.

Del., *Géorg.*

et tout ce passage. Je ne comprends pas bien nettement ce qu'il entend par *relation* ; si c'est ou l'*hypallage*, ou l'*épanode*, ou l'*antimétabole*, nous en avons déjà parlé. Quoi qu'il en soit, Cicéron, dans son *Orator*, ne revient ni sur ces dernières figures, ni sur les précédentes. Dans ce même ouvrage, il ne met, parmi les figures de mots, que l'*exclamation*, que j'inclinerais plutôt à regarder comme une figure de pensée, parce qu'elle est le produit d'un sentiment, et en cela je me range à l'avis de tous les autres rhéteurs. Cécilius y ajoute la *périphrase*, que j'ai déjà mentionnée, et Cornificius l'*interrogation*, le *raisonnement*, la *subjection*, la *transition*, la *dissimulation*, puis la *sentence*, le *membre*, la *liaison*, l'*interprétation*, la *conclusion* ; mais les premières sont évidemment des figures de pensées, et les dernières ne sont nullement des figures. J'en dis autant de tout ce que Rutilius, renchérissant sur les autres rhéteurs, comprend, en outre, parmi les figures, sous les dénominations suivantes : παρομολογία, ἀναγκαῖον, ἠθοποιΐα, δικαιολογία, πρόληψις, χαρακτηρισμὸς, βραχυλογία, παρασιώπησις, παρρησία.

Quant à ces auteurs qui ont poussé sans fin la recherche des distinctions, et qui ont mis jusqu'aux argumens parmi les figures, je n'en parlerai pas. Contentons-nous d'ajouter, en peu de mots, qu'autant les véritables figures embellissent un discours, si l'on en use avec discernement, autant elles sont froides quand

esse, quum immodice petantur : sunt, qui neglecto rerum pondere, et viribus sententiarum, si vel inania verba in hos modos depravarunt, summos se judicent artifices, ideoque non desinant eas nectere : quas sine substantia sectari tam est ridiculum, quam quaerere habitum gestumque sine corpore. Sed ne eae quidem, quae recte fiunt, densandae sunt nimis : nam et vultus mutatio, oculorumque conjectus, multum in actu valet: sed si quis ducere os exquisitis modis, et frontis ac luminum inconstantia trepidare non desinat, rideatur; et orator habet rectam quamdam velut faciem; quae ut stupere immobili rigore non debebit, ita saepius in ea, quam natura dedit, specie continenda est. Sciendum vero inprimis, quid quisque in orando postulet *locus*, quid *persona*, quid *tempus* : major enim pars harum figurarum posita est in delectatione : ubi vero atrocitate, invidia, miseratione pugnandum est, quis ferat contrapositis, et pariter cadentibus, et consimilibus irascentem, flentem, rogantem? quum in his rebus cura verborum deroget affectibus fidem; et ubicunque ars ostentatur, veritas abesse videatur.

on s'y livre avec excès. Il y a pourtant des orateurs qui, sans s'attacher au fond des choses ni à la solidité des pensées, se croient passés-maîtres pour avoir dénaturé des mots qui sont vides par eux-mêmes; aussi se complaisent-ils dans ces puérilités, ne s'apercevant pas qu'il est aussi ridicule d'employer des figures dénuées de sens, qu'il le serait de vouloir habiller des ombres. Je dirai plus : ces figures fussent-elles sans reproche, on ne doit pas trop les multiplier. Sans doute la mobilité des traits, l'expression du regard ajoutent singulièrement au prestige du débit dans un orateur; mais si les muscles de son visage étaient toujours en contraction; si son front, ses yeux étaient dans une agitation perpétuelle, on finirait par se moquer de lui. Eh bien ! il en est de même du discours; pour conserver sa physionomie régulière, évitons cette rigide immobilité qui tient de la stupeur, et contenons-nous dans les bornes au delà desquelles s'altèrent les beautés naturelles. Mais sachons, avant tout, nous conformer à la matière que nous traitons, à la qualité des personnes, à l'exigence des circonstances. Les figures s'emploient ordinairement dans la vue de récréer son auditoire : mais si le fait dont on parle révolte par son atrocité, s'il est tel qu'il doive exciter la haine ou la pitié, qui pourrait supporter que l'orateur se mît en colère, se lamentât, suppliât, en affectant les antithèses, les rapports de consonnance et autres artifices semblables ? car l'attention qu'on donne aux mots fait suspecter la réalité des sentimens, et partout où l'art se laisse apercevoir, c'est aux dépens de la vérité.

CAPUT IV.

De compositione.

De *compositione* non equidem post Marcum Tullium scribere auderem (cui nescio an nulla pars operis hujus sit magis elaborata), nisi et ejusdem ætatis homines, scriptis ad ipsum etiam litteris, reprehendere id collocandi genus ausi fuissent, et post eum plures multa ad eamdem rem pertinentia memoriæ tradidissent. Itaque accedam in plerisque Ciceroni, atque in iis ero, quæ indubitata sunt, brevior; in quibusdam paulum fortasse dissentiam : nam etiam quum judicium meum ostendero, suum tamen legentibus relinquam.

Neque ignoro quosdam esse, qui curam omnem *compositionis* excludant, atque illum horridum sermonem, ut forte fluxerit, modo magis *naturalem*, modo etiam magis *virilem* esse contendant : qui si id demum *naturale* esse dicunt, quod a natura primum ortum est, et quale ante cultum fuit, tota hæc ars orandi subvertitur. Neque enim locuti sunt ad hanc regulam et diligentiam primi homines, nec procemiis *præparare*, *docere* expositione, argumentis *probare*, affectibus *commovere* scierunt : ergo his omnibus, non sola compositione caruerunt : quorum si fieri nihil melius licebat, ne domibus

CHAPITRE IV.

De la composition, ou de l'arrangement des mots.

Je ne crois pas qu'il y ait une partie de l'art oratoire que Cicéron ait travaillée avec plus de soin que la composition; aussi n'oserais-je pas en parler après ce grand maître, si quelques-uns de ses contemporains, dans leur correspondance avec lui, n'eussent blâmé la composition en elle-même, et si, depuis, beaucoup d'autres n'eussent écrit sur le même sujet. Au surplus, je me rangerai, pour la plupart des points, à l'autorité de Cicéron, et je serai court dans les choses qui ne souffrent point de contradiction; peut-être aussi m'arrivera-t-il quelquefois de n'être pas tout-à-fait du même avis, mais en exposant franchement le mien, je ne prétends pas faire violence au sentiment de mes lecteurs.

Je sais d'abord que certaines gens condamnent formellement toute espèce de travail dans l'arrangement des mots, soutenant qu'un discours sans apprêt, où tout marche, pour ainsi dire, au hasard, est à la fois plus naturel et plus mâle. S'ils entendent par *naturel* ce qui est sorti des mains de la nature primitive, ce qui a précédé toute culture, je demande ce que deviendrait l'art oratoire; car certainement les premiers hommes ne se sont pas assujétis, en parlant, à cette règle, à cette exactitude; ils n'ont su ni préparer les esprits par un exorde, ni les éclairer par une exposition, ni les convaincre par des argumens, ni les émouvoir par des péroraisons. Ce n'est donc pas seulement la composition proprement dite qui leur a manqué, mais encore tous

quidem casas, aut vestibus pellium tegmina, aut urbibus montes ac silvas mutari oportuit. Quæ porro ars statim fuit? quid non cultu nitescit? cur vites coercemus manu? cur eas fodimus? rubos arvis excidimus? terra et hos generat. Mansuefacimus animalia? indomita nascuntur : verum id est maxime naturale, quod fieri natura optime patitur.

Fortius vero quod incompositum potest esse, quam vinctum, et bene collocatum? neque, si parvi pedes vim detrahunt rebus, ut *Sotadeorum* et *Galliamborum*, et quorumdam in oratione simili pæne licentia lascivientium, compositionis est judicandum. Cæterum quanto vehementior fluminum cursus est prono alveo, ac nullas moras objiciente, quam inter obstantia saxa fractis aquis ac reluctantibus; tanto, quæ connexa est, et totis viribus fluit, fragosa atque interrupta melior oratio : cur ergo vires ipsas specie solvi putent, quando res nec ulla sine arte satis valeat, et comitetur semper artem decor? An non eam, quæ emissa optime est, hastam speciosissime contortam ferri videmus? et arcu dirigentium tela, quo certior manus, hoc est habitus ipse formosior? jam in certamine armorum, atque in

les autres secrets de l'art. Que s'il n'était pas permis de faire mieux, on a eu tort aussi de substituer des maisons à des cabanes, des vêtemens à des peaux de bêtes : on a eu tort d'échanger les bois et les montagnes contre l'habitation des villes. Qu'on me cite un art qui soit né soudainement ? qu'y a-t-il au contraire que la culture n'ait embelli ? pourquoi tailler nos vignes et les façonner ? pourquoi arracher les ronces de nos champs ? c'est la terre qui les produit. Pourquoi apprivoiser les animaux ? ne naissent-ils pas indomptés ? Soyons donc plus vrais, et disons que tout ce que la nature ne défend pas de perfectionner, n'a rien que de très-naturel.

Comment croire maintenant qu'un flux de paroles désordonnées ait plus de force qu'un discours bien lié, bien arrangé dans toutes ses parties ? je ne dis pas arrangé à l'aide de ces petits pieds mesquins qui énervent toute pensée, comme ceux des vers sotadéens, galliambiens, et tels autres non moins licencieux qui ne donnent que de la mignardise à l'éloquence, car je n'appelle pas cela de la composition. Autant donc un fleuve qui se déploie sans obstacle dans toute la pente de son lit, est plus majestueux et plus rapide que celui dont les flots roulent, avec effort, brisés à travers les roches ; autant un discours dont les mots s'enchaînent bien et qui s'épanche dans toute sa plénitude, l'emporte sur celui qui est rocailleux et dont les phrases s'embarrassent mutuellement. Pourquoi s'imaginer que la beauté s'acquiert aux dépens de la force, tandis qu'au contraire, rien n'a vraiment de force sans le secours de l'art dont la beauté est inséparable ? Le javelot qui va le plus loin, n'est-il pas celui que nous voyons lancer avec le

omni palæstra, quid satis recte cavetur ac petitur, cui non artifex motus, et certi quidam pedes adsint? Quare mihi compositione velut amentis quibusdam, nervisve intendi et concitari sententiæ videntur.

Ideo eruditissimo cuique persuasum est valere eam quam plurimum, non ad delectationem modo, sed ad motum quoque animorum : primum, quia nihil intrare potest in affectus, quod in aure, velut quodam vestibulo, statim offendit; deinde, quod natura ducimur ad modos; neque enim aliter eveniret, ut illi quoque organorum soni, quamquam verba non exprimunt, in alios tamen atque alios motus ducerent auditorem. In certaminibus sacris non eadem ratione concitant animos ac remittunt; non eosdem modos adhibent, quum bellicum est canendum, et quum posito genu supplicandum est; nec idem signorum concentus est procedente ad prœlium exercitu, idem receptui carmen. Pythagoreis certe moris fuit, et, quum evigilassent, animos ad lyram excitare, quo essent ad agendum erectiores; et, quum somnum peterent, ad eamdem prius lenire mentes, ut, si quid fuisset turbidiorum cogitationum, componerent.

Quod si numeris ac modis inest quædam tacita vis,

plus de grâce? Il en est de même des traits dirigés avec l'arc : plus la main de l'archer est sûre, et plus son attitude est belle. Enfin, au combat des armes et dans les exercices gymnastiques, l'on n'attaque et l'on ne se défend bien, qu'en se pliant à certains mouvemens, à certaines mesures qui sont tous enseignés par l'art. Ainsi, je tiens que la composition est aux pensées ce que la courroie est au javelot, ce que la corde de l'arc est à la flèche : elle leur donne la grâce et le mouvement.

C'est pour cela que, de l'aveu de tous les gens éclairés, la composition a de si grands effets, non-seulement pour plaire, mais encore pour émouvoir; d'abord, parce que rien ne peut pénétrer dans le cœur, si l'on choque l'oreille, qui en est, en quelque sorte, le vestibule; ensuite, parce que nous sommes naturellement sensibles à l'harmonie. Comment expliquer autrement la puissance des instrumens qui, sans exprimer aucune parole, agissent sur nous de tant de manières diverses? Dans les combats institués en l'honneur des dieux, ce n'est pas avec les mêmes combinaisons que ces instrumens portent tour-à-tour l'agitation ou le calme dans les âmes; ce n'est pas sur le même mode qu'ils font retentir des accens belliqueux, ou qu'ils forcent à s'agenouiller pour la prière; enfin, la trompette ne sonne pas la charge, comme elle sonne la retraite. On sait que les disciples de Pythagore avaient l'usage, à leur réveil, d'exciter leurs esprits au son de la lyre, pour être plus dispos; et qu'avant de se coucher, ils calmaient leurs sens au son de cette même lyre, pour apaiser les pensées tumultueuses de la journée.

Que s'il y a un charme secret attaché à des mesures

in oratione est vehementissima; quantumque interest, sensus idem quibus verbis efferatur, tantum, verba eadem qua compositione vel in textu jungantur, vel in fine claudantur; nam quædam et sententiis parva, et elocutione modica, virtus hæc sola commendat. Denique quod cuique visum erit vehementer, dulciter, speciose dictum, solvat et turbet; abierit omnis vis, jucunditas, decor : solvit quædam sua in Oratore Cicero, *Neque me divitiæ movent, quibus omnes Africanos et Lælios multi venalitii mercatoresque superarunt*, et insequentes deinceps periodos : quas si ad illum modum turbes, velut fracta, aut transversa tela projeceris. Idem corrigit, quæ a Graccho composita durius putat : illum decet; nos hac sumus probatione contenti, quod in scribendo, quæ se nobis solutiora obtulerunt, componimus: quid enim attinet eorum exempla quærere, quæ sibi quisque experiri potest? illud notasse satis habeo, quo pulchriora et sensu et elocutione dissolveris, hoc orationem magis deformem fore; quia negligentia collocationis ipsa verborum luce deprehenditur.

Itaque ut confiteor pæne ultimam oratoribus artem *compositionis*, quæ perfecta sit, contigisse ; ita illis quoque priscis habitam inter curas, in quantum adhuc

et à des cadences, à plus forte raison doit-il se faire sentir dans le discours ; en effet, autant la même pensée gagne suivant les paroles qui l'expriment, autant les mêmes paroles ont de valeur suivant les liaisons et les chûtes qu'on sait leur donner. Car il est des choses où la pensée et l'expression sont médiocres, et qui ne se recommandent que par le mérite de la composition. Enfin, essayez de déranger et d'intervertir l'ordre des mots dans une phrase qui vous aura frappé par sa force, sa douceur ou sa beauté, et vous n'y trouverez plus ni beauté, ni force, ni douceur. Cicéron, dans son *Orateur*, en fait l'épreuve sur lui-même. Changez, dit-il, quelque chose à la période suivante : *Neque me divitiæ movent, quibus omnes Africanos et Lælios multi venalitii mercatoresque superarunt;* changez de même les périodes qui viennent après, et il résultera de cette perturbation que toutes manqueront leur effet, comme ces traits à demi-rompus ou décochés de travers. Par contre, il polit quelques endroits de Gracchus qui lui paraissent durs et négligés. Cela lui sied. Quant à nous, qu'il nous suffise de l'éprouver sur nous-mêmes et de bien disposer, en écrivant, ce qui s'offrirait de trop désordonné dans le premier jet. Car à quoi bon chercher des exemples chez les autres, quand on peut se conduire d'après sa propre expérience ? C'est assez d'avoir fait remarquer que plus un endroit brille par la pensée et par l'expression, plus le défaut d'harmonie le dépare, parce qu'alors le luxe même des mots fait ressortir le désordre de la composition.

C'est pourquoi, tout en convenant que l'art d'arranger les mots est peut-être le dernier qui se soit perfectionné dans les orateurs, je suis convaincu que les

profecerant, puto; neque enim mihi, quamlibet magnus auctor, Cicero persuaserit, Lysiam, Herodotum, Thucydidem, parum studiosos ejus fuisse. Genus fortasse sint secuti non idem, quod Demosthenes, aut Plato, quamquam et ii ipsi inter se dissimiles fuerunt.

Nam neque illud in Lysia dicendi textum tenue atque rarum laetioribus numeris corrumpendum erat : perdidisset enim gratiam, quae in eo maxima est, simplicis atque inaffectati coloris; perdidisset fidem quoque; nam scribebat aliis, non ipse dicebat, ut oportuerit esse illa rudibus et incompositis similia : quod ipsum *compositio* est.

Et historiae, quae currere debet ac ferri, minus convenissent insistentes clausulae, et debita actionibus respiratio; et cludendi inchoandique sententias ratio : in concionibus quidem etiam similiter cadentia quaedam, et contraposita deprehendas : in Herodoto vero quum omnia, ut ego quidem sentio, leniter fluunt, tum ipsa διάλεκτος habet eam jucunditatem, ut latentes etiam numeros complexa videatur. Sed de propositorum diversitate post paulum; nunc, quae prius iis, qui recte componere volent, discenda sint.

Est igitur ante omnia *oratio* alia *vincta*, atque *contexta; soluta* alia, qualis in sermone et epistolis, nisi quum aliquid supra naturam suam tractant, ut *de phi-*

anciens en ont fait quelque cas, en raison toutefois des progrès qu'ils avaient faits; et Cicéron, malgré toute son autorité, ne me persuadera pas que Lysias, Hérodote et Thucydide s'en soient montrés peu soigneux. Qu'ils aient suivi un autre système que Démosthène et Platon, à la bonne heure; encore ces deux derniers ont-ils une manière bien différente.

En effet, Lysias, dont le style était délicat et léger, devait-il l'atténuer encore par une mesure trop sautillante? cela lui eût ôté la grâce de ce coloris simple et naïf qui fait son principal mérite; il n'eût pas non plus atteint son but, car on sait qu'il écrivait pour les autres et ne prononçait pas lui-même ses plaidoyers, en sorte qu'il était obligé de leur donner une allure qui n'eût rien de compassé ni d'étudié; et cela même est un des secrets de la composition.

Quant à l'histoire, dont le style doit être entraînant et rapide, il ne faut y chercher ni ces chutes de périodes sur lesquelles l'orateur du barreau s'arrête comme pour reprendre haleine, ni cet art d'enfermer ses pensées dans un tour nombreux; cela ne convient point à sa dignité. Du reste, vous rencontrerez dans les harangues de Thucydide des figures de désinences et des antithèses. Pour Hérodote, où tout est si coulant, à mon avis, le dialecte dont il s'est servi a tant de charmes par lui-même qu'on dirait qu'il est naturellement cadencé. Mais je parlerai bientôt de la diversité des genres; maintenant faisons voir comment l'orateur doit s'y prendre pour bien combiner l'arrangement des mots.

Et d'abord, il y a deux sortes de prose : l'une pour le discours soutenu, d'un tissu serré où tout se tient et s'enchaîne, l'autre plus libre, plus dégagée, comme dans

losophia, *de republica*, similibus. Quod non eo dico, quia non illud quoque solutum habeat suos quosdam, et forsitan difficiliores etiam pedes; neque enim aut hiare semper vocalibus, aut destitui temporibus volunt sermo atque epistola; sed non fluunt, nec cohaerent, nec verba verbis trahunt; ut potius laxiora in his vincula, quam nulla sint. Nonnunquam in causis quoque minoribus decet eadem simplicitas, quae nonnullis, sed aliis utitur numeris, dissimulatque eos, et tantum communit occultius.

At illa connexa series tres habet formas, *incisa*, quae κόμματα dicuntur, *membra*, quae κῶλα, περίοδον, quae est vel *ambitus*, vel *circumductum*, vel *continuatio*, vel *conclusio*.

In omni porro compositione tria sunt genera necessaria, *ordo*, *junctura*, *numerus*.

Primum igitur *de ordine*. Ejus observatio in verbis est singulis et contextis: singula sunt, quae ἀσύνδετα diximus: in his cavendum, ne decrescat oratio, et fortiori subjungatur aliquid infirmius, ut *sacrilego fur*, aut *latroni petulans*: augeri enim debent sententiae, et insurgere, ut optime Cicero, *Tu*, inquit, *istis fauci-*

la conversation et les épîtres familières, à moins qu'on ne s'y élève au dessus de leur sphère habituelle, et qu'on n'y traite des questions de philosophie, de politique ou autres d'un semblable intérêt. Quand je dis plus libre, ce n'est pas que le langage familier n'ait aussi une certaine cadence qui lui est propre, et peut-être plus difficile à observer, car la conversation et le style épistolaire ne souffrent pas de trop fréquens hiatus, il y faut aussi des repos et des mesures; seulement, les paroles n'y ont pas un cours régulier, on n'exige pas entre elles une exacte cohérence, elles ne dépendent pas rigoureusement les unes des autres : en un mot, il y a bien des liens secrets qui les unissent, mais ces liens sont plus relâchés. La même simplicité convient souvent aussi dans les causes minimes; on n'en bannit pas toute mesure, mais cette mesure est différente, elle agit sans se faire apercevoir.

Quant à la première sorte de prose qui appartient au discours suivi, elle comporte trois formes distinctes, les *incises*, κόμματα; les *membres*, κῶλα; la *période*, περίοδος, c'est-à-dire *circuit*, *continuité* ou *conclusion*.

Or, dans la composition, trois choses sont nécessaires : l'*ordre*, la *liaison*, le *nombre*.

Parlons premièrement de l'*ordre*. Il est à observer dans les mots détachés comme dans les mots joints ensemble. Détachés, et c'est ce que nous avons appelé *asyndète*, il faut prendre garde que le sens ne marche en décroissant, et qu'après un terme plein d'énergie il n'en vienne un plus faible, comme *fripon* après *sacrilège*, *effronté* après *brigand*, car les pensées doivent toujours croître et s'élever; c'est à quoi n'a pas manqué

bus, istis lateribus, ista gladiatoria totius corporis firmitate : aliud enim magis alio supervenit; at si cœpisset a toto corpore, non bene ad latera faucesque descenderet : est et alius naturalis ordo, ut *viros ac feminas, diem ac noctem, ortum et occasum* dicas potius, quam retrorsum. Quædam ordine permutato fiunt supervacua, ut *fratres gemini;* nam si præcesserint *gemini, fratres* addere non est necesse.

Illa nimia quorumdam fuit observatio, ut *vocabula verbis, verba* rursus *adverbiis, nomina appositis* et *pronominibus* essent priora; nam fit contra quoque frequenter non indecore. Nec non et illud nimiæ superstitionis, uti quæque sint tempore, ea facere etiam ordine priora; non quin frequenter sit hoc melius, sed quia interim plus valent ante gesta, ideoque levioribus superponenda sunt.

Verbo sensum cludere, multo, si compositio patiatur, optimum est; in verbis enim sermonis vis : sed si id asperum erit, cedet hæc ratio numeris, ut fit apud summos græcos latinosque oratores frequentissime : sine dubio enim omne, quod non cludet, *hyperbaton* est : ipsum hoc inter tropos, vel figuras, quæ sunt virtutis,

Cicéron, dans ce passage des Philippiques : *Et vous,* s'écrie-t-il, *avec cet énorme gosier, ces larges poumons, et cette encolure de gladiateur!* où l'on voit que la gradation est bien observée ; car s'il eût commencé par dire *avec cette encolure de gladiateur*, il eût eu mauvaise grâce à parler ensuite de son gosier et de ses poumons. Il y a aussi un ordre naturel qui veut qu'on dise *les hommes et les femmes, le jour et la nuit, le levant et le couchant*, et non pas *les femmes et les hommes*, etc. Certains mots deviennent inutiles si on les déplace : ainsi, on dira bien *fratres gemini*, des *frères jumeaux*; mais si l'on met d'abord *gemini*, il n'est pas nécessaire d'ajouter *fratres*.

Je ne partage pas le scrupule de quelques personnes qui voudraient que toujours les nominatifs fussent avant les verbes, ceux-ci avant les adverbes, et les noms avant les adjectifs et les pronoms, car le contraire a souvent beaucoup de grâce. C'est encore pousser trop loin la délicatesse, que d'exiger qu'on s'assujétisse à l'ordre rigoureux des temps, non que cela ne soit généralement préférable, mais parce qu'il peut arriver que des faits antérieurs aient plus d'importance, et qu'alors il vaut mieux les placer après ceux qui en ont moins, suivant la loi des progressions.

Il est beaucoup mieux de terminer une période par un verbe, quand la composition le permet, car c'est dans les verbes qu'est toute la force du sens ; mais cette considération doit être sacrifiée à l'harmonie et au nombre, si le verbe formait une chute trop désagréable à l'oreille ; c'est ce qu'ont fait très-souvent les plus grands orateurs grecs et latins. Sans doute, si le verbe ne clot pas la période, il y aura ce qu'on appelle une

receptum est. Non enim ad pedes verba dimensa sunt; ideoque ex loco transferuntur in locum, ut jungantur, quo congruunt maxime; sicut in structura saxorum rudium etiam ipsa enormitas invenit, cui applicari, et in quo possit insistere : felicissimus tamen sermo est, cui et rectus ordo, et apta junctura, et quum his numerus opportune cadens contigit.

Quædam vero transgressiones et longæ sunt nimis, ut superioribus diximus libris, et interim etiam compositione vitiosæ, quæ in hoc ipsum petuntur, ut exsultent atque lasciviant, quales illæ Mæcenatis, *Sole et aurora rubent plurima. Inter sacra movit aqua fraxinos. Ne exsequias quidem unus inter miserrimos viderem meas:* quod inter hæc pessimum est, quia in re tristi ludit compositio.

Sæpe tamen est vehemens aliquis sensus in verbo; quod si in media parte sententiæ latet, transire intentionem, et obscurari circumjacentibus solet; in clausula positum assignatur auditori, et infigitur, quale illud est Ciceronis, *Ut tibi necesse esset in conspectu populi romani vomere postridie.* Transfer hoc ultimum, minus valebit : nam totius ductus hic est quasi mucro, ut per se foedæ vomendi necessitati, jam nihil ultra exspectan-

hyperbate ; mais l'hyperbate est comptée parmi les tropes ou les figures, et est elle-même une beauté. D'ailleurs, les mots ne sont pas assujétis à la mesure des pieds, comme dans les vers : on peut, à son gré, les transporter d'un lieu dans un autre, pour les faire cadrer mieux ensemble ; c'est ainsi que, dans le bâtiment, les pierres les plus irrégulières et les plus grosses trouvent leur emploi et leur place. Cependant, ce qui peut arriver de plus heureux dans un discours, c'est que l'ordre y soit régulier, les liaisons exactes, et qu'à ces qualités se joigne une diction bien cadencée.

Il y a, comme je l'ai dit dans les livres qui précèdent, des transpositions qui sont trop longues, et dont la composition est même vicieuse, parce qu'on y voit de la recherche et du papillotage. Tels sont ces endroits dans Mécenas : *Sole et aurora rubent plurima. — Inter sacra movit aqua fraxinos. — Ne exsequias quidem unus inter miserrimos viderem meas ;* et ce dernier trait est d'autant plus mauvais, que l'auteur joue sur un sujet triste en lui-même.

Souvent un mot seul fait toute la force d'une pensée. S'il est caché au milieu de la phrase, on ne le remarque pas, il est comme effacé par les mots qui l'entourent : jeté à la fin, il fixe l'attention et se grave dans l'esprit, comme ce passage des Philippiques : *Ut tibi necesse esset in conspectu populi romani vomere* POSTRIDIE. Transportez ailleurs ce dernier mot et la phrase perdra de sa force. Car Cicéron, après avoir parlé de la dégoûtante nécessité où s'était mis Antoine, ce qui semblait ne plus rien laisser à attendre, trouve moyen d'aiguiser encore le trait, en y ajoutant la honte de s'être gorgé de tant

tibus, hanc quoque adjiceret deformitatem, ut cibus teneri non posset *postridie.*

Solebat Afer Domitius trajicere in clausulas verba tantum asperandæ compositionis gratia, et maxime in prooemiis, ut pro Cloantilla, *Gratias agam continuo;* et pro Lælia, *Eis utrisque apud te judicem periclitatur Lælia :* adeo refugit teneram delicatamque modulandi voluptatem, ut currentibus per se numeris, quod eos inhiberet, objiceret. Amphiboliam quoque fieri vitiosa locatione verborum, nemo est, qui nesciat.

Hæc arbitror, ut in brevi, de ordine fuisse dicenda; qui si vitiosus est, licet et vincta sit, et apte cadens oratio, tamen merito incomposita dicatur.

Junctura sequitur; est in *verbis, incisis, membris, periodis;* omnia namque ista et virtutes et vitia in complexu habent. Atque ut ordinem sequar, primum sunt quæ imperitis quoque ad reprehensionem notabilia videntur, id est, quæ, commissis inter se verbis duobus, ex ultima prioris, ac prima sequentis syllaba, deforme aliquod nomen efficiunt; tum vocalium concursus; qui quum accidit, hiat, et intersistit, et quasi laborat oratio : pessime longæ, quæ easdem inter se litteras committunt, sonabunt; præcipuus tamen erit hiatus earum, quæ cavo, aut patulo maxime ore efferuntur. *E* planior littera est, *I* angustior est; ideoque obscurius in his vi-

d'alimens, qu'il lui était impossible de n'en pas rejeter encore le *lendemain*, POSTRIDIE.

Domitius Afer plaçait presque toujours les verbes à travers la phrase, pour donner à sa composition un air négligé. Il usait surtout de cet artifice dans les exordes, comme quand il dit dans son plaidoyer pour Cloantilla : *Gratias agam continuo*, et dans celui qu'il fit pour Lélia : *Eis utrisque apud te judicem periclitatur Lælia.* Il était tellement en garde contre ces mesures délicates et molles qui flattent l'oreille, que lorsqu'il s'en présentait naturellement, il s'étudiait à les déranger. Il n'est personne qui ne sache que l'arrangement vicieux des mots fait naître aussi l'amphibologie.

Voilà sommairement ce que je crois qu'on peut dire sur l'ordre, sans lequel un discours, fût-il d'ailleurs bien lié, bien cadencé, sera toujours regardé, avec raison, comme un discours mal fait.

Vient ensuite la *liaison*. Elle est à considérer dans les mots, dans les incises, dans les membres, dans les périodes; car tout cela est susceptible de qualités et de défauts. En premier lieu, pour procéder méthodiquement, il y a de ces liaisons choquantes qui sautent aux yeux des plus ignorans, lorsque, par exemple, deux mots qui se suivent sont tels que la dernière syllabe de l'un et la première de l'autre forment un nom désagréable ou obscène*. En second lieu, si des voyelles se rencontrent et se heurtent, il en résulte un hiatus qui arrête l'orateur tout court et rend sa prononciation pénible. Rien n'est encore plus dur à l'oreille que deux voyelles longues de suite, lorsque ce sont les

---

* Comme *dorica castra*, *cæca caligine*, etc.

tium : minus peccabit, qui longis breves subjiciet, et adhuc, qui præponet longæ brevem : minima est in duabus brevibus offensio; atque quum aliæ subjunguntur aliis, perinde asperiores erunt, prout oris habitu simili, aut diverso pronunciabuntur.

Non tamen id, ut crimen ingens, expavescendum est; ac nescio negligentia in hoc, an sollicitudo sit pejor : inhibeat enim necesse est hic metus impetum dicendi, et a potioribus avertat : quare ut negligentiæ est pars hoc pati, ita humilitatis ubique perhorrescere; nimiosque non immerito in hac cura putant omnes Isocratem secutos, præcipueque Theopompum. At Demosthenes et Cicero modice respexerunt ad hanc partem : nam et coeuntes litteræ, quæ συναλοιφαί dicuntur, etiam leniorem faciunt orationem, quam si omnia verba suo fine cludantur; et nonnunquam hiulca etiam decent, faciuntque ampliora quædam, ut, *Pulchra oratione acta omnino jactare;* tum longæ per se, et velut opimæ syllabæ aliquid etiam medii temporis inter vocales, quasi intersistatur, assumunt. Qua de re utar Ciceronis potissimum verbis, *Habet,* inquit, *ille tamquam hiatus et concursus vocalium molle quiddam, et quod indicet non ingratam*

mêmes, et surtout de ces voyelles ouvertes dont le son se tire des cavités de la bouche. La lettre *E* est plus pleine, la lettre *I* plus sourde; aussi leur concours est-il moins vicieux. L'effet est moins désagréable encore quand c'est une voyelle longue qui en précède une brève, ou une brève qui en précède une longue : il ne l'est nullement quand ce sont deux brèves. Enfin, les voyelles qui se rencontrent sont plus ou moins rudes, suivant que l'aspiration est égale ou différente.

Il ne faut cependant pas se faire un fantôme de tout cela. Je ne sais même ce qu'on doit le plus blâmer, à cet égard, de l'excessive précaution ou de la négligence, car un soin trop vétilleux entrave nécessairement l'essor de l'orateur et le détourne d'objets plus importans. Ainsi, comme il y a de l'incurie à ne tenir aucun compte de la liaison des mots, il y a de la petitesse à s'en effrayer continuellement, et l'on a eu raison de reprocher aux partisans d'Isocrate, et notamment à Théopompe, d'avoir porté trop loin cette recherche. Pour Démosthène et Cicéron, ils s'en sont médiocrement souciés. En effet, tantôt deux lettres qui s'élident, ce qu'on appelle une *synalèphe*, sont plus douces à prononcer que si l'on jetait les mots un à un avec toutes leurs lettres; et tantôt les hiatus conviennent mieux, parce qu'ils donnent du grandiose aux paroles, comme ici : *Pulchra oratione acta omnino jactare*. Ensuite, les syllabes longues par elles-mêmes, et pour ainsi dire mieux nourries, gagnent encore quelque chose à ce repos qu'on met entre deux voyelles. Je ne puis mieux faire que de citer sur cela les propres expressions de Cicéron : *L'espèce d'hiatus*, dit-il, *que produit la ren-*

22.

negligentiam de re hominis magis, quam de verbis, laborantis.

Cæterum consonantes quoque, earumque præcipue, quæ sunt asperiores, in commissura verborum rixantur et S ultima cum X proxima, quarum tristior etiam, si binæ collidantur, stridor est, ut, *Ars studiorum.* Quæ fuit causa et Servio, ut dixi, subtrahendæ S litteræ, quoties ultima esset, aliaque consonante susciperetur: quod reprehendit Lauranius, Messala defendit: nam neque Lucilium putant uti eadem ultima, quum dicit, *Serenu' fuit,* et *dignu' locoque,* et Cicero in Oratore plures antiquorum tradit sic locutos. Inde *belligerare, po' meridiem;* et illa Censorii Catonis, *Diee hanc,* æque M littera in E mollita : quæ in veteribus libris reperta mutare imperiti solent, et, dum librariorum insectari volunt inscientiam, suam confitentur.

Atqui eadem illa littera, quoties ultima est, et vocalem verbi sequentis ita contingit, ut in eam transire possit, etiamsi scribitur, tamen parum exprimitur, ut, *Multum ille,* et, *Quantum erat;* adeo ut pæne cujusdam novæ litteræ sonum reddat; neque enim eximitur, sed obscuratur, et tantum aliqua inter duas vocales velut nota est, ne ipsæ coeant.

Videndum etiam, ne syllabæ verbi prioris ultimæ sint

contre de deux voyelles, a je ne sais quoi de négligé qui ne déplaît pas, parce que cela dénote un orateur plus occupé des choses que des mots.

Du reste, les consonnes et surtout celles qui sont dures, se heurtent aussi dans la liaison des mots, par exemple l'*S* finale immédiatement suivie d'un *X*; et le sifflement est plus désagréable encore, si ce sont deux *SS* qui se froissent l'une contre l'autre, comme *Ars studiorum*. C'est ce qui avait déterminé Servius à retrancher l'*S* finale devant les mots qui commençaient par une consonne. Lauranius l'en blâme et Messala le défend. En effet, il faut bien croire que Lucilius proscrivait l'*S* finale, puisqu'il dit : *Serenu' fuit* et *dignu' locoque*. Cicéron, dans son *Orateur*, introduit des anciens qu'il fait parler de la même manière. De là ces expressions : *Belligerare, po'meridiem*, et le *Diee hanc* de Caton le Censeur, pour *Diem hanc*, en adoucissant *M* en *E*. Quand les ignorans rencontrent de ces façons de parler dans les vieux livres, ils ne manquent jamais de les changer; mais en ayant la prétention de donner une leçon aux copistes, ils mériteraient qu'on la leur donnât.

Cette même lettre *M*, à la fin d'un mot, s'unit tellement à la voyelle qui commence le mot suivant, qu'elle semble s'identifier avec elle, et quoiqu'on l'écrive, à peine la prononce-t-on, comme *Multum ille* et *Quantum erat*; en sorte qu'elle rend presque le son d'une nouvelle lettre, car on ne la supprime pas, mais elle est pour ainsi dire éteinte, et ne fait que l'office d'une note placée entre deux voyelles pour empêcher qu'elles ne se confondent.

Il faut prendre garde aussi que les dernières syllabes

primæ sequentis : id ne quis præcipi miretur, Ciceroni in epistolis excidit, *Res mihi invisæ visæ sunt, Brute;* et in carmine,

O fortunatam natam me consule Romam!

Etiam monosyllaba, si plura sunt, male continuabuntur, quia necesse est, compositio multis clausulis concisa subsultet; ideoque etiam brevium verborum ac nominum vitanda continuatio, et ex diverso quoque longorum; afferunt enim quamdam dicendi tarditatem. Illa quoque vitia sunt ejusdem loci, si cadentia similiter et similiter desinentia, et eodem modo declinata, jungantur. Ne verba quidem verbis, aut nomina nominibus, similiaque his continuari decet, quum virtutes etiam ipsæ tædium pariant, nisi gratia varietatis adjutæ.

Membrorum, incisorumque junctura non ea modo est observanda, quæ verborum, quamquam et in his extrema ac prima *coeunt;* sed plurimum refert *compositionis,* quæ quibus anteponas; nam et *Vomens frustis esculentis gremium suum et totum tribunal implevit;* et contra (nam frequentius utar iisdem diversarum quoque rerum exemplis, quo sint magis familiaria), *Saxa atque solitudines voci respondent; bestiæ sæpe immanes cantu flectuntur, atque consistunt;* magis insurgebat, si verteretur; nam plus est *saxa,* quam *bestias, commoveri;* vicit tamen compositionis decor.

d'un mot ne soient les mêmes que les premières du mot suivant. On ne s'étonnera pas que je fasse cette recommandation, puisqu'il est échappé à Cicéron lui-même de dire dans une lettre : *Res mihi invisæ visæ sunt, Brute;* et c'est de lui ce vers :

> O fortunatam natam me consule Romam!

Plusieurs monosyllabes de suite déparent aussi la composition, car ces petites chutes multipliées la rendent nécessairement sautillante. Il faut, par la même raison, éviter l'emploi continu des mots trop courts; et, par la raison contraire, ne pas prodiguer les mots démesurément longs, parce qu'ils rendent la diction lourde et traînante. Ce sont vices qui rentrent dans mon sujet que de multiplier les mêmes cadences, les mêmes désinences, les mêmes déclinaisons; d'accoler des verbes, des noms, ou autres parties semblables de l'oraison, à la suite les uns des autres; car les beautés mêmes engendrent l'ennui, si elles ne sont relevées par la variété.

La liaison dans les membres et dans les incises est à observer d'une autre manière que dans les mots, quoiqu'on y exige aussi que la fin se lie bien avec le commencement; mais il est essentiel, pour la composition, de savoir ce qu'on doit mettre avant ou après. La force des choses voulait que la phrase suivante fût présentée dans l'ordre où elle est : *Vomens frustis esculentis gremium suum et totum tribunal implevit;* au contraire, dans celle que je vais citer, et je me sers souvent des mêmes exemples à propos de choses diverses, pour les rendre plus familiers, dans celle-ci, dis-je : *Saxa atque solitudines voci respondent; bestiæ sæpe immanes cantu flectuntur, atque consistunt,* la gradation des

Sed transeamus ad numeros.

Omnis *structura*, ac *dimensio*, et *copulatio vocum* constat aut numeris (numeros ῥυθμούς accipi volo), aut μέτροις, id est, dimensione quadam.

Quod etiamsi constat utrumque pedibus, habet tamen non simplicem differentiam; nam *rhythmi*, id est, numeri, spatio temporum constant; *metra* etiam ordine; ideoque alterum esse quantitatis videtur, alterum qualitatis.

Ῥυθμός est aut par, ut *dactylus;* unam enim syllabam parem brevibus habet : est quidem vis eadem et aliis pedibus, sed nomen illud tenet (*longam* esse duorum temporum, *brevem* unius, etiam pueri sciunt); aut sescuplex, ut *pæon*, quum sit ex longa et tribus brevibus; quique ei contrarius, ex tribus brevibus et longa, vel alio quoquo modo, ut tempora tria ad duo relata sescuplum faciant; aut duplex, ut *iambus* (nam est ex brevi et longa); quique est ei contrarius. Sunt hi et metrici pedes; sed hoc interest, quod *rhythmo* indifferens est, *dactylus*ne ille priores habeat breves, an sequentes : tempus enim solum metitur, ut a sublatione ad positio-

idées exigeait que ce qui est au commencement fût à la fin, car il est plus difficile d'émouvoir les rochers et les déserts que d'attendrir des bêtes féroces; mais cet ordre devait être sacrifié à la beauté de la composition.

Passons maintenant aux nombres.

Tout mot, dans sa structure, dans sa dimension ou dans sa combinaison avec un autre mot, se résout, soit en nombres (par nombres j'entends les rhythmes, ῥυθμούς), soit en mètres, μέτροις, c'est-à-dire en une mesure quelconque.

Quoique le mètre et le rhythme se composent tous deux de pieds, il y a cependant une différence essentielle entre l'un et l'autre. Car les rhythmes, c'est-à-dire les nombres, se mesurent par le temps, et les mètres sont en outre assujétis à un certain ordre : en sorte que le rhythme semble plutôt appartenir à la quantité et le mètre à la qualité.

Le rhythme varie dans ses proportions qui sont ou égales, ou sesquialtères*, ou doubles; elles sont égales dans le dactyle, qui a une syllabe longue équivalente aux deux brèves. La même qualité se remarque aussi dans d'autres pieds, mais c'est le dactyle qui sert de type. Il n'est pas jusqu'aux enfans qui ne sachent qu'une syllabe longue a deux temps et qu'une brève n'en a qu'un. Elles sont sesquialtères, comme dans le péon, qui est composé d'une longue et de trois brèves, et dans son contraire, formé de trois brèves et d'une longue, ou dans toute autre combinaison de pieds où trois temps

---

* On appelle sesquialtères deux nombres dont le dernier contient le premier une fois plus sa moitié : 6 et 9, 20 et 30 sont en proportion sesquialtère. Le mot *sesqui*, veut dire un et demi; *sesqui hora*, une heure et demie; *sesqui modium*, un boisseau et demi.

nem idem spatii sit : proinde alia dimensio est versuum; pro *dactylo* poni non poterit *anapæstus,* aut *spondeus;* nec *pæon* eadem ratione brevibus incipiet ac desinet. Neque solum alium pro alio pedem metrorum ratio non recipit, sed ne dactylum quidem, aut forte spondeum alterum pro altero : itaque si quinque continuos dactylos, ut fit in illo,

Panditur interea domus omnipotentis Olympi,

confundas, solveris versum. Sunt et illa discrimina, quod *rhythmis* libera spatia, *metris* finita sunt; et his certæ clausulæ; illi, quomodo cœperant, currunt usque ad μεταβολήν, id est, transitum in aliud genus rhythmi; et quod *metrum* in verbis modo, *rhythmus* etiam in corporis motu est. Inania quoque tempora *rhythmi* facilius accipient, quamquam hæc et in metris accidunt : major tamen illic licentia est, ubi tempora etiam animo metiuntur, et pedum et digitorum ictu intervalla signant, quibusdam notis, atque æstimant, quot breves illud spa-

sont à deux dans le même rapport. Enfin, elles sont doubles, comme l'iambe formé d'une brève et d'une longue, et son contraire, qui est d'une longue et d'une brève. Tout cela forme autant de pieds métriques, mais avec cette différence qu'il importe peu pour le rhythme que dans un dactyle, par exemple, les syllabes brèves soient avant ou après, parce qu'il ne mesure que le temps, c'est-à-dire l'intervalle d'un *levé* à un *frappé* *, tandis que dans un vers on ne pourra pas employer un anapeste ou un spondée pour un dactyle; et, par la même raison, le péon ne pourra pas commencer ou finir indifféremment par des brèves; et non-seulement le mécanisme des vers n'admet pas un pied pour un autre, mais il ne s'arrange même pas d'un dactyle et d'un spondée pour un autre dactyle ou un autre spondée. Que l'on change l'ordre des cinq dactyles suivans dans ce vers :

Panditur interea domus omnipotentis Olympi,

et l'on en détruira toute l'économie. Il y a encore ces différences, que les rhythmes ont un espace libre et que les mètres n'en ont qu'un circonscrit, ceux-ci ayant toujours une chute obligée, tandis que ceux-là courent sur la même mesure, depuis le commencement jusqu'à la *métabole*, μεταβολὴν, c'est-à-dire jusqu'à ce qu'on passe à un autre genre de rhythme. Ensuite, le mètre n'est que dans les mots, le rhythme s'applique aussi au mouvement du corps **. Enfin, les rhythmes admettent plus facilement des temps superflus, quoique cela arrive aussi dans les mètres; cependant la licence est d'autant plus

---

* Quintilien fait ici allusion à la manière dont les musiciens battent la mesure avec le pied.

** Notamment dans la danse et dans l'escrime.

tium habeat : inde τετράσημοι, πεντάσημοι, deinceps longiores fiunt percussiones; nam σημεῖον tempus est unum.

In compositione orationis certior, et magis omnibus aperta servari debet dimensio; est igitur in pedibus; et metrici quidem pedes adeo reperiuntur in oratione, ut in ea frequenter non sentientibus nobis omnium generum excidant versus; et contra nihil, quod prosa scriptum, non redigi possit in quædam versiculorum genera, vel in membra. Sed in adeo molestos incidimus grammaticos, quam fuerunt, qui lyricorum quædam carmina in varias mensuras coegerunt : at Cicero frequentissime dicit, totum hoc constare *numeris,* ideoque reprehenditur a quibusdam, tamquam orationem ad *rhythmos* alliget : nam sunt numeri *rhythmi,* ut et ipse constituit, et secuti eum Virgilius, quum dicit,

.....Numeros memini, si verba tenerem :

et Horatius,

......Numerisque fertur
Lege solutis.

Invadunt ergo hanc inter cæteras vocem, *Neque enim Demosthenis fulmina tantopere vibratura* dicit, *nisi*

grande dans les rhythmes, qu'on y mesure les temps par la pensée, qu'on y marque les intervalles en battant la mesure avec les pieds ou avec les doigts, et, qu'au moyen de certaines notes, on suppute combien tel intervalle contient de brèves : d'où sont venues ces mesures appelées τετράσημοι, à quatre temps, πεντάσημοι, à cinq temps, et d'autres plus longues encore, car le mot grec σημεῖον veut dire un temps.

Dans la prose, la mesure est moins arbitraire et doit être appréciable pour tout le monde; elle réside essentiellement dans les pieds, et comme les pieds se combinent très-facilement en mètres, souvent, sans le vouloir, il échappe, en prose, des vers de toute espèce. On peut dire même qu'il ne s'écrit rien dans ce genre, qu'on ne puisse à la rigueur réduire en petits vers ou en fragmens de vers. Il s'est même rencontré des grammairiens assez vétilleux pour assujétir certains morceaux oratoires à des mesures variées, comme dans les vers lyriques. Je sais que Cicéron ne cesse de répéter que la beauté de la composition consiste dans les *nombres* : aussi lui en a-t-on fait un reproche, parce que ce serait transporter les rhythmes dans la prose; car, comme il l'établit lui-même, les nombres sont les *rhythmes*, et, d'après lui, Virgile a dit :

. . . . . *Numeros* memini, si verba tenerem :

et Horace :

. . . . . *Numeris*que fertur
Lege solutis.

On s'élève donc, entre autres, contre ce passage de Cicéron où il dit *que Démosthène n'aurait pas lancé*

numeris contorta ferrentur; in quo si hoc sentit, *rhythmis contorta*, dissentio; nam *rhythmi*, ut dixi, neque finem habent certum, nec ullam in contextu varietatem, sed, qua cœperunt sublatione ac positione, ad finem usque decurrunt; oratio non descendet ad strepitum digitorum. Idque Cicero optime videt, ac testatur frequenter, se, quod numerosum sit, quærere; ut magis non ἄῤῥυθμον, quod esset inscitum atque agreste, quam εὔρυθμον, quod poeticum est, esse compositionem velit; sicut etiam quos palæstritas esse nolumus eos, qui dicuntur ἀπάλαιστοι.

Verum ea, quæ efficitur e pedibus, æqua conclusio, nomen aliquod desiderat: quid sit igitur potius, quam *numerus*, et oratorius numerus, ut enthymema rhetoricus syllogismus? Ego certe, ne in calumniam cadam, qua ne M. quidem Tullius caruit, posco hoc mihi, ut, quum pro composito dixero *numerum*, et ubicunque jam dixi, *oratorium* dicere intelligar.

Collocatio autem verba jam probata, et electa, et velut assignata sibi debet connectere; nam vel dure inter se commissa potiora sunt inutilibus: tamen et eligere quædam, dum ex iis, quæ idem significent, atque idem valeant, permiserim; et adjicere, dum non otiosa; et detrahere, dum non necessaria; sed et figuris mutare et

les foudres de son éloquence avec tant d'éclat, si elle n'eût été soutenue par la force des nombres; que s'il a voulu dire que cette éloquence était soutenue par les *rhythmes*, je ne suis pas de son avis, puisque les *rhythmes*, ainsi que je l'ai dit, n'ont point de terme fixe, ni de variété dans leur tissu, et qu'ils parcourent tout d'une haleine l'intervalle d'un *levé* à un *frappé*, ce qui n'a pas lieu dans la prose qu'on ne mesure pas par un battement. Cicéron lui-même le sent fort bien, puisqu'il déclare qu'en s'attachant de préférence à ce qui est nombreux, il tient plutôt à ce que sa composition ne soit pas rude et discordante, ἄῤῥυθμον, qu'à lui donner une harmonie poétique, ἔυρυθμον. C'est ainsi que, sans vouloir faire de nos jeunes-gens des lutteurs, nous serions fâchés qu'ils fussent étrangers à tous les exercices gymnastiques.

Il faut pourtant bien donner un nom à cette combinaison qui résulte des pieds, et quel autre lui convient mieux que celui de *nombre*, et de nombre oratoire, comme nous appelons l'enthymème, le syllogisme de la rhétorique? Pour moi, afin de me mettre à l'abri de la chicane, que n'a pu éviter Cicéron lui-même, je demande que, partout où j'ai employé et où j'emploierai le mot *nombre*, à propos d'arrangement de mots, le lecteur entende *nombre oratoire*.

Or, le soin de la composition est de bien enchâsser les mots, mais seulement ceux qui lui sont, en quelque sorte, départis, après un examen et un choix préalables, car il vaut mieux qu'elle accouple des mots qui choquent un peu l'oreille, que des mots inutiles. Toutefois, il sera permis de choisir certains mots, pourvu que ce soit parmi ceux qui auront même signification

casus et numeros, quorum varietas, frequenter gratia compositionis ascita, etiam suo nomine solet esse jucunda.

Etiam ubi aliud ratio, aliud consuetudo poscet, utrum volet, sumat compositio, *Vitavisse*, vel *vitasse*, *Deprendere*, vel *deprehendere* : coitus etiam syllabarum non negabo, et quidquid sententiis, aut eloquentiæ non nocebit. Præcipuum tamen in hos opus est, scire quod quoque loco verborum maxime quadret; atque is optime componet, qui hoc solum componendi gratia facit.

Ratio vero pedum in oratione est multo, quam in versu, difficilior : primum, quod *versus* paucis continetur; *oratio* longiores habet sæpe circuitus : deinde quod *versus* semper similis sibi est, et una ratione decurrit; *orationis* compositio, nisi varia est, et offendit similitudine, et affectatione deprehenditur : et in omni quidem corpore, totoque, ut ita dixerim, tractu, numerus insertus est; neque enim loqui possumus, nisi e syllabis brevibus ac longis, ex quibus pedes fiunt.

Magis tamen et desideratur in clausulis, et apparet; primum, quia sensus omnis habet suum finem, poscitque naturale intervallum, quo a sequentis initio divida-

et même force; d'en ajouter, à condition qu'ils ne seront pas oiseux; d'en retrancher, mais s'ils ne sont pas nécessaires. Quant à ces figures qui consistent à changer les cas et les nombres, et dont l'emploi se varie souvent pour donner de la grâce à la composition, elles se recommandent d'elles-mêmes.

Si la raison est pour un mot et l'usage pour un autre, la composition pourra prendre celui qui lui conviendra, *vitavisse* ou *vitasse*, *deprehendere* ou *deprendere*. Je ne lui dénie même pas la faculté de contracter deux syllabes en une*, et je tiens pour bon tout ce qui ne saurait nuire ni à la clarté des pensées, ni à l'élocution. L'objet principal, en composant, est de bien juger à quelle place un mot cadre le mieux, et le comble de l'art est d'atteindre ce but, sans paraître avoir sacrifié à l'unique plaisir d'arranger des mots.

Au reste, l'emploi des pieds est beaucoup plus difficile en prose qu'en vers; premièrement, parce que le vers en contient un petit nombre, tandis que le discours a souvent de longues périodes; ensuite, parce que le vers, toujours semblable à lui-même, tient, d'un bout à l'autre, la même marche, au lieu que, dans la prose, la composition, si elle n'est variée, rebute par sa monotonie et accuse de l'affectation. Elle offre, en effet, dans son ensemble, un tissu non interrompu de nombres, puisque nous ne pouvons nous exprimer qu'à l'aide de syllabes brèves et longues, dont l'assemblage forme des pieds.

Mais c'est surtout à la fin des périodes que ces nombres se font sentir, et c'est là aussi qu'on les remarque le plus, pour deux raisons : la première, parce que tout

---

* La synalèphe.

tur; deinde, quod aures, continuam vocem secutæ, ductæque velut prono decurrentis orationis flumine, tum magis judicant, quum ille impetus stetit, et intuendi tempus dedit. Non igitur durum sit, neque abruptum, quo animi velut respirant ac reficiuntur : hæc est sedes orationis, hoc auditor exspectat, hic laus omnis declamat.

Proximam clausulis diligentiam postulant initia; nam et in hæc intentus auditor est : sed eorum facilior ratio est; non enim cohærent, sed ita præcedentibus serviunt, ut exordium sumant cum clausula qualibet; sit tamen composita ipsa; gratiam perdet, si ad eam rupta via venerimus : quo fit, ut quum Demosthenis severa videatur compositio, πρῶτον μὲν, ὦ ἄνδρες Ἀθηναῖοι, τοῖς θεοῖς εὔχομαι πᾶσι καὶ πάσαις· et illa, quæ ab uno, quod sciam, Bruto minus probatur, ceteris placet, κἂν μήπω βάλλῃ, μηδὲ τοξεύῃ· Ciceronem carpant in his, *Familiaris cœperat esse balneatori*, et, *non nimium dura archipiratæ;* nam *balneatori* et *archipiratæ* idem finis est; qui πᾶσι καὶ πάσαις, et qui μηδὲ τοξεύῃ· sed priora sunt severiora : est in eo quoque nonnihil, quod hic singulis verbis bini pedes continentur, quod etiam in carminibus est per-

sens a une conclusion et, par conséquent, un intervalle naturel qui le sépare de ce qui suit; la seconde, parce que l'oreille qui n'a pas perdu un seul instant la succession des paroles, et qui a été comme entraînée par leur torrent, ne juge bien les sons qui l'ont frappée qu'au moment où cette impétuosité s'arrête et lui donne le temps de la réflexion. Que les chutes de périodes ne soient donc ni dures ni saccadées, destinées qu'elles sont à reposer l'esprit et à le délasser. C'est d'ailleurs là qu'est tout l'effet d'un discours, c'est là que l'auditeur vous attend, c'est là que les applaudissemens font explosion.

Les commencemens de périodes réclament à peu près le même soin, car l'auditeur y porte aussi toute son attention. Mais on s'en tire plus facilement, parce qu'ils n'ont pas une liaison étroite avec ce qui précède, et ne lui empruntent qu'une sorte d'exorde, pour arriver à une chute quelconque; et celle-ci, fût-elle harmonieuse, perdra tout son prix, si on y arrive par un chemin rocailleux. On trouve d'une beauté sévère la composition de Démosthène dans la phrase suivante : Πρῶτον μὲν, ὦ ἄνδρες Ἀθηναῖοι, τοῖς θεοῖς εὔχομαι πᾶσι καὶ πάσαις, et cette autre du même orateur, qui plaît à tout le monde, excepté, je crois, à Brutus : Κἂν μήπω βάλλῃ, μηδὲ τοξεύῃ· Pourquoi blâme-t-on dans Cicéron ce qui suit : *Familiaris coeperat esse balneatori*, et, *non nimium dura archipiratæ*; cependant *balneatori* et *archipiratæ* finissent exactement comme πᾶσι καὶ πάσαις et μηδὲ τοξεύῃ. D'où vient donc cette différence? C'est que, dans Démosthène, ce qui précède est plus sévère; c'est aussi que les périodes de Cicéron se ter-

molle; nec solum ubi quinæ syllabæ nectuntur, ut in his, *Fortissima Tyndaridarum;* sed etiam ubi quaternæ, quum versus cluditur *Apennino,* et *armamentis,* et *Orione.* Quare hoc quoque vitandum est, ne plurium syllabarum his verbis utamur in fine.

Mediis quoque non ea modo cura sit, ut inter se cohæreant, sed ne pigra, ne longa sint; ne, quod nunc maxime vitium est, brevium contextu resultent, ac sonum reddant pæne puerilium crepitaculorum. Nam ut initia clausulæque plurimum momenti habent, quoties incipit sensus, aut desinit; sic in mediis quoque sunt quidam conatus, qui leviter insistunt, ut currentium pes, etiamsi non moratur, tamen vestigium facit : itaque non modo membra atque incisa bene incipere atque cludi decet, sed etiam in iis, quæ non dubie contexta sunt, nec respiratione utuntur, illi vel occulti gradus. Quis enim dubitet, unum sensum in hoc et unum spiritum esse, *Animadverti, judices, omnem accusatoris orationem in duas divisam esse partes?* tamen et duo prima verba, et tria proxima, et deinceps duo rursus, ac tria, suos quasi numeros habent, spiritum sustinentes, sicut apud *rhythmicos* æstimantur. Hæ particulæ, prout sunt *graves, acres, lentæ, celeres, remissæ, exsultantes;* proinde id, quod ex illis conficitur, aut

minent par un mot de deux pieds*, ce qui est languissant, même en vers, non-seulement quand c'est un mot de cinq syllabes qui le termine, comme *Fortissima Tyndaridarum* d'Horace, mais quand le mot n'en a que quatre, comme *Apennino, Armamentis, Orione.* Évitons donc d'employer à la fin des phrases des mots de plusieurs syllabes.

Dans le milieu des périodes, outre le soin qu'on doit apporter à ce que les mots s'enchaînent bien entre eux, il faut prendre garde qu'ils ne soient trop longs, ce qui rend la diction traînante et paresseuse, ou trop courts, défaut fort commun aujourd'hui, ce qui la rend criarde, et produit à l'oreille l'effet de ces cliquettes dont les enfans nous étourdissent. Car si, dans les périodes, le commencement et la fin sont ce qu'il y a de plus important, parce qu'ils marquent où le sens commence et où il s'achève, on ne doit pas non plus négliger le milieu, ne fût-ce qu'à cause de ces légers repos qui s'y rencontrent et qui sont comme l'empreinte des pas qu'on laisse en courant, sans que le pied s'arrête à terre. Ce n'est donc pas assez d'ouvrir et de clore convenablement chaque membre, chaque incise, il faut encore soigner ces mots intermédiaires qui, bien que continus, servent de degrés pour ainsi dire insensibles, et soulagent la respiration. Qui doute, par exemple, qu'il y ait un sens unique dans la phrase suivante, et qu'on doive la prononcer tout d'une haleine : *Animadverti, judices, omnem accusatoris orationem in duas divisam esse partes ?* Cependant, on sent que les deux premiers mots, les trois qui suivent, les deux qui viennent après

---

* *Balnea-tori*, un crétique et un spondée, de même que *archipiratæ.*

severum, aut *luxuriosum*, aut *quadratum*, aut *solutum* erit.

Quædam etiam clausulæ sunt claudæ atque pendentes, si relinquantur : sed sequentibus suscipi ac sustineri solent; eoque facto, vitium, quod erat in fine, continuatio emendat : *Non vult populus romanus obsoletis criminibus accusari Verrem* : durum, si desinas; sed quum est continuatum iis, quæ sequuntur, quamquam natura ipsa divisa sint, *nova postulat, inaudita desiderat*, salvus est cursus. *Ut adeas, tantum dabis*, male cluderet; nam et trimetri versus pars ultima est; excipit, *ut cibum vestitumque introferre liceat, tantum*; præceps adhuc, firmatur ac sustinetur ultimo, *nemo recusabat*.

Versum in oratione fieri, multo fœdissimum est, totum; sed etiam in parte, deforme; utique si pars posterior in clausula deprehendatur, aut rursus prior in ingressu : nam quod est contra, sæpe etiam decet, quia et cludit interim optime prima pars versus, dum intra paucas syllabas, præcipue senarii atque octonarii : *In Africa fuisse*, initium senarii est, et primum pro Quint. Ligario caput cludit : *Esse videatur*, jam nimis

et les trois qui terminent, ont une harmonie qui leur est propre et qui soutient la voix. Toutes ces particules s'évaluent comme en musique; et selon qu'elles sont graves ou aiguës, lentes ou vives, nobles ou rampantes, la composition qui en résulte est mâle ou efféminée, régulière ou désordonnée.

Il est des fins de périodes qui sont boiteuses et comme inachevées, si on les isole, mais qu'on parvient à soutenir en les liant aux membres suivans, de telle sorte que le vice qui vous avait frappé dans la conclusion disparaît en continuant : *Non vult populus romanus obsoletis criminibus accusari Verrem*; cela est dur, si vous vous y arrêtez, mais passez immédiatement à ce qui suit, quoique divisible de sa nature, *nova postulat, inaudita desiderat*, et alors la phrase marche bien. *Ut adeas, tantum dabis*, voilà une chute désagréable, car c'est la fin d'un trimètre. L'orateur continue : *Ut cibum vestitumque introferre liceat, tantum*; il y a encore là quelque chose d'un peu précipité, mais qui se trouve comme raffermi et soutenu par cette conclusion : *nemo recusabat*.

Un vers entier ou une portion de vers fait toujours un détestable effet dans la prose, surtout si c'est la dernière partie d'un vers qui termine la période, ou la première partie d'un vers qui la commence. Le contraire quelquefois n'est pas sans grâce, et une période se ferme fort bien avec le commencement d'un vers, pourvu que ce soit en peu de syllabes, et surtout si c'est un vers iambique à six et à huit pieds. Ces mots *In Africa fuisse* sont le commencement d'un iambique à six pieds et finissent la première phrase de l'oraison

frequens, octonarium inchoat : talia sunt Demosthenis, πᾶσι καὶ πάσαις· καὶ πᾶσιν ὑμῖν· ὅσην εὔνοιαν, et totum pæne principium. Et ultima versuum initio conveniunt orationis, *Etsi vereor, judices;* et, *Animadverti, judices;* sed initia initiis non conveniunt : T. Livius hexametri exordio cœpit, *Facturusne operæ pretium sim;* nam ita edidit, estque melius, quam quo modo emendatur : nec clausulæ clausulis; ut Cicero, *Quo me vertam, nescio,* qui trimetri finis est : trimetrum et promiscuo dicere liceat; sex enim pedes, tres percussiones habent: pejus cludit finis hexametri; ut Brutus in epistolis, *Neque illi malunt habere tutores, aut defensores, quamquam sciunt placuisse Catoni.* Illi minus sunt notabiles, quia hoc genus sermoni proximum est : itaque et versus hi fere excidunt, quos Brutus ipso componendi ductus studio sæpissime facit, non raro Asinius, sed etiam Cicero nonnunquam, ut in principio statim orationis in Lucium Pisonem, *Pro dii immortales, quis hic illuxit dies?*

Non minore autem cura vitandum est, quidquid ἔνρυθμον, quale est apud Sallustium, *Falso queritur*

pour Ligarius. Ceux-ci, *esse videatur**, dont on fait aujourd'hui abus, commencent un iambique à huit pieds. On trouve aussi, dans Démosthène, πᾶσι καὶ πάσαισ· καὶ πᾶσιν ὑμῖν· ὅσην εὔνοιαν, et beaucoup d'autres semblables dans presque tout l'exorde de l'oraison pour Ctésiphon. Par la même raison, les fins de vers ne déparent pas le commencement des périodes : *Etsi vereor, judices;* et *Animadverti, judices :* mais un commencement de vers les ouvre mal. C'est ce qu'a fait Tite-Live, qui débute par le premier hémistiche d'un hexamètre : *Facturusne operæ pretium sim;* car c'est ainsi qu'il a écrit, et cela vaut mieux encore que la manière dont on l'a corrigé. Une fin de vers termine également mal les périodes, quoique Cicéron en termine une par ces mots : *Quo me vertam, nescio,* qui sont la fin d'un trimètre. Je dis trimètre, parce qu'on donne ce nom au vers iambique, quoiqu'il ait six pieds, attendu qu'il ne fait entendre que trois battemens de mesure. Ce qui est pis, c'est de finir comme finit un hexamètre, ainsi que l'a fait Brutus dans une de ses lettres : *Neque illi malunt habere tutores, aut defensores, quanquam sciunt placuisse Catoni.* Remarquons que les pieds iambiques se font moins sentir, parce qu'ils se rapprochent davantage de la conversation; aussi échappe-t-il très-souvent des vers entiers de cette espèce à Brutus, qui sacrifiait beaucoup trop à la composition, assez souvent aussi à Asinius, quelquefois même à Cicéron, comme dans ce début de son oraison contre L. Pison : *Pro dii immortales, quis hic illuxit dies?*

Il faut éviter avec le même soin tout ce qui est trop

---

* Cette fin de période était familière à Cicéron, et on l'affectait du temps de Quintilien.

de natura sua: quamvis enim vincta sit, tamen soluta videri debet oratio.

Atqui Plato, diligentissimus compositionis, in Timaeo, prima statim parte, vitare ista non potuit: nam et initium hexametri statim invenias, et Anacreontion protinus colon efficias, et si velis trimetron, et quod duobus pedibus et parte, πενθημιμερὲς a Graecis dicitur; et haec omnia in tribus verbis; ut Thucydidis ὑπὲρ ἥμισυ Κᾶρες ἐφάνησαν, ex mollissimo rhythmorum genere excidat.

Sed quia orationem omnem constare pedibus dixi, aliqua de his quoque; quorum nomina quoniam varia traduntur, constituendum est, quo quemque appellemus: et quidem Ciceronem sequar (nam is eminentissimos Graecorum est secutus), excepto quod pes mihi tris syllabas non videtur excedere; quamquam ille *paeone dochmioque*, quorum prior in quatuor, secundus in quinque excurrit, utatur. Nec tamen ipse dissimulat quibusdam *numeros* videri, non *pedes;* neque immerito; quidquid enim supra tris syllabas id est ex pluribus pedibus.

Ergo quum constent quatuor pedes binis, octo ternis; *spondeum* longis duabus; *pyrrhichium*, quem alii *pariambum* vocant, brevibus; *iambum* brevi longaque;

nombreux, trop cadencé, comme ce commencement de la guerre de Jugurtha, dans Salluste : *Falso queritur de natura sua* : car la prose, malgré ses chaînes, doit conserver une allure dégagée.

Platon, lui-même, tout soigneux qu'il est de la composition, n'a pas pu éviter, dans le *Timée*, les défauts que je viens de signaler. Car, dès le début de ce livre, on trouve un commencement d'hexamètre, puis un vers anacréontique, et si vous voulez un trimètre, et enfin cette sorte de vers de deux pieds et demi, que les Grecs appellent πενθημιμερές ; et tout cela en très-peu de mots. Il est aussi échappé à Thucydide un arrangement de mots du genre de rhythme le plus mou qu'il y ait dans ces paroles : ὑπὲρ ἥμισυ Κᾶρες ἐφάνησαν.

Mais, puisque j'ai fait voir que la prose se composait de pieds, disons aussi quelque chose de ces pieds ; et, comme on varie beaucoup sur leurs noms, établissons bien ceux qui conviennent à chacun. Je m'attacherai en cela à suivre Cicéron qui lui-même a suivi les meilleurs auteurs grecs, si ce n'est qu'il ne va pas, à ce qu'il me semble, au delà du pied de trois syllabes, quoiqu'il fasse usage du *péon* et du *dochmius*, dont le premier a quatre syllabes et le second cinq. Il ne dissimule pas, il est vrai, que ces sortes de pieds sont considérés comme des nombres, et il a raison ; car tout ce qui excède trois syllabes a plus d'un pied.

Il y a donc quatre sortes de pieds à deux syllabes et huit à trois. Les quatre pieds à deux syllabes sont : le *spondée*, de deux longues ; le *pyrrhique*, appelé aussi le *pariambe*, de deux brèves ; l'*iambe*, d'une brève et

huic contrarium e longa et brevi, *choreum*, non ut alii *trochæum*, nominemus. Ex his vero, qui ternas syllabas habent, *dactylum* longa duabusque brevibus; huic temporibus parem, sed retroactum, appellari constat *anapæston;* media inter longas brevis faciet *amphimacrum;* sed frequentius ejus nomen est *creticus;* longa inter breves, *amphibrachys;* duabus longis brevem sequentibus, *bacchius;* totidem longis brevem præcedentibus, *palimbacchius* erit; tres breves *trochæum*, quem *tribrachyn* dici volunt, qui choreo *trochæi* nomen imponunt; totidem longæ *molosson* efficiunt.

Horum pedum nullus non in orationem venit, sed quo quique sunt temporibus pleniores, longisque syllabis magis stabiles, hoc graviorem faciunt orationem; breves celerem ac mobilem : utrumque locis utile; nam et illud, ubi opus est velocitate, tardum et segne, et hoc, ubi pondus exigitur, præceps ac resultans, merito damnetur. Sit in hoc quoque aliquid fortasse momenti, quod et longis longiores, et brevibus sunt breviores syllabæ; ut, quamvis neque plus duobus temporibus, neque uno minus habere videantur (ideoque in metris omnes breves longæque inter se obsessæ sunt pares), lateat tamen nescio quid, quod supersit, aut desit; nam versuum propria conditio est, ideoque in his quædam etiam communes. Veritas vero, quia patitur æque bre-

d'une longue; son contraire, le *chorée*, que d'autres nomment *trochée*, d'une longue et d'une brève. Les huit de trois syllabes sont le *dactyle*, d'une longue et de deux brèves; l'*anapeste*, qui a des temps égaux, mais qui est le dactyle renversé; c'est-à-dire deux brèves et une longue; l'*amphimacre*, plus souvent appelé le *crétique*, formé d'une brève entre deux longues; l'*amphibraque*, d'une longue entre deux brèves; le *bacchius*, c'est-à-dire une brève suivie de deux longues; le *palimbacchius*, son contraire, ou une brève précédée de deux longues; le *trochée*, nommé *tribraque* par ceux qui donnent au chorée le nom de trochée, ou trois brèves; enfin le *molosse*, composé de trois longues*.

Il n'y a aucun de ces pieds qui n'entre dans la prose, mais plus la mesure en est pleine et stable par le concours des syllabes longues, plus ils donnent de poids à la diction. Les syllabes brèves, au contraire, lui communiquent de la légèreté et du mouvement. Les unes et les autres ne sont bien qu'à leur place; car on vous blâmera avec raison, si votre prosodie est lente où il faut de la rapidité, et si elle est vive et sémillante, où il faut de la lenteur et de la gravité. Il n'est pas même indifférent de savoir qu'il y a des syllabes plus longues ou plus brèves que d'autres; en effet, bien qu'elles soient censées toutes n'avoir ni plus de deux temps, ni moins d'un; et que par cette raison, dans les vers, les syllabes longues ou brèves soient égales entre elles, néanmoins on sent qu'il y en a qui laissent quelque chose à désirer en plus ou en moins. Aussi est-ce un

* *Voyez*, à la fin de ce volume, le Tableau synoptique des pieds qui entrent dans la prosodie latine.

vem esse vel longam vocalem, quum est sola, quam quum eam consonantes una, pluresve præcedunt; certe in dimensione pedum syllaba, quæ est brevis, insequente vel brevi alia, quæ tamen duas primas consonantes habeat, fit longa; ut,

Agrestem tenui musam meditaris avena.

A brevis, *gre* brevis, faciet tamen longam priorem; dat igitur illi aliquid ex suo tempore; quo modo, nisi habet plus, quam quæ brevissima, qualis ipsa esset detractis consonantibus? nunc unum tempus accommodat priori, et unum accipit a sequente; ita duæ natura breves, positione sunt temporum quatuor.

Miror autem in hac opinione doctissimos homines fuisse, ut alios pedes ita eligerent, aliosque damnarent, quasi ullus esset, quem non sit necesse in oratione deprehendi : licet igitur *pœona* sequatur Ephorus, inventum a Thrasymacho, probatum ab Aristotele, *dactylumque*, ut temperatiores brevibus ac longis; fugiat *spondeum* et *trochæum*, alterius tarditate, alterius celeritate damnata; *herous*, qui est idem *dactylus*, Aristoteli amplior, *iambus* humanior videatur; *trochæum* ut nimis currentem damnet, eique *cordacis* nomen imponat; eademque dicant Theodectes ac Theophrastus,

privilège propre à la poésie d'admettre certaines syllabes *communes*, c'est-à-dire longues ou brèves à volonté. En effet, une voyelle peut être aussi bien brève ou longue, lorsqu'elle est seule, que lorsqu'elle est précédée d'une ou de plusieurs consonnes, et quand la mesure le demande, telle syllabe brève de sa nature, devient longue, quoique suivie d'une autre brève précédée de deux consonnes, comme dans ce vers :

Agrestem tenui musam meditaris avena.

où la syllabe *gre*, quoique brève, rend long l'*a* qui la précède, en lui communiquant quelque chose de sa tenue. Or, comment le pourrait-elle, si elle n'avait pas plus de durée que la syllabe la plus brève, ce qu'elle serait sans le soutien des consonnes? elle prête donc un temps à la syllabe qui la précède, et en emprunte un à celle qui la suit : voilà comme deux syllabes brèves de leur nature deviennent longues par position.

Je m'étonne que de très-savans écrivains aient avancé qu'on devait s'attacher de préférence à tels pieds, et s'abstenir de tels autres, comme s'il en était un seul qui ne dût trouver place dans l'oraison. Il m'importe peu qu'Éphorus fasse ses délices du *péon* qui fut inventé par Thrasymaque et fort goûté d'Aristote, ou qu'il se complaise dans le *dactyle*, sous prétexte que ces deux pieds offrent un heureux tempérament de longues et de brèves; permis à lui de fuir le *spondée* et le *trochée*, le premier parce qu'il est trop lent, et l'autre parce qu'il est trop vif. Qu'Aristote trouve tant qu'il voudra l'*héroïque* ou le *dactyle*, plus convenable aux grands sujets, et l'*iambe* aux petits; qu'il condamne le *trochée* comme trop pétulant, et lui donne, à cause de cela, le

similia post eos Halicarnasseus Dionysius; irrumpent etiam ad invitos, nec semper illis *Heroo*, aut *Pæone* suo, quem, quia versum raro facit, maxime laudant, uti licebit : ut sint tamen aliis alii crebriores, non *verba* facient, quæ neque augeri, nec minui, nec sicuti modulatione produci, aut corripi possint; sed *transmutatio* et *collocatio*. Plerique enim ex commissuris eorum, vel divisione fiunt pedes; quo fit, ut iisdem verbis alii atque alii versus fiant; ut memini quemdam non ignobilem poetam ita lusisse,

Astra tenet coelum, mare classes, area messem.

Hic retrorsum sit *sotadeus* : itemque *sotadeo* adjuret retro trimetros,

Caput exeruit mobile pinus repetita.

Miscendi ergo sunt, curandumque, ut sint plures, qui placent, et circumfusi bonis deteriores lateant : nec vero in litteris syllabisque natura mutatur, sed refert, quæ cum quaque optime coeat.

Plurimum igitur auctoritatis, ut dixi, et ponderis habent *longæ*, celeritatis *breves* : quæ, si miscentur qui-

nom d'une danse désordonnée; que Théodecte et Théophraste, et après eux Denys d'Halicarnasse, en disent autant : tous ces rhéteurs auront beau faire, on sera forcé, malgré soi, de donner entrée à ces pieds qui leur déplaisent si fort, et eux-mêmes ne pourront pas toujours se servir ni de l'*héroïque*, ni de ce *péon*, dont ils font tant de cas, parce qu'il est rarement propre au vers. Quant à l'emploi plus ou moins fréquent de ces pieds, il ne dépend pas des mots qu'on ne peut augmenter ou diminuer, comme la musique fait à son gré des notes longues ou brèves; il tient uniquement à la manière d'arranger et de combiner ces mots entre eux. En effet, c'est par leur mélange et leur enchaînement que la plupart forment des pieds, d'où il arrive qu'avec les mêmes mots, on obtient plusieurs sortes de vers. Je me souviens, à ce sujet, qu'un poète assez distingué fit un jour en plaisantant ce vers alexandrin :

Astra tenet cœlum, mare classes, area messem,

qui, en le retournant, produit un vers *sotadéen*, lequel, à son tour, devient un trimètre dans le vers suivant retourné :

Caput exeruit mobile pinus repetita.

Il faut donc avoir soin d'entremêler les pieds, en s'arrangeant de telle sorte que ceux qui flattent l'oreille prédominent, afin que les mauvais passent inaperçus à la faveur des bons, car on ne peut pas changer la nature des lettres et des syllabes : l'essentiel est donc de les assortir entre elles le mieux possible.

Les syllabes longues, comme je l'ai dit, ont plus d'autorité, plus de poids; les brèves, plus de rapidité.

busdam longis, currunt; si continuantur, exsultant. *Acres*, quæ ex brevibus ad longas insurgunt; *leniores*, quæ a longis in breves descendunt : optime incipitur a longis, recte aliquando a brevibus; ut, *Novum crimen* : lenius, ut, *Animadverti, judices* : sed pro Cluentio recte etiam, quod initium ejus partitioni simile est, quæ celeritate gaudet. Clausula quoque e longis firmissima est; sed cludent etiam breves, quamvis habeatur indifferens ultima : neque enim ego ignoro in fine pro longa accipi brevem, quod videtur aliquid vacanti tempori ex eo, quod insequitur, accedere : aures tamen consulens meas, intelligo multum referre, verene longa sit, quæ cludit, an pro longa : neque enim tam plenum est, *Dicere incipientem timere*, quam illud, *Ausus est confiteri*. Atqui si nihil refert, brevis, an longa sit ultima, idem pes erit; verum nescio quo modo sedebit hoc, illud subsistet : quo moti quidam longæ ultimæ tria tempora dederunt, ut illud tempus, quod brevis ex longa accipit, huic quoque accederet.

Ces dernières, mêlées de quelques longues, courent avec grâce; si elles se suivent, sans mélange, elles sautillent. S'élever des brèves aux longues donne de la force au style; descendre des longues aux brèves lui donne de la douceur. On commence fort bien par des longues, quelquefois bien aussi par une brève, comme *Novum crimen* *, et mieux encore par deux brèves, ce qui est plus doux : *Animadverti, judices,* car ce commencement du plaidoyer pour Cluentius tient assez de la division qui demande un peu de vivacité. Une phrase qui se termine par des longues a plus de fermeté. On peut cependant la clore aussi par des brèves, quoique la dernière syllabe soit regardée comme indifférente. Car je n'ignore pas qu'à la fin d'une période, une brève peut compter pour une longue, par la raison, sans doute, que le temps qui lui manque se trouve suppléé par ce qui suit. Cependant, si je consulte mon oreille, je sens qu'il est très-différent pour elle, que la syllabe qui termine soit vraiment longue, ou seulement censée telle, et qu'elle est bien moins remplie par cette chute : *Dicere incipientem timere* **, que par celle-ci : *Ausus est confiteri* ***. Que s'il est indifférent que la dernière syllabe soit longue ou brève, ce sera toujours un pied; je ne sais pourtant comment il se fait que, dans le dernier de ces exemples, la syllabe finale a l'air de s'asseoir, tandis que, dans l'autre, elle reste pour ainsi dire en mouvement. C'est sans doute cette considération qui a fait donner trois temps à la dernière syllabe, quand elle est longue, afin de compenser le temps que la brève finale reçoit de sa position.

---

* Début de l'oraison pour Ligarius.
** Exorde de la Milonienne. — *** Exorde de l'oraison pour Ligarius.

Nec solum refert, quis claudat, sed quis antecedat. Retrorsum autem neque plus tribus (iique si non ternas syllabas habebunt, repetendi erunt; absit tamen poetica observatio), neque minus duobus; alioqui *pes* erit, non *numerus* : potest tamen vel unus esse *dichoreus*, si unus est, qui constat e duobus choreis : itemque *pæon*, qui est ex choreo et pyrrhichio, quem aptum initiis putant; vel contra, qui est e tribus brevibus et longa, cui clausulam assignant : de quibus fere duobus scriptores hujus artis loquuntur; alii omnes, quotcunque sint temporum, quæ ad rationem pertineant, *pæonas* appellant. Est et *dochmius*, qui fit ex *bacchio* et *iambo*, vel *iambo* et *cretico*, stabilis in clausulis, et severus.

Spondeus quoque, quo plurimum est Demosthenes usus, moram semper per se habet : optime præcedet eum *creticus*, ut in hoc, *De qua ego nihil dicam, nisi depellendi criminis causa* : illud est, quod supra dixi, multum referre, unone verbo sint duo pedes comprehensi, an uterque liber : sic enim fit forte, *Criminis causa* ; molle, *Archipiratæ*; mollius, si tribrachys præcedat, *facilitates, temeritates*. Est enim quoddam in

On ne doit pas seulement prendre garde au pied qui termine une période, mais à celui qui le précède. Ne poussez pas toutefois cette observation à plus de trois pieds en remontant, pourvu encore que ces pieds ne soient pas de trois syllabes, car il ne s'agit point ici de versification; ni de moins de deux, car alors ce serait un simple pied, et nullement un nombre. La période peut cependant se fermer avec un seul pied, si c'est, par exemple, un *dichorée*, et si l'on doit ne le considérer que comme un pied, quand il se compose de deux *chorées*. J'en dis autant du *péon*, qui est formé d'un *chorée* et d'un *pyrrhique*, et qu'on juge propre à ouvrir les périodes, ou de son contraire qui est de trois brèves et une longue, et qu'on destine spécialement à les clore. Ce sont à peu près les seuls dont fassent mention les auteurs qui ont traité de la prosodie. Tous les autres pieds, de quelque temps qu'ils se composent, et quelle que soit leur proportion, ils les appellent *péons*. Il y a encore le *dochmius* qui, formé d'un *bacchius* et d'un *iambe*, ou d'un *iambe* et d'un *crétique*, termine la période par une mesure ferme et régulière.

Le *spondée*, dont Démosthène a beaucoup fait usage, a une lenteur naturelle : précédé d'un crétique, il est d'un bon effet, comme ici : *De quo ego nihil dicam, nisi depellendi crīmĭnīs caūsā*. Mais, comme je l'ai remarqué plus haut, il n'est pas du tout indifférent que les pieds soient contenus dans un seul mot, ou qu'ils soient isolés l'un de l'autre. Ainsi, *Crīmĭnīs caūsā* tombe avec force, *Ărchĭpīrātæ* avec mollesse. Ce sera encore plus mou, si c'est un *tribraque* qui précède le

ipsa divisione verborum latens tempus, ut in pentametri medio spondeo, qui nisi alterius verbi fine, alterius initio constat, versum non efficit : potest, etiamsi minus bene, præponi anapæstus, *Muliere non solum nobili, verum etiam nota.* Tum anapæstus et creticus, iambus quoque, qui est in utroque, sed illis minor : præcedet enim tres longas brevis; et spondeus iambo recte præponitur, *Iisdem in armis fui* : tum spondeus et bacchius; sic enim fiet ultimus dochmius, *In armis iisdem fui.*

Ex iis, quæ supra probavi, apparet, molosson quoque clausulæ convenire, dum habeat ex quocunque pede ante se brevem, *Illud scimus, ubicunque sunt, esse pro nobis.* Minus gravis erit spondeus, præcedente pyrrhichio, ut, *Judicii Juniani;* et adhuc pejus priore pæone, ut, *Brute, dubitavi;* nisi potius hoc esse volumus dactylum et bacchium.

Duo spondei non fere jungi patiuntur; quæ in versu quoque notabilis clausula est, nisi quum id

spondée, comme *facĭlĭtātēs, tēmĕrĭtātēs*. Cela vient de ce qu'il y a dans la division même des mots un intervalle de temps caché, comme dans le spondée qui partage le pentamètre ; or, le vers n'y serait pas, si ce spondée ne se formait de la fin d'un mot et du commencement d'un autre. On peut également faire précéder le spondée d'un *anapeste*, quoique cela fasse moins bien : *Muliere non solum nobili, verum ĕtĭām nōtā.* Ainsi que l'anapeste et le crétique, l'*iambe*, qui se trouve dans l'un et l'autre, mais qui a une syllabe de moins, marchera fort bien aussi devant le spondée, car une brève sera de même suivie de trois longues. L'iambe ne terminera pas mal non plus, précédé d'un spondée, *Iisdem in ārmīs fŭī*, ou bien d'un spondée et d'un *bacchius*, car alors le dernier pied sera un *dochmius* : *In ārmīs/ ïïsdēm fŭī.*

Il résulte de ce que je viens de dire que le *molosse* n'est pas déplacé à la fin des périodes, pourvu qu'il y ait devant lui une brève appartenant à quelque pied que ce soit : *Illud scimus, ubicumque sunt, essĕ prō nōbīs.* Le spondée est moins grave, précédé d'un *pyrrhique*, comme *Judicii Junĭ/ănī* ; c'est bien pis quand il l'est d'un *péon*, comme ici : *Brŭtĕ, dŭbĭ/tāvī*, à moins qu'on ne veuille y voir un dactyle et un bacchius, *Brūtĕ dŭ-/ bĭtāvī.*

On ne souffre guère deux spondées à la fin d'une période, ce qui, même en vers, se remarque, à moins

fieri potest ex tribus quasi membris, *Cur de perfugis nostris copias comparat is contra nos?* una syllaba, duabus, una. Ne dactylus quidem spondeo bene præponitur, quia finem versus damnamus in fine orationis : bacchius et claudit, et sibi jungitur, *Venenum timeres;* vel choreum, et spondeum ante amat, ut, *Venenum timeres;* contrarius quoque qui est, cludet, nisi si ultimam longam esse volumus; optimeque habebit ante se molosson, *Civis romanus sum;* aut bacchium, *Quod hic potest, nos possemus.* Sed verius erit claudere choreum præcedente spondeo : nam hic potius est numerus, *Nos possemus,* et *Romanus sum.*

Claudet et dichoreus, id est, pes sibi ipse jungetur, quo Asiani sunt usi plurimum; cujus exemplum Cicero ponit, *Patris dictum sapiens temeritas filii comprobavit.* Accipiet ante se choreus et pyrrhichium, *Omnes prope cives virtute, gloria, dignitate superabat;* cludet et dactylus, nisi eum observatio ultimæ creticum facit, ut, *Muliercula nixus in littore;* habebit ante bene creticum et iambum, spondeum male, pejus choreum. Cludit amphibrachus, *Q. Ligarium in Africa fuisse;* si non eum malumus esse bacchium : non optimus est

que ces deux spondées ne se composent de trois membres distincts : *Cur de perfugis nostris copias comparat is contra nos?* Car, il y a là une syllabe, puis deux, puis une. Il ne faut pas terminer non plus par un dactyle et un spondée, par la raison que nous avons déjà dite, qu'une période ne doit pas finir comme un vers. Le bacchius peut la fermer aussi, précédé même d'un autre bacchius : *Venenum timeres;* ou précédé d'un chorée et d'un spondée. Son contraire (le palimbacchius _ _ ̆) la fermera également bien, si l'on ne tient pas à ce que la dernière syllabe soit longue, et alors le molosse placé avant sera d'un bon effet : *Civis ro/manus sum/*, ou le bacchius : *Quod hic potest, nos/ possemus/*. Mais il est plus vrai de dire que ces périodes se terminent par un chorée précédé d'un spondée, car le rhythme est tout entier dans ces mots : *Nos pos/semus/*, et *Ro-ma/nus sum/*.

Le dichorée dont les Asiatiques sont si prodigues, et qui n'est autre que deux pieds joints ensemble, termine aussi fort bien. En voici un exemple proposé par Cicéron : *Patris dictum sapiens temeritas filii comprobavit.* Il en est de même du chorée précédé d'un pyrrhique : *Omnes prope cives virtute, gloria, dignitate supe./ rabat.* Le dactyle, ou si l'on veut, le crétique, suivant que l'on fera la dernière syllabe longue ou brève, ne gâte pas non plus la fin d'une période : *Ut muliercula nixus in littore.* Ce dernier pied souffrira devant lui un crétique ou un iambe, mais il ne s'arrangera pas

trochæus, si ultima est brevis, quod certe sit necesse est; alioqui quomodo claudet, qui placet plerisque, dichoreus? illa observatione ex trocheo fit anapæstus: idem trochæus præcedente longa fit pæon, quale est, *Si potero*, et, *Dixit hoc Cicero*, *Obstat invidia;* sed hunc initiis dederunt: cludet et pyrrhichius choreo præcedente; nam sic pæon est: sed omnes ii, qui in breves excidunt, minus erunt stabiles; nec alibi fere satis apti, quam ubi cursus orationis exigitur, et clausulis non intersistitur.

Creticus et initiis optimus, *Quod precatus a diis immortalibus sum;* et clausulis, *In conspectu populi romani vomere postridie* : apparet vero, quam bene eum præcedant, vel anapæstus, vel ille, qui videtur fini aptior, pæon : sicut et se ipse sequitur, *Servare quam plurimos;* sic melius, quam choreo præcedente, *Non turpe duceret?* si ultima brevis pro longa fit : sed fingamus sic, *Non turpe duceres* : sed hic est illud inane, quod dixi; paululum enim moræ damus inter ultimum ac proximum verbum, et *turpe* illud intervallo quodam

d'un spondée et encore moins d'un chorée. On fermera aussi la période avec un amphibraque : *Q. Ligarium in Africa fŭīssē*, à moins qu'on n'aime mieux en faire un bacchius : *Fŭīssē*. Le trochée ne sera pas une chute merveilleuse, en admettant que la dernière soit brève, comme il faut nécessairement qu'elle le soit; autrement, comment finirait-on par le dichorée qui a tant de partisans? que si on fait la dernière longue, le trochée (◡◡◡) deviendra anapeste (◡◡ _), et ce même trochée sera transformé en péon, si la syllabe qui le précède est longue : *Sī pŏtĕrŏ.—Dīxit hōc Cĭcĕrŏ.—Obstat invĭdĭa*. Aussi destine-t-on le péon à ouvrir les périodes. Enfin, le *pyrrhique* (◡◡), précédé d'un chorée (_ ◡), terminera mal aussi, car alors il deviendra un péon (_ ◡◡◡). Mais on peut remarquer en général que tous ces pieds qui finissent par des brèves sont moins fermes, moins stables, et ne conviennent que lorsque la diction a besoin d'être rapide et ne connaît aucune pause.

Le crétique est fort bon pour commencer les périodes : *Quōd prĕcā|tus a diis immortalibus sum*. Il convient également pour les clore : *In conspectu populi romani vomere postrīdĭē*. Cette citation prouve encore que le crétique a de la grâce, ou après l'anapeste, ou après le péon, je veux dire celui qui est désigné pour la fin *. Un crétique qu'on redouble fait aussi un bon effet, *Servārĕ quām plūrĭmōs*; ce qui vaut mieux que lorsque le crétique est précédé d'un spondée : *Non*

---

* Quintilien a distingué deux péons, l'un propre à ouvrir les périodes, formé d'un chorée et d'un pyrrhique _ ◡, ◡ ◡; l'autre propre à les ouvrir, formé d'un pyrrhique et d'un iambe ◡ ◡, ◡ _.

producimus : alioqui sit exsultantissimum, et trimetri finis, *Quis non turpe duceret?* sicut illud, *Ore excipere liceret,* si jungas, lascivi carminis est; sed interpunctis quibusdam et tribus quasi initiis, fit plenum auctoritatis.

Nec ego, quum praecedentes pedes posui, legem dedi, ne alii essent; sed quid fere accideret, quod in praesentia videretur optimum, ostendi : et quidem optime est sibi junctus anapaestus, ut qui sit pentametri finis, vel rhythmus qui nomen ab eo traxit, *Nam ubi libido dominatur, innocentiae leve praesidium est;* nam synaloephe facit, ut duae ultimae syllabae pro una sonent. Melior fiet praecedente spondeo, vel bacchio; ut si mutes idem, *leve innocentiae praesidium est.*

Non me capit, ut a magnis viris dissentiam, paeon, qui est ex tribus brevibus et longa; nam est et ipse una plus brevi anapaestos, *facilitas* et *agilitas* : quod quid

turpé dūcĕrĕt? où je prends la dernière syllabe pour une longue; mais supposons qu'il y ait *Non turpē dūcĕrēs*, il y a toujours cet intervalle superflu dont j'ai parlé ; car nous faisons une légère pause entre le dernier mot et l'avant-dernier, de sorte que la dernière syllabe de *turpe* s'en trouve allongée : autrement la période aurait quelque chose de sautillant, et ressemblerait à la fin d'un trimètre : *Quis non turpe duceret?* C'est ainsi que si l'on prononce de suite ces mots : *Ore excipere liceret*, on en fait un vers plein de mollesse; tandis que, si on les partage en trois temps, ces mots acquièrent une sorte d'autorité.

En donnant des exemples sur les divers pieds qui précèdent, je n'ai point entendu faire une loi de s'interdire les autres; j'ai voulu seulement montrer ce qui en résultait presque immanquablement, et ce qu'il y avait de mieux à en dire pour le moment. C'est ainsi encore que deux anapestes qui constituent la fin d'un vers pentamètre, ou le rhythme auquel ce pied a donné son nom, ne se suivent pas bien à la fin d'une période *Nam ubi libido dominatur, innocentiæ lĕvĕ præ/sīdĭŭm ēst/*; car, au moyen de la synalèphe, les deux dernières syllabes ne sonnent que pour une. La période se terminera mieux, si l'anapeste est précédé d'un spondée ou d'un bacchius, comme dans ce que je viens de citer, en le changeant ainsi : *Leve innocentiæ prœ̄/sĭdĭŭm ēst/.*

J'avoue, quoiqu'en cela je diffère d'opinion avec de savans hommes, que le péon ne me séduit pas avec ses trois brèves et une longue; car ce n'est qu'un anapeste

ita placuerit iis, non video, nisi quod illum fere probaverint, quibus loquendi magis, quam orandi studium fuit : nam et ante se brevibus gaudet pyrrhichio, vel choreo, *Mea facilitas, Nostra facilitas;* ac, præcedente spondeo, tamen plane finis est trimetri, quum sit per se quoque : ei contrarius principiis merito laudatur : nam et primam stabilem, et tres celeres habet : tamen hoc quoque meliores alios puto.

Totus vero hic locus non ideo tractatur a nobis, ut oratio, quæ ferri debet ac fluere, dimetiendis pedibus ac perpendendis syllabis consenescat; nam id quum miseri, tum in minimis occupati est : neque enim, qui se totum in hac cura consumpserit, potioribus vacabit; si quidem relicto rerum pondere ac nitore contempto, *tesserulas,* ut ait Lucilius, struet, et *vermiculate* inter se *lexis* committet : nonne ergo refrigeretur sic calor, et impetus pereat, ut equorum cursum delicati minutis passibus frangunt? Quasi numeri non fuerint in compositione deprehensi : sicut poema nemo dubitaverit imperito quodam initio fusum, et aurium mensura, et similiter decurrentium spatiorum observatione esse generatum, mox in eo repertos pedes : satis igitur in hoc nos componet

avec une brève de plus : *Făcĭlĭtās, ăgĭlĭtās*. Je ne vois pas ce qui les charme tant dans ce pied, si ce n'est peut-être qu'ils ont eu en vue le langage ordinaire plutôt que le style oratoire. En effet, le péon semble appeler les brèves, comme le pyrrhique, ou au moins le chorée : *Mĕā/ făcĭlĭtās, Nŏstrā făcĭlĭtās*; que si vous mettez devant, un spondée, ce sera exactement la fin d'un trimètre. Quant à l'autre péon, son contraire (_◡◡◡), on en fait cas, et avec raison, pour ouvrir les périodes, parce qu'il s'appuie sur une première syllabe qui est stable, et que les trois autres sont rapides. Je crois pourtant qu'il y a encore de meilleures combinaisons.

En traitant, comme je viens de le faire, de la prosodie, certes mon intention n'est pas que le style qui doit toujours être rapide et coulant, s'énerve à mesurer des pieds et à peser des syllabes. Je regarde, au contraire, cette occupation comme la plus mesquine et la plus pauvre de toutes. Malheur à qui s'y livrerait tout entier ! détourné par là de soins plus importans, pour avoir négligé le fond des choses, et ce qui constitue la beauté, il ne ferait, comme dit Lucilius, que de la marqueterie, et ses mots, symétriquement ajustés, auraient l'air d'une mosaïque. Ne serait-ce pas aussi le moyen d'éteindre toute ardeur, d'arrêter tout essor ? Quand un écuyer veut déshabituer son cheval du galop, il le force à trotter. Comme si d'ailleurs une composition quelconque ne recelait pas naturellement ses nombres ; car il en est comme de la poésie. Qui doute qu'ébauchée et confuse dans son origine, elle ne soit née de la mesure qu'y a attachée l'oreille par l'observa-

multa scribendi exercitatio, ut ex tempore etiam similia fundamus.

Neque vero tam sint intuendi pedes, quam universa comprehensio : ut versum facientes totum illum decursum, non sex, vel quinque partes, ex quibus constat versus, aspiciunt : ante enim carmen ortum est, quam observatio carminis : ideoque illud

. . . . Fauni vatesque canebant.

Ergo quem in poemate locum habet *versificatio*, eum in oratione *compositio* : optime autem de illa judicant aures, quæ plena sentiunt, et parum expleta desiderant, et fragosis offenduntur, et levibus mulcentur, et contortis excitantur, et stabilia probant, clauda deprehendunt, redundantia ac nimia fastidiunt : ideoque docti rationem componendi intelligunt, etiam indocti voluptatem.

Quædam vero tradi arte non possunt : mutandus est casus, si durius is, quo cœperamus, feratur : num, in quem transeamus ex quo, præcipi potest? figura laboranti compositioni variata sæpe succurrit : quæ quum orationis, tum etiam sententiæ? num præscriptum ejus

tion de plusieurs intervalles égaux dont elle a été frappée et qu'on a ensuite convertis en pieds? Il suffit donc de l'habitude d'écrire pour nous faire juger sur-le-champ ces mêmes intervalles qui constituent les pieds dans la prose.

Ce ne sont pas les pieds isolément qu'il faut considérer, mais leur effet en masse. Les versificateurs ne s'arrêtent point à examiner s'il y a cinq ou six parties dans un vers, ils l'embrassent dans tout son ensemble; car on faisait des vers avant qu'on se fût imaginé de les assujétir à des règles, témoin ce que dit Ennius :

. . . . Fauni vatesque canebant.

Ce que la versification est dans un poëme, la composition l'est donc dans un discours. Son meilleur juge, c'est l'oreille. Elle sent parfaitement quand une période est pleine et nombreuse, ou quand elle laisse quelque chose à désirer; ce qui est dur et heurté la blesse, ce qui est doux et coulant la flatte; elle est ébranlée par des sons retentissans, mais elle leur préfère des sons fermes; elle démêle fort bien ce qui est défectueux, et rejette tout ce qui est redondant et exagéré. Voilà pourquoi les savans apprécient une composition par les règles de l'art, et les ignorans par le plaisir qu'elle leur procure.

Il est pourtant des choses que l'art ne saurait enseigner. Par exemple, *il faut changer de cas, si celui par lequel on a ouvert une période, ne peut se continuer sans choquer l'oreille;* c'est un précepte. Comment en donner des règles? comment spécifier qu'on passera de tel cas à tel autre? Autre précepte : *Quand une composition languit, il faut la ranimer en variant les figu-*

rei ullum est? occasionibus utendum, et cum re præsenti deliberandum.

Enimvero spatia ipsa, quæ in hac quidem parte plurimum valent, quod possunt, nisi aurium, habere judicium? cur alia paucioribus verbis satis plena, vel nimium, alia pluribus brevia et abscisa sunt? cur in circumductionibus, etiam quum sensus finitus est, aliquid tamen loci vacare videatur? *Neminem vestrum ignorare arbitror, judices, hunc per hosce dies sermonem vulgi, atque hanc opinionem populi romani fuisse* : cur *hosce* potius, quam *hos*? neque enim erat asperum : rationem fortasse non reddam, sentiam esse melius : cur non satis sit, *sermonem vulgi fuisse?* compositio enim patiebatur : ignorabo; sed ut audio hoc, animus accipit plenum sine hac geminatione non esse. Ad sensum igitur referenda sunt : nequeas satis forte, quid severum, quid jucundum sit, intelligere : facias quidem natura duce melius, quam arte; sed naturæ ipsi ars inerit.

Illud prorsus oratoris, scire ubi quoque genere compositionis sit utendum : ea duplex observatio; altera, quæ ad pedes refertur; altera, quæ ad comprehensiones, quæ efficiuntur ex pedibus. Ac de his prius : diximus igitur esse *incisa, membra, circuitus.*

res; quelles sont ces figures ? apparemment des figures de diction ou de pensée ; car comment rien prescrire de positif à cet égard ? Il faut donc prendre conseil de l'occasion et de la conjoncture présente.

Ces intervalles mêmes dont se composent les périodes, et qui font une partie si importante de la composition, qui en déterminera l'étendue, si ce n'est l'oreille ? Pourquoi certaines périodes sont-elles bien remplies et même trop avec peu de mots, tandis que d'autres, avec beaucoup, ont quelque chose d'écourté : et pourquoi sent-on du vide dans certaines phrases, quoique le sens y soit complet ? *Neminem vestrum ignorare arbitror, judices, hunc per hosce dies sermonem vulgi, atque hanc opinionem populi romani fuisse :* pourquoi *hosce* plutôt que *hos ?* car ce dernier n'avait rien de rude : je n'en pourrais pas peut-être donner la raison, mais je sens que *hosce* vaut mieux. Pourquoi encore l'orateur ne s'est-il pas contenté de dire : *Sermonem vulgi fuisse ?* la composition le souffrait. Pourquoi ? je l'ignore ; mais, si j'en crois mon oreille, l'esprit n'aurait pas été pleinement satisfait sans la répétition de cette idée. C'est donc au sentiment à nous guider dans ces combinaisons : peut-être ne se rend-on pas toujours compte de ce qui fait qu'une composition est sévère ou agréable ; la nature, en ceci, nous guide mieux que l'art ; mais, c'est qu'à notre insu, l'art vient se joindre à la nature.

Ce qui est essentiellement du ressort de l'orateur, c'est de savoir quel genre de composition convient à son sujet, d'où naît une double observation qui se rapporte, l'une aux pieds, et l'autre au système d'arrangement qui en résulte. Parlons d'abord de cet arrange-

Incisum, quantum mea fert opinio, erit sensus non expleto numero conclusus; plerisque pars membri : tale est enim, quo Cicero utitur, *Domus tibi deerat? at habebas : pecunia superabat? at egebas* : fiunt autem etiam singulis verbis incisa, *Diximus, testes dare volumus* : incisum est, *diximus*.

Membrum autem est sensus numeris conclusus, sed a toto corpore abruptus, et per se nihil efficiens : id enim, *O callidos homines*, perfectum est; sed, remotum a ceteris, vim non habet; ut per se manus, et pes, et caput : et, *O rem excogitatam* : quando ergo incipit corpus esse? quum venit extrema conclusio, *Quem, quæso, nostrum fefellit, id vos ita esse facturos?* quam Cicero brevissimam putat : itaque fere incisa et membra mixta sunt, et conclusionem utique desiderant.

Periodo plurima nomina dat Cicero, *ambitum, circuitum, comprehensionem, continuationem, circumscriptionem* : genera ejus duo sunt; alterum simplex, quum sensus unus longiore ambitu circumducitur; alterum, quod constat membris et incisis, quæ plures sensus habent : *Aderat janitor carceris, et carnifex*

ment. J'ai déjà dit qu'il y avait dans toute composition oratoire des *incises,* des *membres,* des *périodes.*

L'*incise,* suivant la plupart des écrivains, est la partie d'un membre ; mais, s'il m'est permis de hasarder une opinion, je dirai que c'est un sens fini renfermé dans un nombre qui n'est pas complet. Tels sont ces exemples dans Cicéron : *Domus tibi deerat? at habebas : pecunia superabat? at egebas.* Un mot fait quelquefois une incise : *Diximus; testes dare volumus.* L'incise est *diximus.*

Le *membre* est un sens renfermé dans une suite de nombres, mais qui, détaché du corps de la phrase, ne produit rien par lui-même. Voici un membre parfait : *O callidos homines!* Isolez-le des autres parties, il n'a plus aucune valeur, de même que la main, le pied, la tête n'agissent plus quand ils sont séparés du corps. Il en est de même de cette autre exclamation : *O rem excogitatam!* Quand donc ces divers membres forment-ils un tout? lorsqu'on arrive à la conclusion : *Quem, quæso, nostrum fefellit, id vos ita esse facturos?* C'est la période à deux membres que Cicéron estime la plus courte. Ainsi les incises et les membres sont, pour ainsi dire, entremêlés et appellent nécessairement une conclusion.

La période reçoit plusieurs noms. Cicéron l'appelle *détour, circuit, enchaînement, continuation, circonscription.* Il y en a de deux sortes : la première simple, quand un seul et même sens se développe dans une suite de mots un peu longue; et la seconde, composée d'incises et de membres qui ont des sens divers : *Aderat janitor carceris, et carnifex prætoris,* et ce qui suit. La période, selon Cicéron, a au moins deux mem-

prætoris, reliqua. Habet *periodus* membra minimum duo : medius numerus videntur quatuor; sed recipit frequenter et plura : modus ei a Cicerone aut quatuor senariis versibus, aut ipsius spiritus modo terminatus; præstare debet, ut sensum concludat; sit aperta, ut intelligi possit; non immodica, ut memoria contineri : membrum longius justo, tardum; brevius, instabile est.

Ubicunque acriter erit, instanter, pugnaciter dicendum, membratim cæsimque dicemus : nam hoc in oratione plurimum valet; adeoque rebus accommodanda compositio, ut asperis asperos etiam numeros adhiberi oporteat, et cum dicente æque audientem inhorrescere.

Membratim plerumque narrabimus, aut ipsas periodos majoribus intervallis, et velut laxioribus nodis resolvemus; exceptis quæ non docendi gratia, sed ornandi narrantur, ut in Verrem *Proserpinæ raptus;* hæc enim lenis et fluens contextus decet.

Periodos apta procemiis majorum causarum, ubi sollicitudine, commendatione, miseratione res eget : item communibus locis, et in omni amplificatione : sed poscitur tum austera, si accuses; tum fusa, si laudes : multum et in epilogis pollet. Totum autem hoc adhibendum est, quod sit amplius compositionis genus, quum judex

bres. Le terme moyen paraît être de quatre; mais souvent elle en admet davantage. Cet écrivain lui donne pour mesure, ou quatre vers de six pieds, ou la durée de la respiration. Toute période doit d'abord achever un sens, ensuite être claire pour se faire bien comprendre, et enfin d'une longueur raisonnable, pour pouvoir être retenue. Un membre de phrase trop long la fait languir; trop court, il ne la soutient pas.

Partout où il faudra se montrer vif, pressant, opiniâtre, multipliez les membres et les incises. Le point important, dans un discours, c'est de donner à votre composition la couleur même du sujet, en sorte que si ce sujet est âpre et pénible, la cadence en soit sourde et heurtée, pour que l'auditeur partage toutes vos angoisses.

Le style de la narration demande, le plus souvent, à être coupé, ou au moins les périodes doivent y être clairsemées et unies entre elles par des liens plus lâches, excepté dans ces récits où l'on cherche plus à plaire qu'à instruire, comme celui de l'enlèvement de Proserpine, dans une des harangues contre Verrès; car une composition douce et coulante convient à ce genre de narration.

La période est bien placée dans les exordes de ces causes graves où il s'agit d'éveiller la sollicitude, d'inspirer l'intérêt, d'émouvoir la sensibilité. Elle sied bien aussi dans les lieux communs et dans tous les genres d'amplification. Seulement, elle doit être sévère, si l'on se porte accusateur; brillante et diffuse, si l'on joue le rôle de panégyriste. Elle fait encore beaucoup d'effet dans les épilogues; mais, où elle ne saurait trop dé-

non solum rem tenet, sed etiam captus est oratione, et se credit actori, et voluptate jam ducitur.

Historia non tam finitos numeros, quam orbem quemdam contextumque desiderat : namque omnia ejus membra connexa sunt, quoniam lubrica est, ac fluit; ut homines, qui manibus invicem apprehensis gradum firmant, continent et continentur. *Demonstrativum* genus omne fusiores habet liberioresque numeros; *judiciale* et *concionale*, ut materia varium est, sic etiam ipsa collocatione verborum.

Ubi jam nobis pars ex duabus, quas modo fecimus, secunda tractanda est : nam quis dubitat alia lenius, alia concitatius, alia sublimius, alia pugnacius, alia ornatius, alia gracilius esse dicenda? Gravibus, sublimibus, ornatis longas magis syllabas convenire? ita ut lenia spatium, sublimia et ornata claritatem quoque vocalium poscant; his contraria magis gaudere brevibus, argumenta, partitiones, jocos, et quidquid est sermoni magis simile.

Itaque componemus procemium varie, atque ut sensus ejus postulabit; neque enim accesserim Celso, qui

ployer la magnificence et les prestiges de la composition, c'est lorsque le juge, bien pénétré de la cause, et sensible au charme de l'éloquence, se livre à la merci de l'orateur et se laisse aller au plaisir de l'entendre.

L'histoire n'exige pas tant une prose parfaitement cadencée, qu'une suite de phrases dont le tissu soit bien lié ; car tout s'y enchaîne, tout y coule, tout y glisse. C'est comme une pente rapide où des hommes affermissent leurs pas en se tenant par la main ; ils soutiennent et sont soutenus. Le genre démonstratif comporte plus d'abandon et plus de liberté dans le rhythme. Quant aux genres judiciaire et délibératif, les matières y variant à l'infini, la composition elle-même doit varier.

C'est ici le lieu de passer à la seconde des deux observations dont j'ai parlé plus haut, relative à l'emploi des pieds. Qui ne sait que, dans tout discours, il est des choses qui demandent à être traitées avec douceur, d'autres avec force, celles-ci avec élévation, avec chaleur, celles-là délicatement et avec grâce ? Qui ne sait encore que les syllabes longues conviennent à tout ce qui a un caractère de gravité, de pompe ou d'élégance ? D'où il suit que les sentimens affectueux et tendres demandent une mesure lentement cadencée, comme les mouvemens passionnés et sublimes exigent des sons clairs et éclatans ; et qu'au contraire, les argumens, les partitions, les plaisanteries, et tout ce qui se rapproche du ton de la conversation, s'arrangent mieux des syllabes brèves.

Nous donnerons donc à l'exorde une composition variée et analogue aux sentimens que nous voudrons y

unam quamdam huic parti formam dedit, et optimam compositionem esse prooemii, ut apud Asinium, dixit, *Si, Caesar, ex omnibus mortalibus, qui sunt, ac fuerunt, posset huic causae disceptator legi, non quisquam te potius optandus nobis fuit* : non quia negem hoc bene esse compositum, sed quia legem hanc esse componendi in omnibus principiis recusem : nam judicis animus varie praeparatur; tum miserabiles esse volumus, tum modesti, tum acres, tum graves, tum blandi, tum flectere, tum ad diligentiam hortari : haec ut sunt diversa natura, ita dissimilem componendi quoque rationem desiderant : an similibus Cicero usus est numeris in exordio pro *Milone*, pro *Cluentio*, pro *Ligario?*

Narratio fere tardiores, atque, ut sic dixerim, modestiores desiderat pedes, et omnibus maxime mixtos : nam et verbis, ut saepius pressa est, ita interim insurgit; sed docere et infigere animis res semper cupit, quod minime festinantium opus est; ac mihi videtur tota narratio constare longioribus membris, brevioribus periodis.

Argumenta acria et citata pedibus quoque ad hanc naturam accommodatis utentur, non tamen ita ut trochaeis, quae celeria quidem, sed sine viribus sunt; verum

exprimer, car je ne suis pas de l'avis de Celsus qui n'admet qu'une seule forme pour cette partie du plaidoyer, et nous donne comme le meilleur modèle de composition ce qui suit, tiré d'un exorde d'Asinius : *Si, Cæsar, ex omnibus mortalibus qui sunt, ac fuerunt, posset huic causæ disceptator legi, non quisquam te potius optandus nobis fuit :* non que je nie que cela ne soit parfaitement composé, mais parce que je soutiens que tous les exordes ne peuvent être assujétis à une loi uniforme de composition. En effet, il y a plus d'une manière de préparer l'esprit du juge : ou nous cherchons à l'apitoyer sur notre sort, ou nous tâchons de le gagner par un ton soumis; ou nous voulons le fléchir, ou nous voulons l'exhorter à faire son devoir : tantôt notre langage est sévère, tantôt il est grave, tantôt il est insinuant. Or, tout cela étant d'une nature bien différente, exige aussi une composition différente. Est-ce que Cicéron a fait usage des mêmes cadences dans ses oraisons pour Cluentius, pour Milon, pour Ligarius ?

La narration veut des pieds dont l'allure soit plus lente, je dirai presque plus modeste; elle doit surtout offrir un mélange de toutes les sortes de pieds; car comme son ton est naturellement vif et serré, c'est par les mots qu'elle parvient à s'élever; son but d'ailleurs est d'instruire et de graver les faits dans l'esprit, ce qui n'est pas l'ouvrage de la précipitation. En somme, la narration me semble comporter des membres un peu longs et des périodes fort courtes.

Pour les argumens qui sont véhémens et rapides, on se servira de pieds analogues à cette nature; j'en excepte toutefois les trochées qui ont, il est vrai, de la

quamvis sint brevibus longisque mixta, non tamen plures longas, quam breves habentia.

Illa sublimia spatiosas clarasque voces habent, amant amplitudinem *dactyli* quoque, ac *pæonis*, etiamsi majore ex parte syllabis brevibus, temporibus tamen satis pleni : aspera contra *iambis* maxime concitantur; non solum quod sunt e duabus modo syllabis, eoque frequentiorem quasi pulsum habent, quæ res lenitati contraria est; sed etiam quod omnibus pedibus insurgunt, et a brevibus in longas nituntur et crescunt; ideoque meliores *choreis*, qui ab longis in breves cadunt.

Summissa, qualia in epilogis, lentas et ipsa, sed minus exclamantes exigunt.

Vult esse Celsus aliquam et superiorem compositionem, quam equidem si scirem, non docerem; sed sit, necesse est, tarda et supina : verum nisi ex verbis atque sententiis per sese id quæritur, satis odiosa esse non poterit.

Denique, ut semel finiam, sic fere componendum, quomodo pronunciandum, erit : an non in procemiis plerumque summissi (nisi quum in accusatione concitandus est judex, aut aliqua indignatione compellendus), in narratione pleni atque expressi, in argumentis citati,

célérité, mais qui manquent de force. On entremêlera donc les brèves et les longues, en observant que les longues ne prédominent pas.

Les mouvemens nobles, élevés, qui ont de la tenue et de l'éclat, s'arrangeront bien de l'amplitude du dactyle et même du péon, quoique celui-ci soit, pour la plus grande partie, composé de brèves, inconvénient qu'il rachète par des temps bien marqués. La raison contraire veut que ce qui est âpre et dur soit hérissé d'iambes, non-seulement parce que ses pieds n'ont que deux syllabes et, par conséquent, un battement plus fréquent, ce qui est l'opposé de la douceur, mais encore parce qu'ils s'élèvent progressivement dans leur marche, partant toujours d'une brève pour s'appuyer et se renforcer sur une longue; en quoi ils valent mieux que les chorées, qui, d'une longue, tombent et s'atténuent sur une brève.

Ce qui est humble, comme dans les épilogues, exige des syllabes lentes, mais moins sonores.

Celsus veut qu'il y ait encore un genre de composition qu'il appelle supérieure. Si je savais ce que c'est, je ne soucierais pas davantage de l'enseigner ; car, à coup sûr, ce doit être quelque chose de remarquable par la lenteur et la mollesse : or, je ne sache rien de plus détestable qu'une cadence qu'on recherche pour elle-même, au lieu de l'adapter aux mots et aux pensées.

Enfin, et pour n'avoir plus à y revenir, le système de composition dans un plaidoyer doit se combiner d'après l'expression qu'il conviendra de lui donner dans le débit. N'est-il pas vrai, qu'à l'exception de ces causes où, comme accusateurs, il nous faut exciter la colère du juge et soulever son indignation, nous sommes, le

atque ipso etiam motu celeres sumus? ut in locis ac descriptionibus fusi ac fluentes, in epilogis plerumque dejecti et infracti? Atqui corporis quoque motui sua quaedam tempora, et signa pedum non minus saltationi, quam modulationibus adhibet musica ratio numerorum. Quid? non vox et gestus accommodatur naturae ipsarum, de quibus dicimus, rerum? Quo minus id mirum in pedibus orationis, quum debeant sublimia ingredi, lenia duci, acria currere, delicata fluere. Itaque ubi necesse est, affectamus etiam tumorem, qui spondeis atque iambis maxime continetur,

En impero Argis, sceptra mihi liquit Pelops.

At ille comicus aeque senarius, quem *trochaicum* vocant, pluribus choreis, qui trochaei ab aliis dicuntur, pyrrhichiisque decurrit: sed quantum accipit celeritatis, tantum gravitatis amittit,

Quid igitur faciam? non eam, ne nunc quidem?

Aspera vero et maledica, ut dixi, etiam in carmine, iambis grassantur,

Quis hoc potest videre, quis potest pati,
Nisi impudicus, et vorax, et aleo?

plus souvent, insinuans et souples dans l'exorde? abondans et expressifs dans la narration? vifs et animés dans les argumens, ce qui paraît même à notre agitation? brillans et diffus dans les lieux communs et les descriptions? abattus et tristes dans les épilogues? Le corps aussi n'a-t-il pas ses mouvemens assujétis à une certaine mesure, et la musique n'a-t-elle pas des lois pour régler les pas dans la danse, comme les modulations dans le chant? Que dis-je? la voix et le geste se conforment à la nature des sentimens que nous voulons peindre. Comment s'étonner, après cela, qu'il en soit de même des pieds dans l'oraison, et, qu'à l'aide de ces pieds, tout ce qui est grand marche avec dignité, tout ce qui est doux chemine avec grâce, tout ce qui est animé coure avec rapidité, tout ce qui est tendre et délicat coule avec mollesse? Aussi savons-nous, au besoin, affecter même de l'enflure et nous servir merveilleusement, pour cela, de spondées et d'iambes :

En impero Argis, sceptra mihi liquit Pelops.

tandis que le vers comique suivant, qui est aussi de six pieds, et qu'on appelle *trochaïque*, court au contraire, au moyen non-seulement des chorées que d'autres nomment trochées, mais encore des pyrrhiques. Aussi ce qu'il gagne en vitesse par ce mélange, il le perd en gravité :

Quid igitur faciam? non eam, ne nunc quidem?

Tout ce qui est mordant et satirique emprunte aussi des iambes, même en vers, une nouvelle acrimonie :

Quis hoc potest videre, quis potest pati,
Nisi impudicus, et vorax, et aleo?

In universum autem, si sit necesse, duram potius atque asperam compositionem malim esse, quam effeminatam et enervem, qualis apud multos; et quotidie magis lascivimus syntonorum modis saltitantes.

Ac ne tam bona quidem ulla erit, ut debeat esse continua, et in eosdem semper pedes ire. Nam et versificandi genus est unam legem omnibus sermonibus dare; et id quum manifesta affectatio est (cujus rei maxime cavenda suspicio est), tum etiam tædium ex similitudine ac satietatem creat; quoque est dulcius, magis perit; amittitque et fidem, et affectus, motusque omnes, qui est in hac cura deprehensus; nec potest ei credere, aut propter eum dolere et irasci judex, cui putat hoc vacare. Ideoque interim quædam quasi solvenda de industria sunt, illa quidem maximi laboris ne laborata videantur.

Sed neque longioribus, quam oportet, hyperbatis compositioni serviamus, ne, quæ ejus rei gratia fecerimus, propter eam fecisse videamur; et certe nullum aptum atque idoneum verbum permutemus gratia lenitatis. Neque enim ullum erit tam difficile, quod non commode inseri possit; nisi quod in evitandis ejusmodi verbis non decorem compositionis quærimus, sed facilitatem.

Au surplus, et en thèse générale, s'il fallait tomber dans quelque excès, j'aimerais mieux que la composition fût dure et négligée, que flasque et efféminée comme la plupart de celles de nos orateurs. Car le style s'énerve de plus en plus, et, à force de courir après la cadence, nous avons l'air de danser au son des instrumens.

Ajoutons qu'une composition, si parfaite qu'elle soit, ne saurait se continuer impunément sur le même ton, ni procéder avec les mêmes pieds. Ce serait un mécanisme de versification que d'assujétir à des lois uniformes toute espèce de discours ; outre l'affectation qui serait visible, ce qu'on ne peut cacher avec trop de soin, la monotonie seule produirait l'ennui et la satiété. Plus ce défaut est séduisant, plus il est mortel. L'orateur qui s'y livre perd toute confiance, et ne peut plus tirer parti ni des passions, ni des mouvemens oratoires ; car le juge ne sera guère disposé à nous croire, ni à s'affliger, ni à se courroucer pour nous, s'il nous soupçonne occupés de pareilles vétilles. Voilà pourquoi il faut savoir quelquefois rompre à dessein la cadence ; et, en pareil cas, ce qui paraît négligé n'est pas ce qui demande le moins de travail.

Ne sacrifions pas non plus au plaisir de la composition, jusqu'à nous permettre des transpositions démesurément longues, de peur qu'on ne voie de la recherche où nous aurons cru mettre de l'élégance. Ne nous faisons pas faute d'employer un mot, quand il est juste et expressif, sous prétexte qu'il manque d'harmonie, car il n'en est pas de si récalcitrant qu'on ne puisse lui trouver sa place ; quand nous rejetons ces sortes de mots, c'est moins par délicatesse d'oreille, que parce

Non tamen mirabor Latinos magis indulsisse compositioni, quam Atticos, quamvis minus in verbis habeant varietatis et gratiæ. Nec vitium dixerim, si Cicero a Demosthene paulum in hac parte descivit : sed quæ sit differentia nostri græcique sermonis, explicabit summus liber.

Compositio (nam finem imponere egresso destinatum modum volumini festino) debet esse *honesta, jucunda, varia;* ejus tres partes, *ordo, conjunctio, numerus; ratio,* in adjectione, detractione, mutatione; *usus* pro natura rerum, quas dicimus; *cura* magna, ut sentiendi atque eloquendi prior sit; dissimulatio curæ præcipua, ut numeri sponte fluxisse, non arcessiti et coacti esse videantur.

que nous trouvons plus commode de nous en débarrasser.

Cependant je ne m'étonne pas que les Latins se soient montrés plus curieux de la composition que les Attiques, bien que notre langue ait moins de grâce et de variété que la leur. Je ne ferai pas non plus à Cicéron le reproche de s'être, en ce point, un peu écarté de Démosthène : mais j'expliquerai dans mon dernier livre la différence qui existe entre la langue grecque et la nôtre. Il est temps de mettre fin à celui-ci qui passe déjà les bornes que je m'étais prescrites.

Pour me résumer donc, la composition doit être décente, agréable, variée. Elle a trois parties distinctes : l'ordre, la liaison et le nombre. Ses procédés consistent à ajouter, retrancher ou changer. L'usage qu'on en fait doit être conforme à la nature du sujet. Elle exige un grand soin, mais non pas tel cependant qu'on lui sacrifie ni les pensées ni l'élocution qui doivent toujours être en première ligne ; et ce soin doit être si adroitement dissimulé que les nombres semblent couler d'eux-mêmes, et n'avoir coûté ni recherche ni contrainte.

prosodie latine.

4 pieds a 2 syllabes.				8 pieds a 3 syllabes.								Pieds qui ont plus de trois syllabes, et que l'on considère comme des nombres.	
Spondée.	Pyrrhique ou pariambe.	Iambe.	Chorée ou trochée.	Dactyle.	Anapeste.	Amphimacre ou crétique.	Amphibraque.	Bacchius.	Palimbacchius.	Tribraque ou trochée.	Molosse.	Le péon.	Le dochmius.
_ _	∪ ∪	∪ _	_ ∪	_ ∪ ∪	∪ ∪ _	_ ∪ _	∪ _ ∪	∪ _ _	_ _ ∪	∪ ∪ ∪	_ _ _	_ ∪ | ∪ ∪ Chorée. Pyrrhique.	∪ _ _ | ∪ _ Bacchius. Iambe. ou bien ∪ _ | _ ∪ _ Iambe. Crétique.

TABLE

DES MATIÈRES.

LIVRE HUITIÈME.

Chapitres	Pages
Exorde.	3
I. De ce qui est à considérer dans l'élocution.	21
II. De la clarté.	23
III. Des ornemens du discours.	37
IV. De l'amplification.	87
V. Des différens genres de pensées.	105
VI. Des tropes.	125

LIVRE NEUVIÈME.

I. En quoi les figures diffèrent des tropes.	169
II. Des figures de pensées.	195
III. Des figures de diction.	263
IV. De la composition, ou de l'arrangement des mots.	321

www.ingramcontent.com/pod-product-compliance
Lightning Source LLC
Chambersburg PA
CBHW052130230426
43671CB00009B/1191